面向复杂产品系统的科技管理创新服务研究

阚 双 郭 伏 著

机械工业出版社

本书聚焦大数据时代下以装备制造产业为代表的复杂产品系统，阐释了基于知识平台或门户网站的视角所研究的科技管理创新。本书的研究内容包括：①以科技服务平台为载体，构建与之相适应的社会化科技管理创新服务体系；②构建动态知识超网络模型，并基于超网络模型解析复杂产品系统知识学习"黑箱"，建模测算并编程仿真探索相关变量对系统学习绩效的影响机理；③通过系统的团队成员择优、生产协同、经济绩效提升等实证研究，为复杂产品系统科技管理创新提供科技服务。本书的特色是介绍了与大数据信息公共管理平台相匹配的一整套科技管理创新方法，包括服务模式、运作方式、评价方法等，体现了复合学科的研究特点。本书主要面向科技服务研究学者，也适合科技管理服务部门的人员使用。

图书在版编目（CIP）数据

面向复杂产品系统的科技管理创新服务研究 / 阚双，郭伏著. —北京：机械工业出版社，2022.12

ISBN 978-7-111-72217-5

Ⅰ．①面… Ⅱ．①阚… ②郭… Ⅲ．①科学技术管理—研究 Ⅳ．① F204

中国版本图书馆 CIP 数据核字（2022）第 235542 号

机械工业出版社（北京市百万庄大街 22 号　邮政编码 100037）
策划编辑：裴　泱　　　　　　　责任编辑：裴　泱　单元花
责任校对：李小宝　刘雅娜　　　封面设计：张　静
责任印制：刘　媛
北京盛通商印快线网络科技有限公司印刷
2023 年 3 月第 1 版第 1 次印刷
169mm × 239mm · 14 印张 · 233 千字
标准书号：ISBN 978-7-111-72217-5
定价：69.00 元

电话服务　　　　　　　　　　　网络服务
客服电话：010-88361066　　　　机 工 官 网：www.cmpbook.com
　　　　　010-88379833　　　　机 工 官 博：weibo.com/cmp1952
　　　　　010-68326294　　　　金 书 网：www.golden-book.com
封底无防伪标均为盗版　　　　　机工教育服务网：www.cmpedu.com

前　言

信息技术和数字经济的跨越式发展，为工业领域诸多产业知识和信息的获取、应用提供了无限的可能性。一方面，"两化融合""两业融合"的工业化道路指明了工业互联、多学科协同知识创新的发展路径，尤其是当前工业向信息化、智能化、数字化发展的背景下，越来越打破时空、资源的限制，更加依赖科技知识活动及其绩效。《国务院关于发挥科技支撑作用促进经济平稳较快发展的意见》（国发〔2009〕9号）指出，各级生产力促进中心要依托现代服务业服务产业集群、服务基层科技专项行动，加强业务联盟建设。这样的环境背景，对科技服务、知识管理服务提供了发展机遇。另一方面，云计算、物联网等多种信息技术带来了海量大数据，对大数据进行有效整合、分类、发布的各类科技服务平台应运而生。截至2019年，全国已经产生各类科技产业服务平台2万余个，市场规模年均增长约10.9%，主要是在政府统筹下承接科技部门的部分知识管理功能，主要集中在匹配供需信息、组建团队共性技术攻关、发布政策、开展普惠制的教育培训服务等方面，尚未形成知识管理服务业态，服务仍然处于短时效性、内容碎片化的层级。但随着产业结构向服务经济的转变，科技服务平台亟须确立服务业态，细化知识管理服务链条，跟进新工业时代要求快速发展。因此，本书以工业管理发展的现状为起点，考虑整合相关资源，提供面向复杂产品系统的科技管理评价、优化及其服务提升的一整套服务内容和服务方法，并整合和构建知识管理服务体系。

本书的研究方向是：基于科技服务平台的复杂产品系统知识管理。科技服务研究的复杂性和重要性兼具。所谓复杂产品系统（Complex Organization Production System，CoPS），是指那些生产规模大、技术密集、产品单件或小批量生产的大型产品或基础设施，其典型的产业包括：大型通信、航空航天、船舶制造、电力网络、大型（高端）装备制造产业等，多是涉及国计民生的重点行业，是世界各国在工业4.0革命中争取竞争优势的关键产业。

本书的研究思路是：基于科技服务平台设计复杂产品系统知识管理创新服务体系→分析复杂产品系统知识管理的要素和未来联结特征，构建组织－知识动态超网络模型（Orgazation-Knowledge Dynamic Super Network Model，O-K超网络模型），基于模型完善复杂产品网络系统知识评价技术，提升知识管理创新服务。首先，综述复杂产品系统科技管理现状、科技管理创新需求。其次，从网络视角分析复杂产品系统的结构特征与演化机制。通过分析其网络节点、映射关系，构建复杂产品系统 O-K 超网络模型静态模型；从网络视角关注节点之间映射的流量，并以系统动力学为依托分析复杂产品系统网络驱动机制（项目制知识团队组建）、生成机制（知识汇集、知识转移、知识共享、知识扩散），抽象形成模块化链接的动态演化模型，为复杂产品系统的多方面科技管理的评价和优化做好准备。对应复杂产品的系统化结构特征，构建和提出复杂产品系统科技管理创新服务体系。最后，对应复杂产品系统的两大类管理服务需求主体，提供一系列的系统评价、诊断与决策咨询服务、优化建议等，具体包括以下几点。

第一部分是设计基于科技服务平台的知识管理服务体系（服务业态、商业模式、协同架构、运行机制等）。本书的科技管理服务体系是以公共知识平台的公共产品的特征为切入点，考虑其在多组织知识交流中的嵌入性特征，将其作为一种高级生产要素而引进，拓展了原有的科技管理服务研究内容，因此基于平台的知识管理服务体系具有多元化投资、企业化经营、网络化组织的特征。同时，对复杂产品系统科技管理创新服务体系，主要考虑平衡性、层次性、综合性三大基本原则，首先设计形成"线上 + 线下"的框架式协同服务体系，解析两种形式各自的构成要素，构建诸要素之间的社会化服务网络，明确服务体系构成要素与知识管理服务业务之间的对应关系，解释其商业模式、运行机制、管理机制等。同时，考虑到区域性、行业性网络的资源整合性，设计了线上平台门户网站和线下实体公司的协同方式，包括其信息协同、组织协同等，构建了复杂产品系统科技管理的社会化战略合作联盟。

第二部分是理论建模，研究复杂产品系统的结构特征与演化机制。对于研究选取的典型产业（复杂产品系统），知识管理的最终目标是提升系统、系统内组织的知识绩效，以推进技术创新。因此，对复杂产品系统的超网络演化模型构建、动力机制、生成与演化机制进行深入分析，建模中涉及的几个关键环节包括：一是知识与信息子网络构建方法。在构建知识与信息子网络时，需要整合应用一大批适应信息化、交互性应用的多学科技术；对于现有复杂产品系统设计、工艺编码知识，需要依据知识元分解技术，形成最小单位的知识元，以此搭建知识元之间的网络关联；对于复杂产品系统的部件所含知识，应遵循系统集成商的零部件配套工艺流程进行分解……知识信息的理解模糊性是知识分解建模的难点。二是测度超网络的复杂拓扑结构特征。三是明确基于项目制的复杂产品系统生成机制及其网络模型描述。学习超网络的生成机制即项目制研发、生产引发的多组织科技知识活动，包括知识汇集—知识移动—知识创造—知识共享与扩散，该学习路径属于网络中的多边转移，难点在于该生成机制迭代繁杂：既需要建立逻辑清晰、迭代明确的演化架构，同时还需要多学科技术的支持完成每一次迭代的选择和计量，将每个组织节点基于组织子网络的"知识接受—知识聚合—知识传播—知识扩散"的路径，转化为以组织节点所联结的网络边、网络流量。

第三部分是构建复杂产品系统知识管理评价、优化与决策咨询工具库，主要考虑以复杂产品系统管理服务的两个需求主体的视角构建工具库。一是面向复杂产品系统的系统集成商，重点关注其作为项目制的发起人，如何实现多目标下的项目制团队成员遴选，这也是复杂产品系统 O-K 超网络动态演化的驱动机制。研究中考虑了项目制择优模型改善，以及知识评价的模糊性，采用模糊数学的模糊区间值直觉不确定形式进行算法开发；同时对于动态演化的学习超网络，为测度不同组织节点的动态知识水平，开发采用了系统动力学基础上的神经网络计量模型。二是面向政府管理部门，为其提供了系统整体的评价和优化方法，包括经济效率评价、知识创新绩效、质量协同效应、生产协同管理效应等。复杂产品系统知识绩效是学习超网络模型下参与演化的诸多参数共同作用的结果，既包括学习超网络自身的拓扑结构特征，也包括子网络的无标度特征，同时与学习超网络的驱动机制中规模参数等、演化机制中的知识转移路径选择等都可能存在相关性。研究中提供了知识动态超网络处于多种动态状态时（包括不同阶段、不同网络结构特征状态），与该网络下形成知识绩效效率高低的对应性，分析包括诸多参数和变量在内的多因素的影响路径、作用机理。再结合计算机仿真模拟现实案例，提供一系列管理创新技术和优化建议。

本书的理论价值在于：一是构建基于科技服务平台的知识管理服务体系，是对科技服务业研究的系统化。本书以大数据背景下的科技服务平台为载体，在现有信息化知识管理功能的基础上，延展科技服务链；同时，构建与之相适应的社会化服务管理模式，以及知识管理服务战略体系，是对现有科技服务业理论研究的系统化研究。二是以深层次机理研究为基础，基于科技服务平台创新知识管理服务内容，拓展现有科技服务的内涵、外延。科技服务平台的发展源于对科技知识活动、对技术创新深层次机理的研究。本书在科学机理研究的基础上，形成知识绩效的评价、优化和优化服务内容，提供给以政府为代表的产业管理部门和以系统集成商为代表的企业等，拓展了平台知识管理服务的内涵。三是实现了多学科的集成、协同，是知识管理服务技术的创新。本书研究中，实现了多学科的技术集成和融合，包括采用系统动力学思路建模，采用物理学拓扑技术分析知识组织合作结构，采用神经网络与模糊数学计量方法，开发择优算法，通过编程结合数据模拟分析知识合作的知识绩效提升机理等，实现了知识管理应用技术的集成。

本书的实际应用价值在于：一是研究成果可以直接应用到现有产业科技管理服务类平台。目前网络平台类的科技服务载体和门户网站数量众多，本书成果提供的"线上＋线下"结合的服务业态及其协同、运行机制等，是一个系统化、操作性强的服务范式；课题的机理性理论研究成果，及知识绩效评价、优化等服务工具软件，可直接为平台提供理论支撑和服务工具。二是提供了科技服务业参与第二产业发展的更多种社会化服务方式。本书成果所提供的知识管理服务业态、运行机制和服务内容，是第三产业的现代科技服务业直接服务第二产业的新业态，是政府部门产业科技管理、区域科技管理功能的有效辅助和协同，科技服务的专业技术性需求能够有力推进相关产业咨询、产业规划行业的发展，是集合社会化力量发展科技创新的应用实践。三是科技服务平台知识管理服务提升，将不断催生和引发新的技术服务理论和实践，以及关联服务业的发展。工业 4.0 革命需要现代服务业的支持和协同。基于科技服务平台的载体，科技服务业的不断发展将不断推动关联产业发展：社区性门户网站将持续推进网络化技术支持，知识地图、创新协同等技术将不断涌现，信息服务业将不断提升知识传播的时效性和便捷性，这些应用改变将和科技服务平台知识管理内容一起发展，共同促进科技创新。

本书特别注重理论抽象与实践应用的交互与融通。我们希望通过本书，能够基于网络化视角，系统而深入地提供复杂产品系统科技管理的一系列研究成果，拓展研究的深度与广度；同时，也紧密结合"两化融合""两业融合"的中国新型工业化发展实践，推动现代服务业，尤其是科技服务业与关系国计民生的重点领域的深度融合，助力工业强国发展，助力百年复兴梦圆。

本书由阚双、郭伏著，感谢毛甜、李保良、李贯忠对第 6 章、第 8 章、第 9 章提供的相关研究成果；同时，本书受到 2021 年教育部人文社科基金一般项目"基于科技服务平台的产业知识管理：动态知识能力评价、优化与服务体系构建"（批准号：21JYA630041）资助。衷心希望本书能对读者有所帮助。

作者

目　　录

第1章

研究问题的提出

1.1 复杂产品系统的概念

经济商品基本分为两种：一种是可以大规模生产的一般产品，例如日常消费品；另一种是按照霍布德（Hobday）在 1998 年给出的定义，是指那些生产规模大、技术密集、产品单件或小批量生产的大型产品或基础设施，被称为复杂产品。由于复杂产品的研发与生产需求复杂，通常由生产、技术和服务关联的众多机构共同完成，因此构成网络完善的配套生产供应和服务系统，形成复杂产品系统（Complex Organization Production System，CoPS），典型的行业包括航空航天、船舶制造、大型装备制造等。复杂产品系统是一个国家综合实力的集中体现，产品的经济附加值高、对经济发展具有重要的基础装备地位，是国家的战略性产业，在国民经济发展中处于极其重要的地位。

20 世纪 80 年代开始，随着新技术革命的加速推进，在全球经济一体化的背景下，复杂产品系统在技术研发方面的合作趋势日趋复杂；与之相对应，复杂产品系统科技知识活动的组织形式出现了从福特制向后福特时代转变，由大批量、标准化、垂直一体化的地理集聚组织特征，向研发和生产的柔性化组织特征转变。尤其是 21 世纪以来，在互联网技术的加速发展中，知识合作越来越摆脱时间、空间、载体、学科领域的限制，在复杂产品领域，科学、富有效率的知识合作越来越成为国家和区域技术进步、产业升级、国力强盛的重要源泉和推动力。

复杂产品系统的概念是以产品的复杂程度为标准划分的，复杂产品系统中的"产品系统"更强调为实现该种复杂产品的研发生产，构造的多元化企业联结、协同合作的一种结构特征。在这个结构特征的范畴里，除了产品的复杂特性，"产品系统"与"复杂产品系统"的概念存在一定的交叉，甚至在不同的研究中存在很多类似的论述。复杂产品系统理论是在20世纪90年代由美国哈佛商学院的竞争战略和国际竞争领域研究权威学者迈克尔·波特（Michael E. Porter）创立的。其含义是：在一个特定区域的一个特别领域，集聚着一组相互关联的公司、供应商、关联产业和专业化的制度和协会，通过这种区域集聚形成有效的市场竞争，构建出专业化生产要素优化集聚洼地，使企业共享区域公共设施、市场环境和外部经济，降低信息交流和物流成本，形成区域集聚效应、规模效应、外部效应和区域竞争力。国内相关研究中经常提到"装备制造复杂产品系统""产业族群"和"企业系统"等不同的名称，而国外的文献也出现过"Industry Clusters（产业集群）""Local Agglomeration（区域集聚）""Regional Clusters（区域集群）""Local Industry Systems（地方性工业系统）"等不同的对产品系统的称谓。意大利学者马歇尔将众多中小企业在某个特定区域的产业集聚称为"产业区"（Industrial district），这些企业往往在类型上相似且分工专业化，并且它们相互关联。波特认为，相互联系的企业，包括出于特定地理空间的供应商、相关的行业，以及组织机构，可以称为"系统"。经济合作与发展组织将复杂产品系统定义为：彼此关联的企业、知识创造组织（科研院所、大专院校等）、中介机构（管理咨询机构、金融服务机构等）和顾客共同构成的网络，它与生产链的产生和增值密切相关。国内学者魏江等则认为，复杂产品系统是一种具有地理特性的聚集体，它是指相关的企业和组织机构同时在某一区域内，彼此具有一定的关联与影响。在它的内部，横向上企业之间存在着合作与竞争的关系，纵向上则又具有上下游产业链的特性。同时提出，中卫模式是复杂产品系统诸多类型中特点很明显的一种，它通常是由一个或多个经营规模很大的生产企业作为核心，周围附着着处于产业链上游的各类零配件卫星企业。可以看出，"复杂产品系统"与"产品系统"的概念存在一定的差异。本书认为，复杂产品系统是政府和大型公司看待经济的一种新角度，它们以地理位置所带来的竞争优势制定并评估相应的政策，而产品系统更强调生产、技术的协同一体化关联关系，是从产业链或产业网络的视角看待产业特征。

值得一提的是，中卫模式（中心－卫星模式）复杂产品系统是复杂产品系统众多类型中的一种，也通常是复杂产品系统的一种地域化表现形式。中卫模式复杂产品系统又被称作"主企业领导型系统""轮轴式"系统或"以龙头企业为核心的网络联盟"等。组成的方式是在一个特定的地理区域内，由一个或多个核心企业和与其具有合作关系的众多企业、组织所组成，分布于产业链的各个环节所共同形成的产业经济模式。产品系统，通常是由系统集成商为龙头、众多一般配套商等共同组成。在实践中，考虑到地理区域带来的知识转移、生产协同带来的成本优势等，也经常出现中卫模式的产品系统。

1.2　复杂产品系统的行业特征

1.2.1　国家战略发展的基础地位

近年来，随着我国在基础设施方面的投资规模不断扩大，以大型计算机、高铁、航空航天、造船等为代表，具有典型复杂产品系统特征的现代工业体系建设，逐步在当今社会中扮演着越来越重要的角色。复杂产品系统在经济发展中发挥着提供基础设施的重要作用，与现代工业休戚相关，直接影响一个国家的综合国力，是国家的战略性产业，在国民经济发展中处于极其重要的地位，是一个国家综合实力的集中体现。复杂产品系统对于国家的经济发展具有重要作用，提升复杂产品系统的知识学习效率、实现技术升级是复杂产品系统跨越式发展的重要路径。在现代通信技术迅猛发展的背景下，复杂产品系统的国际产业价值链不断空间重构，科技知识活动的网络关联日益密切，网络结构日益复杂。从网络的视角构建复杂产品系统的知识学习网络模型，研究其动态演化，是复杂产品系统知识管理的理论需求，也是复杂产品系统知识创新和产业升级的实践要求。目前，关于复杂产品系统网络模型的构建方法、动力机制、生成机制和网络结构特征等，仍然缺乏系统而深入的研究，阻碍了在研究模型基础上深入探索知识学习绩效影响机理，以及以理论推动复杂产品系统知识创新、产业升级。

（1）复杂产品系统提供基础装备，是国民经济各行业发展的战略基石

复杂产品系统包含涉及国计民生的多个工业行业，主要包括高端装备制造业、船舶和海洋工程装备行业、大飞机产业等，这些行业既是国家经济发展的重要命脉，同时也是机械工业的核心部分，承担着为国民经济各部门提供工作母机、带动相关产业发展的重任，可以说它是工业的心脏和国民经济的生命线，是支撑国家综合国力的重要基石。

（2）复杂产品系统体现科技创新集成，是新型工业化的战略基础

复杂产品系统对技术的深度与宽度、新知识运用程度及客户化程度的要求高，是高技术的载体，通常是由许多不同学科知识、不同技术领域的系统集成，是相互作用的多技术系统，且很多创新是从技术理念、技术逻辑上的全面创新。复杂产品系统的技术系统集成高度，综合体现着一个国家的科技创新能力。20 世纪初兴起的信息技术、核技术和空间技术，无一不是通过对基础装备的技术支撑而进入应用领域的，进而极大地推动了产业升级，成为新型工业化的起跑线。

（3）复杂产品系统影响国家的核心竞争力，是国际价值链分工的战略基础

复杂产品具有高附加值的特点，而其价值链在当前国际化快速发展的情况下，跨越国别、跨越地域和跨越学科，其最具有附加值特征的高端核心零部件的研发环节是国际经济竞争的热点和焦点。后发国家若产品长期集中于产业的中低端，国际分工中被定位于附加值较低的制造环节，关键核心领域难以取得突破，在产业发展过程中就会受制于人。目前，很多发展中国家就面临着价值链低端环节的锁定。复杂产品系统的产品能力，充分体现了国家的核心竞争力，是在国际产业价值链中争取有利分工的战略技术。

1.2.2 行业科技管理的复杂性特征

与大规模制造特征的一般产品不同，复杂产品高度依赖多组织之间的合作，通常会构成配套精密的研发、生产和服务等系统，科技知识及其管理的复杂系统贯穿在产成品、生产配套、研发协同等各个方面。

（1）产成品特性复杂

复杂产品系统通常表现为定制类、复杂技术集成的大型装备或设施，产品通常具有复杂界面，一般是由特定用户定制的独特功能模块和模块子系统等组件组成，各组件常以层次链的方式集成，组件往往自身就具有用户定义、高成本、一件或几件的小批量特性；同时，产品升级更替的速度很快，而不像大规模制造的产品那样，遵循克林顿·路易斯·厄特巴克（Clinton Louis Utterback）所描述的"产品出现—成熟—衰亡"的生命周期规律。

（2）生产配套组织复杂

生产配套组织复杂主要表现在：首先，复杂产品所涉及的利益相关主体多元化，包括系统集成商、分包商、用户、供应商、研发机构、政府相关部门和行业监管协会等。复杂产品的生产通常以项目组的形式出现，项目内合作伙伴的选择和知识共享等问题，不同特性的组织主体各有诉求，加剧了生产组织的复杂性。其次，由于复杂产品系统的系统集成化程度高，不同的模块和零部件需要按照一定的生产工艺组装，多个厂商之间的生产协同，包括时间协同、质量协同、管理协同等，呈现复杂化特征。

（3）研发协同复杂

复杂产品的经济附加值高，对经济发展具有重要基础装备地位，是国家之间实现战略性竞争的重要产业。近年来基于六度分离理论和 150 法则而构建的 SNS（社会性网络服务）网站在网络上取得蓬勃发展，WEB 2.0 模式的知识共享技术（例如，Blog、Wiki、Digg 等）实现了跨越时间和空间进行知识与信息的集成、共享和交互的功能，促使很多服务复杂产品系统的公共知识平台应运而生，代表性的平台包括技术协同服务平台、ITRI（Innovating Technology Research Institute，创新技术研究所）网络平台等。基于公共知识平台的研究受到人们的重视，复杂产品系统的竞争优势演变为复杂产品系统知识学习能力的竞争，复杂产品系统的学习绩效管理日益成为知识管理的研究热点和焦点。复杂产品系统对应特定用户的特定功能需求，对技术的深度与宽度及用户化程度的要求高，通常是由许多不同学科、不同技术领域的系统集成，是不同层次水平上相互作用的多技术系统，且很多创新是从技术理念、技术逻辑上的全面创新，技术创新的指向复杂、创新难度大。

1.3 复杂产品系统的科技管理现状分析

从 21 世纪初到"十二五"规划，我国工业在许多产业领域取得突飞猛进的发展，但是与我国具备的制造能力相比，我国复杂产品系统整体的知识能力偏弱，许多高价值产品的核心部件还要依赖进口；与日本、美国等发达国家的同类生产系统对比，在国际产业价值链分工上，我国主要处于制造环节，是价值链的相对低端环节，也是知识能力相对不高的环节；在生产模式上，我国的复杂产品系统主要是按订单任务生产，与引导产品技术走向的发达国家产品系统相比，技术创新处于跟进的状态。复杂产品系统整体能力亟待提升。

2022年10月召开的中国共产党第二十次代表大会报告明确指出，"建设现代化产业体系，推进新型工业化，加快建设制造强国、质量强国、航天强国、交通强国、网络强国、数字中国"。具有复杂产品系统特征的大型通信、航空航天、大型船只、大型（高端）装备制造业等，都是涉及国计民生的重点产业，是现代化产业体系中的重要组成，是对国民经济具有长远发展及重大引领作用的产业，对我国推进新型工业化、加快建设制造强国、航天强国、网络强国都具有重要的意义。二十大的战略发展目标，为复杂产品制造系统的发展勾勒了更加清晰的发展方向。

复杂产品系统的发展，在网络化、数字化、信息化的时代背景下，要实现信息和工业化的高层次的深度结合，以信息化为支撑，追求可持续化的发展模式。其含义包括：工业技术与信息技术的有机融合，一方面产生新的技术，另一方面推动技术创新。例如，计算机控制技术应用于工业而产生的计算机工业控制技术等，信息技术或产品渗透复杂产品的智能化提升。例如，富士机械等公司将智能化技术融入平板计算机的生产过程中，提高装备母机的智能化；丰田公司等汽车厂商将信息技术整合到汽车制造中，生成人机界面，提高汽车生产平台的可操作性；将信息技术应用到管理流程、业务流程和设计、制造的各个环节，推动产业业务创新和管理升级。例如，采用ERP取代传统的手工或纸单管理，实现企业资源的信息化管理，提升企业的运行效益等。两化融合体现在技术、产品与管理三个层面的深度融合，并彼此不可分割，将成为复杂产品系统转型升级的重要途径。

1.3.1 科技管理现状

（1）服务主体及其管理服务工作范围

目前，对企业、产业实施管理的主体，主要集中在两类主体：

一是政府管理部门，即政府部门为面向复杂产品系统科技管理服务的主体，主要包括国家发展改革委员会系统、中小企业管理系统等。其服务工作范围，主要集中于全方位地提供有利于知识获取及创新的机会和环境，通过结构性的制度安排来促进创新系统中机构之间的合作，以此降低科技创新系统失灵带来的无效率。

二是科技服务公司，即归类于第三产业中科技服务业的一些咨询管理公司。咨询服务是科技服务业中的新型产业，传统的业务内容主要集中于信息咨询、企业管理咨询、产业咨询三个层次。

目前，随着业务内容的多元化扩展，科技公共服务平台成为一种新兴的管理咨询服务层次和载体。它们的管理服务范围各有侧重，分别体现为：

1）在信息咨询层次上，咨询公司主要从事市场信息调查、收集、整理和分析业务，一般以年为周期。例如，年底请咨询公司进行市场调研，了解产品市场占有率、顾客满意度等，为企业决策提供辅助信息。著名的咨询公司有国内的零点调查、慧聪网、浩晨商务，国外的 Gartner Group 等。

2）在企业管理咨询层次上，主要按照企业管理的各个层面划分专业业务领域，如投融资咨询、人力资源管理咨询、生产管理咨询、战略咨询、管理信息化咨询、财务会计咨询（会计、资产评估、审计、税收服务）等。著名的咨询公司有安达信、普华永道、毕马威等。

3）在产业咨询层次上，国内主要包括中金产业咨询有限公司、中国产业竞争情报网、中商产业研究院、中研普华集团等。主要业务为以项目内容为对象，开展项目可行性研究，撰写商业计划书、项目建议书、项目投资调研报告、提供项目投融资服务；以行业发展为研究对象，分析行业竞争格局、竞争对手优劣势、市场集中度等指标，聚焦于产业、区域产业或区域性园区，预测行业的发展前景和投资价值，制定区域产业发展策略及其实施路径，提供产业园区产业链搭建、招商等个性化政策策划、公共服务平台设计等服务，如麦肯锡主要做行业咨询报告。

4）科技公共服务平台。科技公共服务平台是近年来兴起的一种管理服务形式，主要是随着现代通信技术的发展，在信息传递功能愈发完善的背景下，服务管理部门面对产业、产业集聚、虚拟系统或系统实行管理服务的新载体。截至 2015 年，在 18 个省份的产业集聚区，国家已经支持建设、认定了 858 个公共服务平台，确定了 100 个国家中小企业公共服务示范平台。这些平台在解决行业共性技术、关键技术需求等方面发挥了积极作用，对提高系统自主创新能力起到了推动作用。"十三五"期间，我国支持建设和完善了 4000 余个公共服务示范平台，重点培育 500 个国家级公共服务示范平台，公共服务平台基本覆盖了全国 80% 以上的省（自治区、直辖市）。

（2）管理服务内容分析

综上所述，科技管理服务行业已经积累了一定的发展经验。从管理内容上，主要形成了以下几个管理层级。

1）面对单个企业的管理服务层级，在企业的信息咨询、供应链咨询、管理流程咨询、财务融资咨询、绩效考核咨询方面，都已经形成了大量的公司及咨询专家资源。

2）面对产业园区、复杂产品系统的管理服务层级，在跟进国家政策走向方面发挥了一定的作用，但缺少主动对整个产业链、系统整体和全过程的产业管理服务，基本没有从这一层级的扩展性、变化性开展顶层设计。

3）以公共服务平台为载体面对系统所有组织的管理服务层级，目前基本处于初步摸索阶段，服务范围并没有覆盖系统整体，在面对系统各类组织如何整体展开管理、服务内容等方面缺乏统一的设计和规划，教育培训等具体工作也尚在基础整合阶段。

综上所述，目前管理服务发展中还存在着一些问题，这种状态与科学技术部在《科学技术部办公厅关于印发生产力促进中心服务产业集群、服务基层科技专项行动实施意见的通知》（国科办高〔2011〕31 号文件）中，明确提出的"面向产业集群中的产业、产业链的各环节构建服务体系"的要求，尚存在比较大的距离，在管理服务能力方面与行业发展不匹配甚至滞后，尤其是在复杂产品系统、产业园区，以及复杂产品系统层次上，科技管理服务的服务内容、服务能力、服务载体和工具手段方面，仍然亟待发展。

1.3.2　科技管理存在的问题

目前的复杂产品系统内，管理服务的主要问题可以概述为以下几点。

（1）系统内分工不细致、专业化程度不高

系统内分工不细致、专业化程度不高主要表现在：复杂产品系统内部关联产业和支持产业缺乏，产业链不完整——不仅体现在产业链部分生产环节缺失，还包括展厅服务、物流服务、技术服务等生产性服务业的不匹配；产业链分工不细致，节点少，导致系统内专业化程度不高，生产率提升受到影响；复杂产品系统内核心企业、龙头企业少，核心企业对卫星企业带动力弱，在生产协同、质量协同、管理协同方面缺少科学的制度和方法，没有形成有效的协作关系，上中下游未形成有机整体，产业链上各企业之间缺少紧密合作机制，以及密切协同的技术支撑条件和信息交换平台，其主要原因是产业链上各企业之间目标取向不完全一致。目标取向最高的往往是设计和销售环节，目标取向最低的则是生产制造环节。

（2）系统创新能力不足

创新能力不足存在多方面的原因，包括创新和合作意识淡薄、自主创新投入不足、核心企业与卫星企业之间缺乏协同、创新环境和创新平台不足、知识产权保护不充分、技术转移服务力度不够、品牌开发力度不够等。

我国大多数复杂产品系统没有建立统一的创新平台，复杂产品系统内大多数企业缺乏创新动力和能力。系统内多为中小型企业，进行创新需要投入大量成本，还具有很大的风险性。系统内中小企业为规避风险不愿开展自主创新，希望通过引进或模仿的方式来提高自己企业的技术水平。同时中小企业多为劳动密集型产业，缺乏研究、开发、设计等创新人才，复杂产品系统缺乏技术创新公共服务平台，企业与科研机构之间合作机制不健全，自身创新能力不足，独立研发能力不强，也会出现模仿其他企业的新产品、新技术的情况，损害了开展创新企业的利益和其他企业创新的积极性。例如，在珠三角地区，各专业镇（各镇有自己的专业加工领域）聚集的企业大多没有自己的核心技术和知识产权，仿制现象严重。系统内很多企业都采取拼装、贴牌等方式进行生产，没有自己的品牌，大量利润被拥有品牌的国外大企业赚取。其他地区的复杂产品系统内的企业也存在同样的情况，绝大部分复杂产品系统主要依靠低要素成本和低产品价格来维持其竞争优势。这种情况不利于我国复杂产品系统的长远发展和核心竞争力的提高。复杂产品系统如果缺乏持续发展后劲，就不能更好地适应国际化竞争的要求。

（3）政策支持体系和公共服务平台不完善

面向复杂产品系统的管理、监督、服务的社会化服务体系尚未形成。在技术、管理、信息、检测、营销、产品开发、人才培训方面缺少公共服务平台。对系统内中小企业扶持政策不完善，存在短期行为。一些地区只关注系统内某个核心产业的发展，各类中介服务机构不完善，忽视系统内行业协会建设、金融服务、企业产权流通和人才支撑体系建设等。一些地区建设一些产业集聚区和工业园区，但在道路交通建设、电力供应、物流运输等基础设施环境方面跟不上。

1.3.3 科技管理的影响因素

复杂产品系统科技管理的影响因素，具体见于不同的文献资料，这些因素在资源、进度、效率等方面影响复杂产品系统的知识管理效果。具体内容涉及创新战略、组织、基础设施、资金、文化、参与者、知识技术等多个方面。本书将这些影响因素归结为 3 个维度：宏观环境维度、系统供求维度和系统结构维度，具体化为以下几个方面的因素。

（1）知识系统的宏观软环境因素

国家层面的创新战略发布，以及政策、法律法规颁布直接影响复杂产品系统知识系统及其成员的动力机制。同时，复杂产品系统知识主体的契约、协议、会员制章程等也具有公信力。复杂产品系统组织长期发展中形成的组织文化、行为规范、群体意识等，对于知识管理的效果影响机理也逐渐被挖掘，形成了"关爱性质的组织文化促进交流""在有限理性和信息不对称的前提下帮助企业扩展知识来源""活跃的组织文化推进知识扩散和创新"等观点。今后研究的方向和重点是，深入复杂产品系统知识管理的周期性重复行动和共性问题，寻找理论问题，进一步发现提高知识管理成效的切入点。例如，复杂产品系统不同产业组织知识选择的动力机制研究、知识产权引进的评估研究、知识传播中知识存量和流量测度等。

（2）知识系统的硬环境因素

基础设施是复杂产品系统知识获取和共享、交流的要求，如果不能被满足，就会直接阻碍知识的进程。现代化信息技术条件下的复杂产品系统知识与信息数据的集成平台建设正在成为研究热点，其他包括基于产业共性技术要求的设备、生产设施及其布局、教育培训机构的设置等对复杂产品系统知识管理的影响也都有待于进一步深化。

（3）知识系统需求侧因素

知识管理技术是复杂产品系统知识管理的具体工具：例如，复杂产品系统研发创新需要文本挖掘、知识仓库、群件技术，研发和制造一体化依赖数据挖掘、工作流技术等，知识管理尤其需要相关软件的编撰和使用。尤其是在大数据、云计算等新技术新工具的背景下，相关知识管理技术手段、水平的提升，会节省更多创新时间，提供更好的知识管理思路，提升管理效果。另外，从要素基本需求角度来说，复杂产品系统知识的动态特征需要知识（信息、数据）、人力资源、组织、资金的持续投入，对应不同的复杂产品系统产业，如何将正确的要素（资源和管理工具）在正确的时间配置给正确的需求方，这类问题都是复杂产品系统知识需求侧的研究问题。例如，组织的嵌入方式、缄默知识与编码知识的共享、单项产品（不同产品、系列产品）在生产（质量）等多方面的协同、组织之间的互动连接方式等。

（4）知识系统供给侧因素

复杂产品系统知识系统向市场提供新技术、新工艺、新产品，这些知识成果的质量高低、数量多少、持续性、财税政策的投入支持力度、市场准入、新产品正当性论证、政府采购、推进产品孵化、组建创新联盟、人才引进等措施，都会影响知识成果的出现、提升、持续，与之对应的研究问题涉及不同角色的创新主体（集成商、供应商、合作企业、职能机构）、在不同创新阶段（公共研发与示范阶段、商业化阶段、市场化阶段）、进行知识供给的具体方式方法，研究范畴宽泛。

（5）知识网络的结构因素

不同的知识网络结构在运行、衍生、演化中对创新存在着重要影响。现在基于网络的研究方法被广为使用，研究内容涉及有向网络、加权网络、异质节点超网络等多种模型，借助网络模型能够更准确地描述和认识复杂产品系统知识管理的不同侧面，包括：识别网络的重要节点、边（超边）、聚类情况，网络的强联结和弱联结对知识扩散、知识转化的影响，产品研发与制造一体化进度的优化，用户的介入程度和时间、利益的分享和私有化程度、服务机构嵌入对功能运行的干预，组织的知识（生产）结构及其深度广度研究，多层多准则的网络功能平衡问题，基于小世界、无标度特征对网络创新功能的仿真研究等。

1.4 复杂产品系统科技管理的创新服务需求

20世纪70年代后，制造模式一直在平台化、模块化的纵深模式上摸索。20世纪末互联网、信息技术实现了快速普及和发展，为大数据、物联网、人工智能等数字化技术的发展奠定了基础，也为复杂产品系统的科技管理提供了突破的可能性。以汽车行业为例，制造系统在单件定制、福特大规模标准化、丰田精益生产等管理模式的基础上，新的数字化技术对整车柔性生产线的出现和改进，人工智能和机器人在汽车制造中得到越来越多的应用，汽车行业的成本大幅降低，定制效率大幅度提升。与汽车行业具有共同复杂产品系统属性的船舶制造、飞机制造，以及精密装备制造产业，也都有同样的科学技术发展背景和市场竞争背景，与此相适应，价值链的研发、生产组配、销售和循环利用环节，面临着预测未来经济发展环境，实现与之匹配的管理创新的课题。

1.4.1 科技管理的创新趋势

复杂产品系统的创新发展方向，不是本系统自身的发展方向，是在全球科学技术进步的背景下，挖掘、探索宏大的科学技术发展方向对复杂产品系统发展方向的影响。复杂产品系统是国民经济的基础装备行业，是国际竞争具有重要战略发展意义的产业。因此，复杂产品系统科技管理的发展与创新，必须积极跟进现代科学技术发展的趋势。当前科学技术创新的宏观方向是数字化、智能化、自动化、工业互联网，复杂产品系统也在这四个大命题下，面临着理性推演、科学解构行业发展趋势的挑战。在我国"十四五"规划的开局之年，系统认知复杂产品系统科技管理的创新趋势，也是复杂产品系统科技管理创新的基础。

（1）数字化趋势对复杂产品系统的影响

数字经济是世界经济高效率发展的必然，也提供了公平发展的客观环境。复杂产品系统本身，是一个具有复杂、多层级关系的复杂网络，对比非数字化时期的混沌和信息不对称，数字化的趋势对复杂产品系统形成了两个层面的影响。

一是来自客户需求层面的影响。复杂产品自身就具有个性化、定制化、高价值的特征，在数字经济的背景下，客户可以获取更多同行业的产品需求信息，对复杂产品的需求呈现更加新颖、复杂和创新的特征。这就要求无论是技术研发还是生产制造，以及附加功能提升、材料回收等环节，复杂产品系统需要以更完备的数字、数据、信息支撑行业的发展。

二是对制造网络中各组织的影响。目前，复杂产品系统的上下游环节之间的合作，大部分是由于系统内合作而形成信任关系，而不是基于市场契约，长期的合作和协同带来了上下游之间的敏捷响应，物流链、价值链、资金链主要是由系统集成商控制和协调的，具有一定的资源配置效率。但在新的数字经济条件下，信息的对称性越来越明确，降低资源的稀缺性需要在更大的系统空间才能够解决。因此，复杂产品系统选择节点，选择供应链、物流链、协作模式需要有更好的管理机制。

（2）智能化趋势对复杂产品系统的影响

复杂产品系统是一个具有多层级、多组织、多知识的复杂超网络。数字驱动的基础下，复杂产品系统构建形成了互联互通的智能体系。智能化对复杂产品系统的要求体现在两个方面：一个是设计的智能化，跟进科技的发展和客户的需求；另一个是管理的智能化，包括在数据互通互联的系统中，如何提升智能反应，快速建构新的协同供应链、生产链，以更低的成本、更快的速度、更好的反馈方案满足客户需求，是智能制造模式的核心。因此，复杂产品系统顺应智能化发展的要求，就要对接智能制造的多种可能性，提供平台推进转型升级。

以制造环节为例，制造企业是复杂产品系统中产品有形化、具象化和功能化的重要环节，它既是整个复杂产品系统网络中的一个节点，也同时链接着多重与自身制造相关的其他厂商节点，上游任何一个环节（例如，需求量、需求价格、供应时间、库存等）的改变，都可能引发制造企业的连锁反应，以及对其下游节点的连锁反应（例如，数量、成本、质量、协同速度等）。因此智能化的发展就需要提前展开虚拟制造，构建多种生产可能性路径。以长安汽车的"汽车智能制造综合试点"为例，该项目在 2015 年入选工业和信息化部智能制造试点示范项目，其主要创新点就在于应用三维仿真，完善了虚拟制造、智能制造的生产管理模式。在整个生产过程中，生产系统运行着大量的生产数据及设备的实时数据，通过由"智能机器＋智能标签＋生产数据云"构成的工业互联网形式，实现车间产品、设备、物料全面互联。

（3）自动化趋势对复杂产品系统的影响

数字化、智能化的发展方向，必然带来复杂产品系统的高自动化发展趋势。前者实现了数字传递的便捷性，后者实现了数字标准执行的规范化。复杂产品系统是高度复杂性的超网络结构，其对市场需求的规范化实现，尤其是配套零部件安装组配的规范化，必然通过自动化的方式得以实施。宝马汽车在全球制造体系中处于行业领先的地位，其辽宁沈阳铁西工厂的生产制造数字化程度居于行业标杆地位：焊装车间拥有 685 台机器人，自动化率达到 95%，冲压车间拥有全球领先的 6 序伺服高速冲压机、开卷线、自动化光学监测站、5 轴精密铣床等独有的自动化装备（其中自动化光学监测站测量精度达 28μm，5 轴精密铣床的铣削精度达 10μm）……工厂采用的生产软件系统是 IPS 国际生产系统，包括 IPSL（物流）、IPSQ（质量）、IPST（技术）三大系统。IT 数据中心将工厂的大数据与销售部门的数据互联互通，数据后端分析后到达生产工厂，自动化设备自动调校数据，保证客户的定制化个性需求。这样巨大而繁杂的数据，如果不通过自动化而是通过人工传递，是不能保证其稳定性的。特斯拉的"超级工厂"也是典型的自动化模式。其在上海的超级工厂，涵盖了特斯拉车型的冲压、焊接、涂装、装配四大工序，基本由自动化机械手完成作业，只有在车身零部件的装配和试车阶段，才会需要工人参与部分辅助性工作。这也是特斯拉能够保证质量统一、规范的重要因素之一。

（4）工业互联网趋势对复杂产品系统的影响

工业和信息化部印发《"双千兆"网络协同发展行动计划（2021—2023年）》，统筹推进以 5G、千兆光网为代表的"双千兆"网络建设，强化和提升制造强国、网络强国建设的"两翼"和"双轮"。2020 年，我国工业互联网产业经济增加值规模实现 3.57 万亿元，占 GDP 的比重由 2017 年的 2.83% 上升至 2020 年的 3.51%，目前已延伸到 40 个国民经济大类。2020 年直接产业带动就业人数为 603.86 万人，新增就业人数为 38.79 万人。几年来，工业互联网的发展迅速，也很好地推动了工业的转型发展，为制造业的数字化转型赋予了新的内涵，成为制造业高质量发展的关键赋能者。

工业互联网是制造业和产业数字化智能化转型的路径和方法，而当前要帮助企业解决的核心问题是在快速变革的数字经济时代,如何实现快速感知、敏捷响应,从而更好地应对市场的不确定性和从需求、产品到竞争者的快速迭代变化,在实时感知和洞察的基础上实现动态的策略优化和完成全局智能化决策。可以说,快速感知、敏捷响应、动态优化和全局智能化协同是工业互联网的核心竞争力。

可以从两个层面看工业互联网,从宏观层面看,工业互联网通过工业经济全要素、全产业链、全价值链的全面连接,支撑数字化网络化智能化转型,变革工业生产制造和服务体系,实现工业经济高质量发展。从技术层面看,工业互联网是新一代信息技术与生产制造体系深度融合的新型工业数字化系统,包括新的感知、互联、计算、控制和智能技术,这些新的技术与生产制造体系结合以后,实现了人、机、物广泛互联,构建了实现海量数据及工业知识汇聚管理、集成建模、分析洞察和优化决策的数字化平台。

虽然不同规模、不同类型的企业需求差异很大,但在整个工业互联网体系中,它们都是要把数据信息和每一个行业的知识与机理结合在一起,形成数据驱动与工业知识相结合、数字空间与物理世界融合的新的智能化优化范式。

1.4.2 科技管理的创新需求内涵

从产业发展的趋势上看,复杂产品产业是战略基础性产业。在国际市场竞争日益激烈的时代环境下,面向复杂产品系统的管理服务必须创新、提升。这是国家发展战略的紧迫要求,是融入国际竞争环境、取得现代化工业发展优势的客观要求。复杂产品系统管理出效益、管理创效益,也是科技服务业发展提升的必经之路。

从产业的要素特征上看,复杂产品系统属于技术密集型产业。多组织之间跨越时间、空间,在全球范围内形成了各具特色的虚拟系统和复杂系统,这个发展特征随着时间发展和竞争的剧烈,呈现了"马太效应"的特征,表现出"具有技术优势的国家发展得越来越快,而技术落后的国家发展得越来越慢"。这种现象对科学技术提出的客观要求是,在技术快速更迭中需要提高跟进速度,需要实现技术的可持续和创新,需要在众多的知识与信息中识别关键节点。只有这样,才能够在复杂产品系统的发展中把握价值链的某些高价值环节，实现比较优势。与此相适应，对复杂产品系统的管理方式亟待创新，包括原有的以服务于企业技术选择、用规制实施技术管理的方式，亟须变更为提供知识与信息的获取平台；原有的项目立项、事后管理的方式，亟须转变成具有事前科学决策辅助功能，同时需要提供相关的技术方法，包括组织择优、项目择优、知识地图等现代技术，都是目前复杂产品系统发展亟须的技术；同时，也需要提供和完善软环境，提升技术项目匹配的服务功能，主要是指复杂产品系统科学技术联盟，面对不同的项目内容动态组建技术支持联合体，在竞争中抢占价值链的关键环节等。

从产业管理服务的载体上看，也亟须完善。复杂产品系统因其技术和生产的复杂性，目前大多以复杂产品系统或虚拟复杂产品系统的形式存在。以项目制为特征跨越地域的研发、生产合作，与以往的实体性质的、地域集聚为特征的产业合作形式相比，主要是基于通畅便捷的信息通信技术。现代通信技术的信息交通，提供了较好的理性经济人和信息对称的决策基础，因此以往的用于维护信息渠道的服务内容，应该转变为对大量信息的筛选和梳理服务；以往重点服务单个企业的工作重心，应该转变为服务整个系统，或者贯穿整个系统的价值链、物流链、生产链等；以往服务龙头、核心企业的倾斜性，应该转变为项目在企业之间的协同性；以往靠经验决策和跟随性决策的管理方式，应该转化为对决策的科学化方法、路径的研究。

在信息技术和通信技术飞速发展进步的科技背景下，在可持续发展、跨越式发展、创新式发展的时代环境之下，复杂产品系统管理服务创新亟须从管理对象、管理范围、运行方式、运作方法等角度，以系统、网络、项目的视角，重新研究面向复杂产品系统的系统化、科学化、数据化的产业管理创新服务理论、技术，与信息化产业的快速发展同步，助力复杂产品系统的系统协同、技术协同、生产协同、质量协同和发展协同，同时在动态化的发展中不停地跟进科技服务的重点和关键环节。这是新形势下科技服务的一项重要任务，也是面向复杂产品系统这个战略基础行业的科技服务业的重要任务。

基于效率和价值的竞争定位，遵循经济学的规范认知方法，将科学技术发展的行业发展要求对应到行业规划中，包括如何提高复杂产品系统对信息和数据的挖掘，发现需求、供给、市场的新需求？如何探索和确定知识创新的方向、可能性和创新路径？如何完善基础设施，保证组织之间、市场环节与生产环节之间、需求导向与供给能力之间的匹配和对称……这些问题是复杂产品系统实现资源配置效率需要面临的众多问题。管理创新发展的关键是抓住主要矛盾、解决关键性问题，按照国家的战略部署，其核心是"激活'两业融合'内生动力，让'制造＋服务'为高质量发展赋能"，因此目前复杂产品系统科技管理创新服务的理论和实践，应结合"网络化、数字化、智能化、自动化"的发展趋势，形成复杂产品系统管理创新服务的突破点。

（1）完善工业互联网，提供信息和数据收集传递的公共平台

完善工业互联网，提供信息和数据收集传递的公共平台主要是构建公共信息中心。目前，科学家和学者们提出了多种工业互联网络技术，例如阿里巴巴集团副总裁刘松提出：以"云"为载体，承载着物联网和工业大数据，通过"云技术"将第二产业的工厂端、生产端、服务端等分门别类的设施设备联结、贯通和融合，等等。在全球互联、通信技术飞速发展的背景下，工业互联、设备和信息互通的可能性大大增强。这种公共信息平台一旦实现了良好的信息与知识的收集和传递，就可以创造出更多新的需求和供应。

（2）提供多种数量经济方法，形成管理创新的科学化评价

党的十九届五中全会提出，要推动现代服务业同先进制造业、现代农业深度融合，加快推进服务业数字化。早在 2019 年 11 月，国家发展和改革委员会等 15 部门就联合印发了《关于推动先进制造业和现代服务业深度融合发展的实施意见》（简称《实施意见》）。"两业融合"（先进制造业和现代服务业深度融合发展）是我国供给侧结构性改革的主要内容，也是建设现代化经济体系，发挥"中国制造＋中国服务"组合效应，实现制造业高质量发展和制造强国建设的内在要求与必然选择。《实施意见》中也对"两业融合"模式、融合路径，以及融合主体作用提出了明确指示，"两业融合"的关键在于发挥数字技术与数字经济的优势，提升先进制造业与现代服务业发展水平并促进两者融合，包括提供可用于诊断、评价的多种数量经济方法，形成管理创新的科学化评价基础。

（3）构建与目前的管理创新相匹配的管理创新服务体系，系统化开展服务

数字化时代的海量信息及其信息变动对复杂产品系统管理提出了更复杂的要求，主要包括功能保证的研发设计，对供应链的衔接和预案设计，对生产协同和质量协同的监管设计，对相关设计路线的改进反馈等。例如，某船舶工厂主要包括智能发动机加工、智能装配、质量控制、基于大数据预测的四大管理功能。这个管理功能围绕大规模定制化生产、个性化选配的生产核心，完善了智能化生产控制系统的柔性化生产能力，为个性化选配，以及功能增减提供了可能，从管理机制上更好地实现了智能化、定制化的客户需求。

1.5 复杂产品系统科技管理创新的研究内容

1.5.1 系统化的科技管理服务体系

围绕科技创新、知识创新和科技知识活动的关键问题，以往研究成果指出，基于复杂产品系统内多组织、多产品、多知识信息的高度协同性，进行复杂产品系统管理创新的一个前提问题是解决供求组织之间的信息对称性，重要问题是管理的内涵。

首先，基于大数据的时代背景，以及复杂产品系统跨越时间、空间集聚的"虚拟复杂产品系统"特征，实现信息集成与共享是复杂产品系统管理服务的基础。因此，需要构建"复杂产品系统知识与信息服务平台"。目前，为实现信息对称性，理论研究和实践中已经涌现出一批新型信息集成平台与管理机构，包括面向复杂产品系统的管理创新服务平台，产学研知识集成的 ITRI 网络平台等。它们的共同特征是基于现代化信息与通信技术，以获取系统内外组织的知识与信息，实现知识与信息集成、知识共享和信息交互的功能。本书考虑到管理服务的原有基础，现有的区域信息集成平台、行业信息集成平台与政府主观下的公共服务平台，是可能存在信息半径、信息收集职能和信息传播范围的进一步拓展，因此对现有公共平台，进一步梳理复杂产品系统的信息收集渠道、信息分类与信息传播方式，以此作为复杂产品系统管理服务创新服务体系的构建基础。

其次，面向复杂产品系统的管理服务内容，是由当前行业发展的需要决定的。按照本章对复杂产品系统管理创新发展的需求分析，需要从逐步推进的角度出发，进一步梳理目前可能开展的管理类别、管理内容和管理主干等，进行框架设计，包括规划目标、功能定位、动态联盟组织结构、服务体系层级设计等，是在"平台＋内容"的框架设计下，对复杂产品系统科技管理创新服务体系进行顶层设计和整体运行设计，对其运行体系进行完整思考。

1.5.2　项目制特征的科技活动模型

复杂系统管理服务研究的前提是明确描述复杂产品系统的状态。复杂产品系统的活动，具有典型的项目制特征，即复杂产品系统内的各个组织及其产品的初始状态是各自独立、彼此无关联的。由于新项目的出现，系统集成商开始组建项目团队，被择优选入项目团队的组织之间在项目知识合作的过程中，打破原有的无关联状态，开始建立关联；产品零部件之间，也因为一个复杂产品项目的存在而形成新的零部件组合；项目组内组织之间和产品之间会因研发合作、生产链上下游关系等多种原因进行不同内容的信息交流……旧的项目结束后，新的项目立项开始，新的组织关联和零部件关联等重新建设，周而复始。可以看出，复杂产品系统的活动是一个动态的、多层次、多流量、多种要素的复杂关联关系。现有的研究成果中，能够描述这种动态复杂系统状态及其演化的技术方法，是构建网络模型。

在网络模型建构过程中，首先需要从静态建模的方式出发，分析网络资源要素和活动，包括要素资源的类别、同质要素和异质要素之间的网络关联、网络流量的计量、异质超网络的层级和拥堵性，等等。其次要从动态网络演化分析的角度，分析系统演化驱动力，开发其组建算法，编程构建仿真模型并展开仿真实验，挖掘动态网络演化过程中的结构特征，等等。按照系统动力学的思想，不同层级的网络数据和指标，反映着不同的网络结构特征。网络结构反映出的随机网络特征、小世界特征等，可以用来分析网络在一定的系统动力学机制下的衍生趋势与演化趋势，对于复杂产品系统管理具有比较重要的应用意义。

基于网络视角的复杂产品系统建模研究，是深入认识复杂产品系统的基础，本书将在第二部分进行详细阐述。

1.5.3　科技管理技术的开发与优化

复杂产品系统的管理服务创新，从本质上是梳理现有系统资源，并在此基础上进行的整合。整合的具体内容是在信息时代、大数据、跨时空合作的时代情境下，构建与这些情境相对应的资源和信息收集、系统维护、动态管理、辅助决策的管理工具和方法。信息平台实现了信息服务主体、客体之间的信息对称，也提供了多维度、多类别的各种数据，对通过数据梳理信息、掌握信息和利用信息提出了新的挑战，包括面对各具特点的数据特征（如模糊区间值数据、比较数据、统计数据和片段化数据等），如何进一步开发算法；面对系统内外大量的社会资源，如何择优组建动态联盟？面对虚拟系统合作性质的复杂产品系统，如何评价其经济效率？面对高度生产协同、质量协同的要求，如何将 TQC、TPS 这些有效生产运作管理工具与新系统相结合……在构建管理创新服务体系后，需要解决类似的管理问题。这就要求在概念模型、运行机制之后，进一步研发提供新的管理技术和工具，以推动创新服务体系的落实，实现高效管理。本书在第三部分，分别面向系统整体（具体见第 6 章）、项目（具体见第 7 章）、不同管理创新目的（具体见第 8 章、第 9 章、第 10 章），提供了五个关键评价技术。

第一部分

复杂产品系统科技管理创新服务体系研究

第2章

科技管理创新服务体系的设计思路

在当前新的经济发展格局和新的经济增长点不断转换的前提下，我国装备制造业发展要突破原有全球价值链的既定格局，与发达国家和地区在生产、技术和工艺、信息等要素的竞争中抢占一席之地，就需要突破原有对发达国家和地区的要素路径依赖，并实现全方位的可持续创新，必须全面加快产业转型升级。与此同时，从产业自身发展周期来看，目前的竞争趋势，是逐步弱化基础生产要素（劳动力、资金等）的优势，复杂产品系统必须通过转型升级以维持系统本身的活力。复杂产品系统科技管理创新服务体系扮演了助推复杂产品系统转型升级的角色，它对复杂产品系统进一步发展壮大起着关键性的作用。复杂产品系统科技管理创新服务体系（以下简称"服务体系"），涵盖了政府、服务型企业、高校、科研院所、中介机构及其他社会团体等多类型组织机构，是一个庞大的社会化网络系统。本章按照"分析设计原则—构建概念模型—分析组织运作"的顺序，设计与构建复杂产品系统科技管理创新服务体系。

2.1 服务体系的设计逻辑

2.1.1 规划目标

建设科技管理创新服务体系，对于复杂产品系统的转型升级具有战略意义，目的是实现以下战略规划目标。

（1）对系统内中小企业发展赋能

系统内的多种企业优势的共存，是复杂产品系统的活力所在，是形成集群竞争优势和网络辐射功能的重要源泉。因此，需要克服系统内中小企业数量多但市场实力弱、规模可观但创新后劲不足的问题。

复杂产品系统科技管理创新服务体系的建设，其目标首先在于梳理相关资源的合理建构，形成政府、生产企业、知识机构和各种社会中介服务组织、社会生产性服务组织共存且有效聚集的状态，形成合理且充分的资源挖掘和发展基础，为集群整体发展提供创新支持。

（2）实现复杂产品系统的网络化创新

复杂产品系统的升级方式众多，以产品升级、工艺升级、功能升级及价值链升级为主流形式，但归根结底，系统的升级是一个系统化的工程，哪一种升级方式都离不开系统网络的局部或整体的突破。对于处于不同技术发展阶段的复杂产品系统，目前的一个重要创新共性突破点，在于引导个体企业基于复杂产品系统的网络化视角，评价自身的技术创新方向、趋势和发展前景，而不是孤立、个体的技术创新，以很好地实现企业节点之间、企业节点与其他生产、研究和管理部门节点之间的互动，在创新过程中才能充分利用系统的网络化资源和不断优化的系统结构，引导出现系统整体的技术创新能力的提升。

复杂产品系统科技管理创新服务体系的建设，为系统内不同企业之间构筑了隐形的知识沟通桥梁，使企业集聚网络背后形成一张无形的"知识网"，以促进主体之间的知识生产、传播和应用。诸如生产力促进中心、政产学研、中介咨询相关机构等可以极大地将外部知识引入系统内部，丰富并拓展系统的知识结构，有利于提高系统创新能力。同时，其可以进一步将创新成果在系统内部企业之间共享使用，借助系统网络创新资源，提升企业创新速度，同时降低企业的创新成本和风险。

在当今开放的经济条件下，电子商务、现代物流等多种媒介科技管理服务拓展、深化和创新提供了服务可能；信息技术的飞速发展和应用更新，进一步拓展了复杂产品系统与系统外部、复杂产品系统内部多节点之间的沟通与联系，更加有利于实现复杂产品系统的功能升级。

（3）促进"两业融合"的实现

三次产业融合是指第一、第二、第三产业之间在发展过程中的相互交叉、相互渗透、相互介入、进而催生新的产业业态或引起产业升级的动态发展过

23

程。产业融合是经济发展到一定阶段后，产业体系发展的必然趋势，是促进传统产业转型升级的重要环节。其中，尤以第二、第三产业中的生产性服务业和工业的"两业融合"最为突出。生产性服务业与工业之间存在高度正相关关系，两业发展属于互为因果的紧密关系。没有产业的蓬勃发展，生产性服务业的发展就没有土壤；产业发展到相当规模，生产性服务业如不能配套发展，就会制约产业发展的步伐。站在复杂产品系统转型升级的角度看，如能按照复杂产品系统发展的水平，促进两业的融合发展，就能极大地推动复杂产品系统往高精尖、集约化方向升级，提升系统的水平和质量，增强其竞争力。

2.1.2 战略步骤

按照复杂产品系统与相关管理服务的发展思路，围绕关于规划建设的总体目标，立足复杂产品系统与管理服务创新的实际，采取递进推高的方针，全面建立面向复杂产品系统的管理创新服务体系。具体目标可定位为"基础条件—支撑平台—持续优化"的"三步走"战略。

（1）培育复杂产品系统科技管理创新服务体系的基础条件

此阶段主要聚焦于宏观政策环境的培育及各主体职能范围的界定，为后续体系的建立打下坚实的基础。例如，在职能分工方面，政府在体系中需由管理者转变为服务者，转由行业协会等法人机构实行自律管理；政府主导知识产权保护、环境保护等方面法律法规的制定，以防出现影响企业技术创新积极性的"搭便车"现象和因环境问题引发的群体性事件等；多方协调共建产业分工机制、财税共享的良性竞争机制、后续开发的公共服务平台互用的配套协作机制等。

（2）建立复杂产品系统科技管理创新服务体系的支撑平台

此阶段主要聚焦于建立体系的基本框架，初步建立集产业行政服务、融资、技术研发、物流、信息等于一体的社会化服务体系。例如，各级技术研发中心的建立，质量信息检测、对外贸易、运营信息管理等公共服务平台的建立，产业协会、同业会、科技中介机构的引入或建立等。

（3）健全并持续对复杂产品系统科技管理创新服务体系进行优化

此阶段更多聚焦于进一步完善与维护体系的运行，实现网络化、专业化、规模化，科技创新上台阶，稳固并拓展体系的社会化服务格局，持续引入更丰

富的高级生产要素，培育竞争、法制、诚信、创新等商业文化制度。例如，新
条件下革新人才引入机制，集结更多社会力量提高技术创新的转化利用效率，
培育具有竞争力的新型商业文化等。

　　复杂产品系统科技管理创新服务体系的建设成为系统引进高级生产要素
的重要渠道，主要体现在：管理创新服务本身具有知识密集型、技术密集型特
征，其产出含有大量的人力资本和知识资本；管理创新服务体系将系统内外部
的知识通过合作方式传授给系统内部的企业，充当着知识载体和交换器的角
色；管理创新服务体系直接为系统提供金融、通信和科技创新等高级生产要
素。高级生产要素的引入比例不断提升会帮助复杂产品系统逐步向"价值创
新"的发展方式转型。最显著的现象就是工业生产性服务业和制造业的界限越
来越模糊，并逐步实现融合。一方面，某些信息产品变得可以像制造业一样进
行批量生产；另一方面，制造业部门的功能也日趋服务化，主要表现为部门的
产品是为了提供某种服务而生产的，随产品一同售出的有知识和技术服务，同
时服务引导制造业部门的技术变革和产品创新。

　　综上所述，复杂产品系统科技管理创新服务体系的建设对于系统转型升级
和可持续发展起着关键性作用，在当前"保增长、转方式、调结构"的产业发
展大目标下，对于加快推进产业融合发展，促进产业结构优化升级意义重大。

2.1.3　服务层级

　　霍布德（Hobday）和拉什（Rush）指出，复杂产品系统中包括用户、买主、
其他供应商、小型或中型企业、政府代理和调节单位；也有学者按照在系统中
的功能大小，将众多组织划分为三种类别：系统集成商、合作伙伴（供应商、
承包商等）、客户。复杂产品系统是多组织的集合，杨锐、李慧将这些多类型的
组织划分为两个层次——主体层和支撑层：主体层是指主要承担知识创造、产
品创造的研发系统组织和生产系统组织；支撑层主要是指对复杂产品系统发展
起到政策支撑、功能辅助的相关部门和机构，主要包括政府（发改委、科技部
门等）、各类生产力促进机构、销售系统（采购中心、招投标公司等）、人才市
场等。在支撑层中，有一类组织，它们并不具有直接管理、参与生产决策的功能，
但能够为生产的顺利进行提供运行能力，这类机构被称为"使能体"。

　　基于上述分析，本书将复杂产品系统管理服务体系分为三个层级：核心

层、紧密层、松散层，如图 2-1 所示。核心层是体系的核心，是负责复杂产品系统管理创新服务业务的主体部分，是自主经营、自负盈亏的组织。紧密层、松散层属于核心层根据业务情况选择的参与管理创新服务项目的其他服务组织、个人，或为管理创新服务项目开展提供相关政策信息和数据的组织，存在于紧密层或松散层，是按照系统内合作关系的密切程度进行划分的。

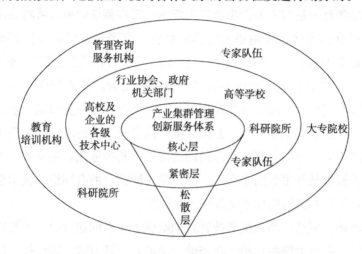

图 2-1 服务体系的核心层、紧密层、松散层

核心层是服务体系的核心，是负责复杂产品系统管理创新服务业务的主体部分，是自主经营、自负盈亏的组织，负责健全并持续对复杂产品系统科技管理创新服务体系进行优化，以及完善与维护体系的运行。核心层组织结构包括系统服务部、系统企业服务部、综合管理部门。其中，系统服务部包括复杂产品系统诊断咨询组、产业辅导组、复杂产品系统品质提升组、公共平台建设组；系统企业服务部包括技术辅导组、技术转移服务组、教育培训组，以及质量认证、资产评估、审计服务、可行性研究及管理咨询等；综合管理部包括人力资源、财务、市场开发、网络推广等相关人员。

根据与核心层的紧密程度，一些组织可在紧密层和松散层之间转换。这些组织一是产业管理创新服务信息提供者，涉及行业协会、政府相关部门（统计局、经济信息局、科技局，以及省、市的复杂产品系统管理办公室），可提供相关政策、系统发展情况、系统企业的基本技术及经济运行数据，二是服务体系运作过程中形成的战略合作伙伴，包括结合项目内容建立的不同类型的专家库，提供研发与管理咨询、教育培训、技术转移、资产评估、审计、认证等服务的大专院校、科研机构及科技中介服务公司。

综上，本书提出可以采用"线上门户网站服务＋线下公司服务"的模式。

首先，在网络上建立一个网络接入点，实现复杂产品系统内组织与知识管理服务载体的交互，系统内成员组织通过点击进入网络即可与知识管理平台的服务内容进行链接。基于网络的管理创新服务平台具有开放性，可以对用户展示知识管理服务内容、流程和应用案例，提供功能实用的人机对话和交互功能，提供一定的知识展示功能，也包括提供一定的系统合作信息、稀缺知识、技术需求等。

2.2　服务体系的设计功能

上文分析了复杂产品系统科技服务发展的现状和问题，结合目前相关研究成果，可以梳理形成复杂产品系统科技服务内容如下。

2.2.1　科技知识体系诊断与咨询服务

复杂产品系统处于不断发展过程中，复杂产品系统管理部门需要了解复杂产品系统所处的发展阶段，复杂产品系统的竞争能力，复杂产品系统内部产业链的完整性、产业关联效应、复杂产品系统协作程度，复杂产品系统供应链管理绩效，产业价值链的关键环节识别方法等。通过诊断、明确复杂产品系统发展水平，发现复杂产品系统内部管理机制存在的问题。复杂产品系统协同管理模式下的企业诊断，是从复杂产品系统企业协同管理目标出发，对产业链上企业进行诊断的服务需求。

2.2.2　科技团队组建服务

科技管理的目的是科技发展和创新，由于技术、知识具有公共产品的属性，单纯依靠市场机制分配资源难以满足技术发展的需要，包括技术开发的成本与技术进步的收益之间存在非对称性，个人收益往往低于社会收益；技术开发存在着较大的商业风险和技术风险；技术开发过程一般不可分割，需要一定的投入规模，中小企业难以承担。所以，政府有必要为满足技术发展的要求而干预资源分配，进行公共产品、财税方面必要的投入，以实现科技知识的顺畅提供。

复杂产品系统基于项目制进行知识合作，并基于知识合作动态发展科技，因此科技管理服务需要更好地提供项目制组建所需要的算法。系统内各节点组织具有不同利益诉求，不同的知识结构特征，节点间的联系受到时间传统、空间距离、文化趋同等各种因素的影响，但基于系统整体的视角，需要从系统整体知识超网络结构更合理、跟踪知识热点、提高知识绩效的要求去组建项目团队。一系列复杂因素的介入，使得科技团队组建的服务功能更加重要和凸显。

2.2.3　经济效益提升咨询服务

复杂产品系统的经济效益主要体现在产品质量、成本、交货期、品牌塑造等关键问题上。复杂产品系统企业之间的生产同步、质量同步、管理同步、经营同步是复杂产品系统品质提升的保证。因此，需要服务体系提供促进系统企业在生产、质量、成本、设备管理等方面的协同管理技术，制定推动技术应用的策略，并从复杂产品系统角度提供整体品牌塑造方法和策略，以实现价值链体系上互信、互助、互惠的经营效益。

本书将围绕上述服务需求，研究面向复杂产品系统的管理创新服务体系，并从服务体系能有效运行的角度研究产业管理创新服务体系的功能、结构、商业模式和运行机制、服务工作标准及流程，形成组织网络化、服务专业化、管理信息化的面向复杂产品系统开展产业管理服务的新的服务业态，促进产业升级，增强对外竞争能力。

2.2.4　信息协同服务平台建设

服务平台是实现复杂产品系统科技管理服务的网上门户，也是服务内容的信息依托，需要对信息加工和匹配，主要包括基于门户网站的产业信息收集、更新，依靠现代化知识技术手段清晰准确地描述知识延续脉络、知识整合脉络、辨识不同时期的热点知识、确认相关知识专利的知识组成等。服务平台的信息收集就像一个高效运转的数据库，服务内容所需要的各种信息和数据的收集、分解、整合，为系统（集群）的知识管理奠定基础。

复杂产品系统信息协同服务平台，服务于系统内管理部门、企业、科技服务机构等多类型组织之间的协同管理、协同服务与协同商务。因此，需要提供协同管理制度设计，包括系统企业协作结构、合作模式及管理规范，以及不同形态协作体系的运作理念、目标、整体运作流程等。

2.2.5　知识转移与技术辅导服务

复杂产品系统要提升技术创新能力和跨越式发展，需要服务体系提供技术辅导与技术转移服务。基于复杂产品系统的技术服务是以复杂产品系统为着眼点，在信息集成和分析基础上，剖析产业或产业链条技术状况，发现限制产业发展的瓶颈并提出关键问题，借助专家平台及核心企业的技术优势，提出相应的解决方案，实现复杂产品系统整体技术的提升。目前，复杂产品系统技术服务需求主要体现在复杂产品系统共性技术服务、技术转移服务、产业技术咨询与辅导上。

2.2.6　教育训练与人才中介服务

复杂产品系统发展过程涉及操作技能培训、管理培训和技术培训。复杂产品系统大多数为中小企业，技术装备水平低，手工作业多，劳动生产率低，成本高，产品质量水平相对比较低。管理培训需求主要包括生产效率提升技术、质量管理、现场管理、车间布局优化、物流管理、设备管理、人力资源管理等，以及核心企业与卫星企业的协同管理技术培训。此外，系统企业在发展过程中需要不断引进各类人员，人才引进服务也是比较重要的服务需求。

2.3　服务体系的设计框架

2.3.1　设计原则

（1）平衡性

服务创新与系统需求必须合理结合。服务创新是指在为复杂产品系统提供相关的管理服务时，根据服务的特点进行创新，完善既有的服务体系。复杂产品系统科技管理创新服务体系应以系统内企业的需求为导向，充分了解企业需求，加强服务网络建设，瞄准企业在金融、人力、技术创新等过程中亟待解决的共性问题和薄弱环节，进行相应的创新服务设计。也就是说，必须将体系设计和系统需求紧密结合在一起，尽量使供需达到一致。

（2）层次性

体系建设涉及企业、高校、科研机构等多个主体。同时复杂产品系统本身也具有层次性、结构性，以系统活动中最重要的技术创新活动为例。首先，是企业内部的技术创新，企业是技术创新的主体，企业内部的技术创新是服务需求的来源，这是构成需求层次的第一层。同样地，企业之间的协同创新（联盟创新）也属于此类，只有同时考虑两者，才能更好地研究技术创新服务需求。其次，是企业在技术创新时，整个管理创新服务体系的运作层次，这个层次所要研究的问题是如何能够激发企业需求，通过供给更好地帮助企业创新。最后，是政府的管理和政策环境层次，它决定着整个复杂产品系统的创新环境，起着不可替代的作用。

（3）综合性

综合性就是结合实际环境，实现几个结合。坚持政府扶持与市场导向结合、运行机制与功能相结合、发展与整合相结合、中央与地方相结合。从宏观角度出发，体系建设必须牢牢围绕这四个结合原则，发挥政府主导作用，整合各个公共服务平台，鼓励发展民间服务机构，引入更多创新力量，才能更好地构建管理创新服务体系。

2.3.2 组织模式

本书对于科技管理创新服务的组织模式，原则上采用"线上门户网站服务 + 线下实体公司服务"的方式，复杂产品系统科技管理创新服务体系框架结构，如图 2-2 所示。

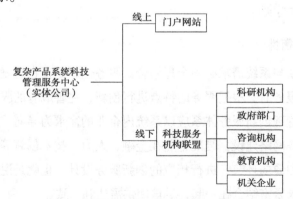

图 2-2 复杂产品系统科技管理创新服务体系框架结构

（1）实体公司

实体公司主要由非盈利科技中介机构和政府派出部门组成。非盈利科技中介机构是不以营利为目的，推进政府主持开发的科技成果产业化或向企业提供科技咨询服务等；政府派出部门是指国家机构主要通过法律、行政法规进行保障和约束，以及审批地方项目和向上级部门报送，这类职能部门主要包括县（区）级生产力促进中心、科技企业孵化器等。它们的特点是大部分的财力来自政府经济部门的资助，各股东单位的法人投资是不以获取红利为目的的，只是通过参与科技创新等活动，为本地区企业争取技术咨询服务、自我发展、资源共享的机会。

根据上一节中对科技管理服务体系功能的研究，实体公司的核心功能是参与和推进科技创新。除此以外，实体公司还需要具有管理功能，综合考虑后，实体公司的组织架构如图 2-3 所示。其功能一是完成对不同项目、不同功能的服务功能，二是公司常规的综合管理，主要包括人力资源、财务、市场开发、网络推广等。

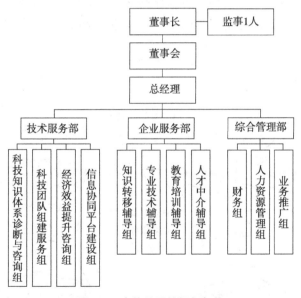

图 2-3 实体公司的组织架构

（2）基于网络的科技管理门户网站（或公共服务平台）

近几年，关于网络集成平台的研究迅速涌现：乐承毅等提出了基于 WEB 2.0 实现复杂产品系统知识共享，高霞等学者进行了协同创新中心网络信息平台的设计与实现研究，提出了基于协同创新中心的接入点实现知识地图的思路等。同时在实际调研中也发现，复杂产品系统的知识管理实践已经形成了多种社会化形式的知识与信息网络集成平台，包括产业技术创新中心、ITRI 等。它们建立网站、为网络成员提供接口，在网络上进行知识发布和技术招投标等，充分保证了系统成员之间的信息对称性，和团队组建等合作的科学性。这些成果对本书的启示：可以借助互联网、现代通信技术，在界定复杂产品系统组织成员的基础上，搭建基于 WEB 技术等的知识与信息公共平台，既可以解决复杂产品系统多组织之间信息不对称问题，弥补市场失灵，也可以借助强大的系统数据库进行管理仿真和管理预判，以更好地实现资源优化配置和提升系统管理绩效。

（3）科技服务机构联盟

本书考虑到不同类型的组织在服务体系中承担的功能重要性，构建了复杂产品系统科技管理创新服务体系战略联盟。从复杂产品系统战略发展的视角看，不同功能与特质的各类组织，可以在科技管理服务中彼此依托、彼此衔接、动态组建与柔性组合，构成了一个动态战略联盟。图 2-4 反映了战略联盟的组成。

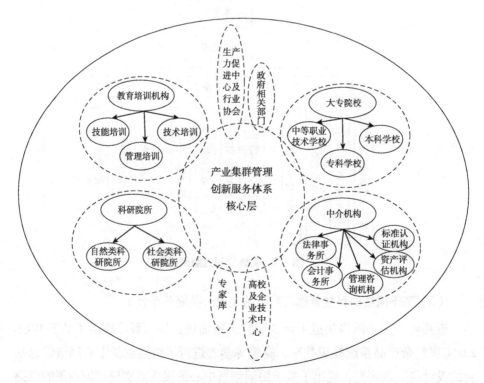

图 2-4　科技管理创新服务体系的战略联盟

一是产业管理服务信息提供者。主要涉及行业协会、政府相关部门（统计局、经济信息局、科技局，以及省、市的生产力中心等），这些部门可提供相关政策、系统发展情况、系统企业的基本技术及经济运行数据。

二是专家队伍。来自不同类型组织、不同专业的众多专家，形成专家队伍，在服务体系中形成专家库，可根据服务项目的具体内容要求，组建柔性专家服务队伍。

三是科技中介服务机构。科技中介服务机构，是引入市场机制不断提升服务质量的有效手段。它们可以为复杂产品系统企业提供专业咨询服务，主要包括资产评估、审计、会计、质量认证、法律咨询、技术成果转化、技术评测、专利委托申请机构、项目代理申报等。这类专业技术服务对人力资源和行业专业性的要求都很高，同时与技术进步的阶段性衔接紧密，是民间资本比较活跃的领域，处于快速增长中。服务体系中引入这类中介机构，能够促进与复杂产品系统相关的服务型产业发展。

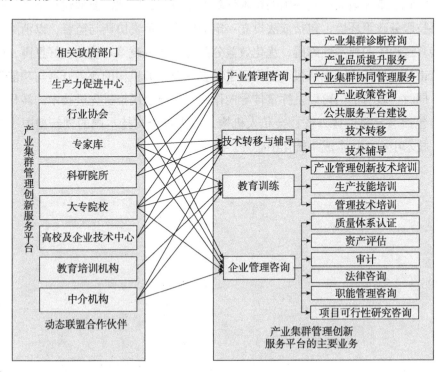

图 2-5　动态联盟成员的业务关联关系

四是科研院所及高校。科研院所及高校是活跃的、有益的参与成分。科研院所及高校既有公共服务性质的技术转让和技术开发，又有企业性质的技术出售，这使得两者成为独立于公共服务平台和科技中介机构的组织。一方面，科研院所及高校是科学知识的源头，这是系统实现技术创新及转型升级的重要力量来源；另一方面，部分高校成立了独立法人性质的企业，也有不少教授成立自己的私人公司专门为复杂产品系统提供专项技术服务，这部分企业性质的组织以营利为目的，将高校的科研知识转化为企业生产力。

图 2-5 为动态战略联盟的合作伙伴与服务平台主要业务之间的关系，左侧为平台的主要组织成员，右侧为平台的主要业务。

2.3.3 环境建设

复杂产品系统科技管理服务是一个系统建设，还需要积极构建多层组织之间良好的创新氛围与机制。

宏观政策环境会影响一国的技术创新的竞争力，因此需要构建和培养良好的科技服务政策环境，包括依法设立一定的机构，负责协调与监督，以消除技术转移过程中的技术性障碍、优化效益分配等。宏观政策环境的良好氛围，既符合市场经济传统，也从根本上保证了科技中介服务机构的业务开展与功能发挥。同时，政府部门可以发挥宣传导向作用，倡导全民推进先进技术的转化利用，包括倡导通过官方或社会私人机构，募集资金支持本国的创新型中小企业、技术中心、技术成果转化中心等。

第 3 章

复杂产品系统科技管理创新服务体系的运行机制

3.1 服务体系的运作方式

服务体系本着"企业化经营、市场化运作"的原则，通过整合政府、大专院校、科研院所、技术中心、科技中介机构和行业协会等资源，开放式地建设与运营，形成组织网络化、服务专业化、管理信息化的面向复杂产品系统开展产业管理服务的新的服务业态，促进产业升级，增强对外竞争能力。

3.1.1 多元化的投资主体

对现有复杂产品系统服务体系投资主体研究表明，目前复杂产品系统服务体系投资主体主要是政府，也有一些服务主体为社会投资，但社会力量参与服务体系建设的积极性和潜能还没有充分发挥。复杂产品系统原有服务体系的发展障碍主要是传统发展方式的羁绊和发展过程中涉及的运作机制问题，要实现复杂产品系统的良性发展，必须创新服务体系发展路径，以社会化、专业化、市场化为导向，充分发挥政府引导和市场机制的作用，大力创新服务机制，形成多元化、多层次、多样化的专业服务机构和社会服务主体相结合的复杂产品系统服务体系。

复杂产品系统科技管理创新服务体系设立可采取政府投入、政府投入和社会专业服务机构结合共同建设、直接由社会投资的方式。从国外及未来发展来看，由社会投资（民间资本）方式建立的服务体系应成为主要方式。

3.1.2 开放性的网络化组织

管理创新服务体系的服务对象涉及不同产业、不同性质的复杂产品系统，在技术、培训、管理方面需求差异较大，在完成咨询过程中需要多个领域的专家参与，一些重要数据需要产业管理部门、行业协会等部门提供。因此，产业管理创新服务体系整合了专家团队、政府相关部门、行业协会、生产力促进中心、大专院校、科研院所、中介机构、教育培训机构和企业的资源，建立动态开放的网络化组织，根据业务发展需要组建专业团队，完成产业管理创新服务任务。

3.1.3 企业化经营，市场化运作

从所面对的服务对象和市场竞争环境考虑，复杂产品系统科技管理创新服务体系应按照企业化经营，采取股份公司或有限责任公司形式，自主经营，自负盈亏。在复杂产品系统科技管理创新服务体系的运作过程中，应按照市场规律，进行市场化运作。对完全由民间资本投资的服务体系，政府可通过购买服务、税收减免、加强信誉监督等方式促进其规范运营，避免过度无序竞争。在产业管理创新服务体系建立过程中，政府可加大建设支持力度，力争使政府投入取得更大成效，形成政府鼓励和支持、社会机构参与、中介服务机构和复杂产品系统多赢的局面，产生政策叠加和倍增效应。从业务开展方式上看，产业管理创新服务属于咨询服务，在实际业务开展时适宜采用项目运作方式。采取项目经理负责制，可围绕不同业务内容设立不同的项目组，项目经理负责项目的总体进度和质量控制，选择外协专家参与，并与客户方进行有效沟通。市场开拓方面的总体思路是积极参加政府行为和对相关资源的综合运用。

科技服务业服务于产业对象，需要与行业协会及政府相关管理部门建立良好的合作关系；在战略规划、理论指导和技术路线的重要环节，选择知名院校进行合作，选派资深顾问协助 MBA 课程讲解，提供经典案例分析，安排学员实习等；将特殊资源的范围不断地扩大和完善，逐步深入不同行业复杂产品系统，并跨区域地寻找更多的利益共同体（教育培训机构、咨询公司、IT 行业的

企业等），为业务拓展和展开更全面深入的合作奠定基础。

3.1.4 专业化服务，信息化管理

专业化服务是指对服务对象（包括复杂产品系统及系统内企业）以全面提升其系统品质和整体竞争力为目标开展的多种科技服务，具体包括复杂产品产业（企业）诊断、复杂产品系统协同评价、复杂产品系统相关政策评价、复杂产品系统协同管理制度设计，以及复杂产品系统教育培训与人才服务、技术服务等。

信息化管理是指应用网络技术、数据库技术、协同技术和系统集成等技术开发基于网络的产业管理创新服务协同平台系统。该平台系统构成包括：

1）系统环境。系统含有数据库、信息库、资料库、案例库、知识库、专家库、软件库等基础设施，为产业管理创新服务平台的构建与运行提供基础支持。

2）后台管理系统。平台核心层提供产业管理创新服务平台管理功能，主要包括信息管理、文件管理、日志服务、目录服务、账户管理、服务订购等，为平台运行提供重要保障。

3）前台服务系统。前台要建立门户网站，对外作为公司的窗口，展现管理创新服务系统内容、主要业务范围、流程等信息，可为平台管理创新服务提供招商、人才招聘、与客户交流、服务订购等多种功能。

3.2 服务体系的工作流程

复杂产品系统科技管理创新服务的有效开展需要具备一定的基础。首先，完善信息服务基础，构建基于网络知识、信息管理的服务平台，建立可信息交互、服务互动的信息平台，这是构建服务体系的硬环境建设。其次，确定系统化、科学化、规范化的管理服务方式，包括管理的流程、管理的标准、管理的人力资源建设，以及管理创新服务的应用案例等，建立制度保证。最后，需要考虑复杂产品系统的具体需求，按照循序渐进的方式，提供和开发一系列的复杂产品系统诊断技术，通过人机对话的方式，实现复杂产品系统管理诊断系统、企业诊断系统、整体系统协同管理向智能化服务的提升。项目团队成员合作关系成立的流程，如图 3-1 所示。

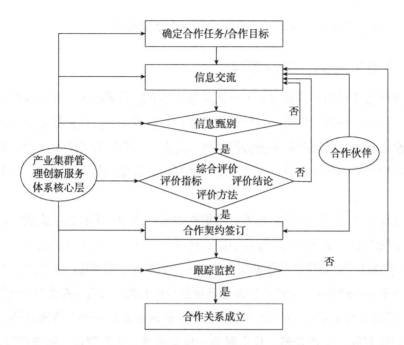

图 3-1 项目团队成员合作关系成立的流程

3.2.1 确定合作任务 / 合作目标

复杂产品系统管理创新服务的首要任务，就是对某复杂产品系统完成诊断咨询服务。管理咨询涉及的诊断内容繁杂，涉及众多不同特质的企业，以及不同领域专家、机构。为此选择流程在制定时，需要首先在一定的范围和前提下将联盟目标分解为若干并行的子目标，如复杂产品系统生产协同、复杂产品系统质量协同、复杂产品系统企业协同制度设计、公共服务平台建设等小组。

3.2.2 信息交流及信息甄别

核心层根据业务需要，把选择合作伙伴的信息传递到网络中或与一些机构（专家）直接沟通。有合作意向的潜在合作伙伴会根据自身的需求和意愿，向服务体系核心层发出反馈信息。这些备选合作伙伴的反馈信息属于私有信息，它包括对于合作项目的能力信息、自身的声誉信息，以及对于合作的主观期望程度等。但是在这个阶段，有可能存在信息不对称，如备选伙伴为了获得合作契约，往往会隐瞒或夸大信息，造成一定的信息不足或信息虚假等。因此，需要以一定形式的合同担保、信息核查、多备选对象等方式，规避信息不对称带来的风险。主要方法包括预先设定合作规则及合同筛选等。

关于合作规则：预先设定合作规则，如合作项目、合作要求和合作成果等。通过预先制定合作规则，复杂产品系统核心可依托数字化技术、相关智能算法等，降低信息筛选成本，实现合作择优。

关于合同筛选：合同筛选是指公司针对合作项目制定包含约束和激励条款的合同，供备选伙伴选择，通常在合同中合作伙伴的受益与合作成果挂钩。在信息甄别的过程中，服务体系核心层行使选择权，对于甄别后不合格的企业，会取消其合作机会。

3.2.3　综合评估

综合评价的过程就是确定项目制合作的过程，基本指导思想就是让各成员实现各自的竞争优势，实现项目制目标。但每一个项目制的需求不尽相同，因此每一次评价均需订立符合项目制要求的评价指标、评价方法，对于多个候选者具有相同、相近的竞争优势，或彼此相区别的竞争优势时，以科学的指标体系和算法支撑，实现甄选成员功能，形成评价结论。

3.2.4　合作契约签订及跟踪监督

经过以上阶段的反复筛选，服务体系核心层如果对备选的合作伙伴感到满意，合作双方就会签订合作契约。这种契约主要是指基于合同等的正式契约，以及合作双方基于信任所建立的心理契约。同时，科技服务管理实体部门，要采用人员监督或量表监督的多种方式，保证项目团队成员合作关系的成立，并顺利开展合作。

3.3　服务体系的激励机制和约束机制

3.3.1　激励机制

服务体系的实际业务开展时采用项目方式运作。采取项目经理负责制，可围绕不同业务内容设立不同的项目组，项目经理负责项目的总体规划、进度控制和质量控制。为了充分调动项目团队成员的积极性，保证项目的完成质量，应建立以薪酬激励为主体的激励机制。薪酬激励主要体现在基本工资和绩效工资上。对项目经理、总经理、业务拓展部门及外协专家等，可采取基本薪酬和绩效薪酬相结合的方式，采用灵活的绩效工资实现项目鼓励；借助社会中介公司的力量完成项目或企业审计、认证、评估及专项管理咨询等业务时，对纳入服务体系战略合作伙伴的中介公司，应以合理的价格支付费用；同时，注重社会教育培训机构的培训引导功能。以项目方式，根据合作内容进行费用协商和利润分成。

3.3.2 约束机制

首先，对内部人员的约束机制包括管理制度约束——制定服务中心各项管理制度，以及员工行为规范，使员工行为符合管理要求；绩效考评制度——制定员工绩效考评体系。对项目人员的约束主要体现在项目完成的时间和质量上。例如，出现经常拖延时间或质量不合格的情况，将解聘相关人员；合同约束——服务中心人员采取合同制，通过绩效考评衡量合同期间的工作表现，决定下期聘任与否。

其次，对于合作伙伴的约束机制。因为外部合作伙伴与服务平台之间属于松散联盟，为了保证平台正常高质量运行，可根据专家及机构资质、经验水平、时间宽松度及信誉等因素建立不同紧密程度的联盟，对合作方建立进入和退出机制，根据合作项目的质量和时间保证进行评价。

（1）声誉机制

声誉机制对联盟伙伴之间建立信任关系往往会具有无形的促进作用。必须调查和记录各成员的声誉信息并建立相应的信息披露机制，构建合作利益的保护机制。

（2）合同约束

合同是企业信任关系的主要保障机制之一。服务中心要根据具体的合作项目，制定包含约束和激励条款的合同，既要明确项目的任务及性质、界定各方责权利，又要建立违约责任追究和利益惩罚机制，防止机会主义行为产生。

（3）过程监控

服务体系核心层对合作伙伴具有选择权、监督权、控制权。

在现有的研究中，签订合作契约标志着项目团队成员选择的结束和合作关系的建立。由于信息不对称性的风险，在缺乏可操作的严格的监控措施时，合作伙伴之间可能存在合同执行的不可信性。因此在跟踪监控阶段，服务中心需要行使监督权和控制权，在合同建立后杜绝道德风险，为契约顺利执行建立通道保证。

3.4　服务体系的协作机制

服务体系服务内容多，涉及的部门也比较多，需要各子系统共同努力才能完成任务。因此，协调机制的建立是服务体系运转是否顺利的重要影响因素。所谓的协调主要包括以下内容。

3.4.1　核心层内部的业务协作机制

核心层内部业务协作包括：根据服务体系业务需要及咨询服务流程，以公司管理制度方式确定各部门业务内容及工作流程，明确各部门之间的交叉业务、职责，规范协作内容和相应方法；产业管理创新服务过程中各诊断小组之间的协作。复杂产品系统诊断内容多，咨询任务完成需要分为多个小组，各小组之间在数据收集与分析、问题诊断及方案制定过程中需要相互支持，信息共享，因此要建立协作机制。

3.4.2　核心层与合作伙伴的业务协作机制

核心层与合作伙伴的业务协作方式，主要由合作伙伴在服务体系合作过程中所处的位置决定。对于咨询专家以个人方式进入项目组，可通过合同形式建立合作关系。服务体系核心层组织要为专家提供项目开展所需要的环境条件，项目组要依托专家的知识和经验，通力合作，共同完成任务。对于提供产业信息数据的关键部门，应建立紧密的战略合作伙伴关系，通过为所属复杂产品系统的优质服务获取政府部门的信任，建立长期的业务合作关系。对于高校、科研院所、教育培训机构等，根据合作的紧密程度可分为紧密层和松散层，根据项目的内容选择合作伙伴，以合同方式确定合作关系。

3.4.3　核心层与系统企业的沟通方式

服务体系可采取以下四种沟通协调方式。一是通过复杂产品系统管理创新服务专用网站沟通。通过网站，可随时发布服务体系的经营状况或服务信息，同时也可以刊登一些客户的回馈意见。二是举办客户座谈会沟通。在座谈会上，大家面对面沟通，共同解决或处理一些疑难问题，还可以增进感情。三是建立销售经理人定期拜访制度。除了一线的销售人员要经常拜访客户之外，销售经理人也要定期拜访公司的客户，可以随时掌握客户的第一手资料，控制局面。四是参加政府相关部门组织的各复杂产品系统管理人员会议，或系统管理部门组织的系统企业领导会议，与复杂产品系统主管部门及系统企业领导沟通，建立一定的业务联系。

第二部分

复杂产品系统科技管理的理论建模

复杂产品系统对于国家的经济发展具有基础装备作用，在现代通信技术迅猛发展的背景下，复杂产品系统的国际产业价值链不断空间重构：系统集成商跨越区域空间，重构物流链、生产链，形成具有紧密关联关系的生产网络；相关的知识机构，围绕行业设备技术发展趋势和知识地图的走向，在价值链各环节逐利，尤其是研发环节，知识的创新性技能成为国际分工的关键；厂商合作、科技知识活动、零部件配套，跨越空间区域的复杂产品系统的运行模式，已经快速跨越了单一视角、单一要素、单一运行模式的既有研究模式，逐步成为超越时间顺序、超越地域范围、超越固有合作关联，越来越依赖现代通信技术的传播能力而形成立体化的往来关联形式。顺应这一规律，网络成为刻画复杂系统的一种重要描述方式，网络结构分析成为分析复杂系统特征的一种研究范式。

通信技术解决了信息的对称性前提，通信工具的发展解决了跨越时间、空间的技术障碍，国际范围的网络关联日益密切，网络结构日益复杂。超网络建模已经成为探索各类复杂系统问题的有效范式。基于系统科学的视角构建超网络模型，模型独特性的重要基础是系统独特的动力机制，尤其是择优机制。择优机制是系统演化的驱动机制，但现有模型的择优机制大多简单设定为节点被选概率同比于节点度，缺乏基于复杂系统特征（多层级、多流量等）的择优方法。在建模研究中，应该加强对系统演化中驱动要素与超网络拓扑结构的关联分析，以深入探索和丰富复杂系统运行机理。本书选取飞机、船舶为代表的复杂产品知识学习系统，在解析该系统独特动力机制的基础上，开发出一种基于模糊数学算子的考虑多目标决策目的的择优算法，阐述互动机制，因而构建多组织知识学习超网络模型，为通过仿真实验研究项目团队特征对超网络学习绩效提升速率的影响奠定基础。

从网络视角的组成特征看，可以划分为静态网络和动态网络，前者用于解析网络构建时的要素类别、活动内容。本书对复杂产品系统 O–K 超网络的这一静态特征的网络进行了分析刻画，并对复杂产品系统 O–K 超网络的动态特征进行特征和演化机制分析，同时分析相关知识要素资源和科技知识活动的流量特征，将复杂产品系统的"科技知识活动"作为一个动力系统考虑，按照系统动力学的思想，结合复杂产品系统的实践，抽象提炼出复杂产品系统科技知识活动独特的动力机制，形成动态演化网络模型。本部分面向复杂产品系统科技管理提升研究的技术路线是基于系统动力学的研究视角，面向复杂产品系统，分析其知识主体、资源要素，以及科技知识活动机制，在提炼其动力机制并形成算法的基础上，将两者相结合，构建复杂产品系统多组织超网络模型，并通过仿真实验深入 O–K 超网络动态演化的过程，发现相关参数对 O–K 超网络学习绩效变量的影响等。第二部分是本书对复杂产品系统本身启动管理研究的模型构建，成为后续研究的基础。

第 4 章

基于网络视角的复杂产品系统
科技活动概念模型

4.1 科技活动的组织子网络分析

4.1.1 组织节点及其网络（O-O 子网络）

网络的建模方法源自哈卡森（Hakansson）。他认为，具有参与活动能力的行为主体，在主动或被动地参与活动中，通过资源的流动形成了一些正式或非正式的网络关系。因此网络应包含三个基本变量（或要素）：行为主体、资源和活动。在目前的网络构建研究成果中，主要基于以下不同的变量研究角度。

（1）节点角度

节点是指网络的基本单元。以 O-K 超网络为例，由于 O-K 超网络构建目的不同，网络选用颗粒的性质、特点就不同，因此网络可以分成若干种类：一是考虑知识颗粒的大小，可以是期刊、论文等知识载体，也可以是具体的知识颗粒。如果网络的节点是同一属性，则称为同质节点网络，否则就是异质节点网络。二是考虑节点的属性，如果节点的属性可以演变即动态网络，否则就是静态网络。

（2）网络边的角度

网络边是指知识节点之间的连接关系。判断网络边的标准：一是按照是否考虑时序关系来划分，可分为有向网络和无向网络，也存在可以相互链接和反复更新的有环网络和不能反复更新的无环网络；二是依据边的权重特征，可以划分为加权网络和无权网络。

（3）网络整体的角度

从网络整体的角度，按网络构成的复杂性，网络可以划分为单个网络和超网络。单个网络是指研究范围聚焦于一个网络范围内，无论是同质节点网络，还是异质节点网络，反映的是一个网络内不同类型节点，以及它们之间的映射关系。超网络则将不同层次、不同类别的相关知识对象融合到了一起，形成了针对多层次、多主体、多关联关系的"网络之上的网络"。最早提出超网络概念的是尤西·谢菲（Yossi Sheffi）。因为超网络更能准确描述网络的多层、多维、互动等特征。2008 年，王众托院士率先将"超网络"的概念引入知识系统研究，在后来的研究中，其研发团队陆续将超网络的概念模型扩展到了概念、文献、作者、组织、载体等多种知识关联节点，将这些要素集结而成形成超网络建模方法。例如，将指挥、预警、情报侦察、通信联结为一体化的作战超网络模型或组织、个人、载体的跨组织知识超网络模型，后来又将其延伸到了加权知识超网络的研究。在系统科学研究中，尤其是复杂系统的研究中，超网络受到越来越多的关注。

本书对复杂产品系统的网络建模过程，主要借鉴了系统科学中的网络建模思路。

霍布德（Hobday）在对复杂产品系统的定义中，指出了系统中的组织单位包括用户、买主、其他供应商、小型或中型企业、政府代理等；也有学者按照在系统中的功能大小，将众多组织划分为：系统集成商、合作伙伴、供应商、承包商、客户等。虽然这些组织的类别和功能不同，但都是作为节点而存在的，其区别在于不同组织的知识含量、所生产产品、功能不同。复杂产品系统是多组织的集合，这些组织是系统知识学习、创造新产品的主体。

复杂产品的组织在系统中的功能不同，结合杨锐、李慧的复杂产品组织研究成果，可将复杂产品系统组织划分为两个层次：一是主要承担知识创造、产品创造的研发系统组织和生产系统组织；二是对复杂产品系统发展起到政策支撑、功能辅助的相关部门和机构，主要包括政府（发改委、科技部门等）、各类生产力促进机构、销售系统（采购中心、招投标公司等）、人才市场等。无论是生产组织，还是使能体，在复杂产品系统内都是功能独立、行为自主的机构，两类组织之间、各类组织内部都可能以契约、协议、章程，或基于组织互信建立关联，进行合作、转移、共享、创新等活动。因此，无论哪种机构，都可能成为系统网络的行为主体，本书不做具体区分，将其统一称为组织，作为组织网络的节点而存在。

4.1.2　O-O 子网络的特征

复杂产品系统中多组织之间的关系错综复杂：一方面，它们彼此业务独立、产品各司其职，每个组织成为组织网络不依赖其他组织而存在的一个节点；另一方面，组织之间存在大量的项目合作，这些合作既有基于信任的社会联系，也有基于契约的市场联系，以及基于提升的知识联系等。本书将具有独立决策能力的组织看作一个组织节点，以组织节点之间历史和现在是否具有项目合作关系为判断标准，构建组织子网络（Organization-Organization net，O-O 子网络）。

任意两个组织节点之间是否具有网络连边的判断标准，可以表示为以布尔变量 $\gamma(o_i, o_j)$ 值为组织之间关系的判别公式，见式（4-1）。当布尔变量值为 1 时，表明两组织存在项目关联的网络连边，否则不存在网络连边。对复杂产品系统内的任意两个组织之间逐一确定关联情况后，就可以形成 O-O 子网络。对于存在 q 个组织的 O-O 子网络可表示为 $G_{o-o} - (O, E_{oi-oj})$，其中 $O = (o_1, o_2, \cdots, o_q)$，$E_{oi-oj} = \{(o_i, o_j) \mid \gamma(o_i, o_j)=1\}$。另外用一个空集表示一个不存在网络边的组织节点空网络，它的所有节点都是孤立的组织节点。孤立的组织节点存在的原因是截至某一时点，该组织尚未进入系统的项目合作。空网络中的节点与 O-O 子网络中的节点之和就是复杂产品系统的所有组织节点。O-O 子网络演化过程就是新组织节点不断进入、网络边不断增加、组织节点之间关联不断稠密化的过程。

$$\gamma = \left(o_i, o_j\right) = \begin{cases} 1, & 组织 o_i 与组织 o_j 有知识学习关联 \\ 0, & 组织 o_i 与组织 o_j 没有知识学习关联 \end{cases} \qquad (4\text{-}1)$$

复杂产品系统 O-O 子网络具有与其他组织网络不同的特征。一般网络中，组织作为一个智能主体，其活动可能是单独的，可能是合作的，组织会根据环境不断调整自己的网络行为（自主学习、建立新连接，或维持和删除原有连接），以实现利润最大化的目标。但复杂产品系统中由于复杂产品的高技术、部件复杂的客观要求，组织之间只有合作才能求得共同的生存和发展，系统集成商交付客户的最终产品才具有市场价值，组织之间直接传递知识的方式会获得更多的缄默知识，因此 O–O 子网络中的节点，作为智能主体，会愿意一直保持与其他组织建立起来的知识合作关系。这种方式与"断链重连"的机制有所区别，但对组织竞争力提升的有效度更高。这一特征也体现在复杂产品系统三层级超网络的动态演化中。

复杂产品系统 O–O 子网络中，组织之间的关联关系从网络层级上看，O–O 多组织学习网络存在两层嵌套关系（单个项目学习合作网络—系统的 O–O 多组织学习网络），可以用网络超图和复杂网络图表现。图 4-1a 是网络超图，表现的是随时间演进的单个项目合作状态，图 4-1b 表现的是截止到某一个时点的 O–O 子网络状态。

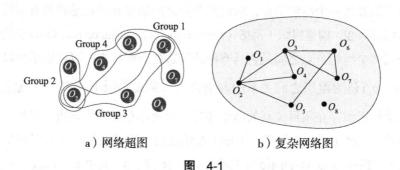

a）网络超图　　　　　　　　b）复杂网络图

图　4-1

4.2　科技活动的知识子网络分析

4.2.1　知识节点及其网络（K-K 子网络）

知识资源是对大量有用陈述的虚拟化抽象。复杂产品系统的知识资源既包括编码知识也包括缄默知识。复杂产品系统的知识成果、创新能力被外界认识，一般需要通过具象化的最终产品——即知识体现依附性特征的特定载体，包括产品、文献、最终产品（例如，飞机、船舶、机床等）等。这些载体背后蕴藏着丰富的知识，包括生产知识、管理知识、工艺知识、市场知识等，通过文献和专利等载体进行挖掘的是编码知识。编码知识通常以论文、专利等为载体被人们认识，通过文字可以识别；而设计研发、生产制造过程中的经验、熟练技能等是缄默知识。缄默知识虽然不能被直接识别，但若将不同类的缄默知识归纳为某名词或概念，就形成了编码知识。

对编码知识，目前不失一般性的知识发现方法是以语义分类为基础进行知识分类，本书遵循席运江等对知识领域的分割方法：以知识分类为基础，将知识按照学科或应用领域划分为若干知识领域，再逐步将每一知识领域划分为更小的知识领域，最后得到的最小的知识领域称为知识单元，将在分类上与其他知识单元不存在知识交叉的知识单位称为"知识点"。由于知识的表现方式具有抽象、虚拟性，需要基于一定的知识发现技术（知识地图、知识挖掘技术等），应用相关技术手段才能将知识关联显现。按照此方法，就可以获取复杂产品系统全体组织的海量知识与信息。

关于知识点之间的联结原则，有学者提出可基于知识点所属的知识域、知识的关联对象、知识的内容角度是否存在联系来判定。于洋认为可以从有无相同知识核进行判定，本书采用基于知识域关联角度，对复杂产品系统的全部知识进行分解，可以得到整个复杂产品系统的全部知识点（例如，共 m 个），这个知识点集合可表示为 $(k_1, k_2, \cdots, k_m)$。因为这些知识点之间不存在知识域关联，所以形成的是彼此独立的一群知识点形成的知识子网络（Knowledge-Knowledge net, K–K 子网络）。在 K–K 子网络中，不同的知识点由于在知识分解中对应的知识领域层级高低不同，知识含量就不同。本书中假定知识含量不随时间发生改变，则 T 时刻组织 O_i 的知识存量和可以表示为 QK_{Oi}^{T}，T 时刻拥有 m 个知识点的 K–K 知识网络的知识总含量可以表示为 $\mathrm{QK}_{K-K}^{T} = \sum_{i=1}^{m} q_{ki}$。

4.2.2　K-K 子网络的特征

不同的知识点由于各自所涵盖的知识内容不同，将每个知识点所包含的知识容量称为知识含量，因此知识点之间的知识含量千差万别。本书将不同知识点对应的知识含量表示为 q_{ki}（例如，知识点 k_1 的知识含量即为 q_{k1}），则具有 m 个知识点的知识点子网络可以表示为

$$G_K = (K, Q)$$

其中

$$K = (k_1, k_2, \cdots, k_m), \quad Q = (q_{k1}, q_{k2}, \cdots, q_{km})$$

为了科学测得知识点对应的知识含量，可以首先采用神经网络的表达方式构建复杂产品系统知识体系，具体方法是不同的知识点由于在知识分解中对应

的知识领域层级高低不同，知识含量就不同，较高层级知识点的知识含量会相对丰富。以某个知识点所对应的知识领域层级为比照基准，借助专家或者知识地图确定知识点的不同知识领域层级后，对最基层知识点给予一定分值，则可获得 K-K 网络的知识含量。组织的知识存量是指在某个特定时点，知识主体（组织）所掌握的全部知识点的知识含量之和。随着时间的推移，知识点网络将不断增加新的知识点，新的知识点也可以通过上述方式比照获得知识含量。本书中假定知识含量不随时间发生改变，则 T 时刻拥有 m 个知识点的 O-K 超网络的知识总含量可以表示为

$$QK_{K-K}^{T} = \sum_{i=1}^{m} q_{ki} \tag{4-2}$$

4.3 O-K 超网络模型特征分析

本节主要是对已经构建形成的复杂产品系统超网络模型，分析其层级特征，主要是两个异质节点子网络及其映射的网络结构特征。

4.3.1 异质节点之间的映射关系

首先，对于组织节点，每一个组织节点 O_i 都是具有一定数量知识点的组织，因此可以定义布尔变量 $\varphi(o_i, k_j)$ 反映组织节点与知识点之间的知识关联，见式（4-3）。所有 $\varphi(o_i, k_j) = 1$ 对应的两个节点之间，就是组织、知识点节点之间具有知识关联，可以建立映射关系；反之，则反映组织、知识点节点之间不具有映射关系，无法建立网络连边。所有组织节点与知识点节点之间的映射，共同构建形成 O-K 网络。

$$\varphi = (o_i, k_j) = \begin{cases} 1, & 组织o_i掌握知识点k_j \\ 0, & 组织o_i不掌握知识点k_j \end{cases} \tag{4-3}$$

对于所有组织节点与所有知识节点，利用式（4-3）进行一一判断后，就构建而成 O-K 异质节点网络。该网络可用来描述整个系统、局部系统、单个组织或知识点节点的状况。例如，某组织节点的知识结构，或者某个知识节点被不同组织掌握的情况等。其中掌握知识点的全部组织可以表示为集合：

$$SM_{k_j}^{O-K} = \left\{ o_i \middle| k_j \in K_j, \, o_i \in O_i \, \text{且} \, \varphi(o_i, k_j)=1 \right\}, \, \text{组织} \, o_i \, \text{掌握的全部知识点集合可}$$

以表示为：$SM_{o_i}^{O-K} = \left\{ k_j \middle| k_j \in K_j, \, o_i \in O_i \, \text{且} \, \varphi(o_i, k_j)=1 \right\}$。因为系统中的组织会通过学习而掌握新知识，因此组织节点会不断增加对 K-K 网络的映射。另外，同一个知识点会被不同组织掌握，但不同组织对同一个知识点的掌握程度会有所不同。有的组织可能掌握了这个知识点的全部知识存量，而有的组织只掌握了很少一部分知识存量。这个区别反映在网络上，就是从同一知识点出发的O-K 异质节点网络边知识流量的不同。复杂产品系统 O-K 超网络模型示意图如图 4-2 所示。

组织子网络、知识子网络分别描述了复杂产品系统的两种节点及其网络状态，O-O 网络、K-K 网络及其异质节点之间的映射关系，可以构建整个复杂产品系统的 O-K 超网络如图 4-2 所示，描述了复杂产品系统中组织拥有知识以及组织之间、知识之间的复杂关联关系。

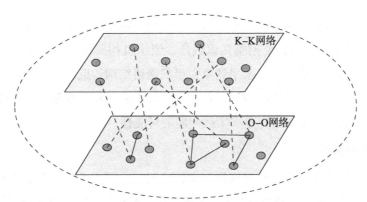

图 4-2　复杂产品系统 O-K 超网络模型示意图

4.3.2　O-K 超网络的结构特征

本书构建的 O-K 超网络中存在两种异质节点：组织节点、知识点节点，以同质节点、异质节点之间是否具有关联关系为判断标准，则可以构建 O-K 超网络。超网络概念用以处理交织网络，具有多层性、多维流量性、多准则性等特征。这些特征反映在本书的复杂产品系统超网络模型中，具有下列特征。

（1）多层性

O-O 子网络、K-K 子网络是 O-K 超网络的组成部分，形成了三个层级的网络结构，总体呈现垂直的上下层级网络关系。O-O 子网络与 K-K 子网络又是平行互动的网络，呈现的是水平层级网络关系。因此，本书的复杂产品系统超网络体现了两个纵向层级、两个水平层级的结构状态。

（2）多维流量性

K-K 子网络的网络连边是知识点之间的关联，O-O 子网络的网络连边是组织之间的合作关联，O-K 子网络表达的是组织与知识点之间的对应和集合关系。不但每一个子网络内网络连边所表达的传递含义不同，O-K 网络表达的是组织所拥有的知识能力或知识结构……因此，复杂产品系统超网络的网络流量可以分别描述知识、组织各自的联系密集（或疏松）的状态，同时可以描述组织拥有或多或少知识的状态。

（3）多准则性

多准则性即每个网络有其不同的优化均衡准则和约束条件。例如，基于某一 O-K 超网络的运行，要挖掘知识数量、组织机构关联双向标准下的关键组织节点，则可以赋予知识点水平约束、组织网络结构约束、组织对知识点的吸收整合能力约束等多准则，也可以在约束条件中添加相关权重等。上述多准则性为超网络研究提供了研究更多实践问题的可能性。

（4）拥塞性

知识子网络中知识元输送网络存在拥堵问题，因此组织节点需要筛选和淘汰无关知识点；组织子网络中组织之间关联关系也可以存在拥堵问题。例如，非同行业组织之间无须建立关联关系，或在众多生产同质性产品的组织节点中，某组织可以有目的地选择某一个或某几个组织建立网络连边，而不是被动选择所有组织建立关联。其他例如 O-K 超网络中的知识发展阶段性之间，众多不同阶段的知识输送过程中，也可能存在拥堵问题。

（5）协调性

整个复杂产品系统产业融合超网络需要平衡：构成超网络的两个异质节点子网络，以及两个异质节点之间的映射关系网络存在各自内部网络流平衡的问题；为了达到均衡或高效率的目的，子网络内部和子网络之间的流量也存在均衡的问题……而不同子网络的网络流之间需要彼此依赖、相互协调。

综上所述，描述整个复杂产品系统的要素及其活动，可以构成由组织子网络、知识子网络状态和产品子网络状态及其复杂映射关系的超网络。本书构建了组织 – 知识的 O–K 超网络。如果研究目的不同，在构建网络时，可以采取不同的节点分析方式，以满足不同的研究需求。例如，从模型要素选取看，在复杂产品系统的产品成果通常表现为一个具象化的最终产品（例如，飞机、机床产品等），最终产品的生产过程具有不同主体，也具有可分割性。对于生产过程中形成的各种中间产品，以中间产品的传递和集成习惯为分类方法，则最终产品的第一阶段是多种零部件，第二阶段是集成型功能性模块，第三阶段是最终产品，零部件的不同组合方式构成不同产品。在复杂产品系统中，组织合作、知识学习的过程也是零部件及其组合扩展的功能性模块不断增加的过程。参考知识点的分类方法，我们将某一个具有复杂特征的最终产品进行分解，按照最终产品—功能性模块（中间产品）—零部件的方式逐层切割分解，就可以将一个最终产品描述为若干零部件节点的集合。例如，复杂产品系统中产品以组织知识活动的最终成果出现，如果研究产品的供应链、组织结构或合作创新等问题，则可以在组织子网络、知识子网络的基础上，考虑加入功能性产品（Production）子网络（生产中产品的最小切割单位是零部件，但以零部件为节点构建网络存在过分烦琐的问题，生产中经常以具有一定功能的零部件组合成为功能性部件，因此可以考虑以功能性部件为节点）。按照上述方法类推，每一个组织节点 (O_i) 都是具有某些功能性模块 (P_i) 生产能力的组织，因此可以定义布尔变量反映组织节点与功能性模块之间的生产关系，若布尔变量 =1，则可以建立某组织节点与某功能性模块之间的网络连边；若布尔变量 =0，则组织节点与功能性模块之间不具有网络连边。所有组织节点与其对应的功能性模块之间构成 O–P 网络。如果在附加 K–K 知识子网络、O–O 组织子网络，用布尔变量定义知识点节点、功能性模块节点、组织节点之间的关联关系，则可以构成 O–K–P 超网络，表现的是组织、功能性模块及其背后的知识点支撑关系。在知识迅速发展更新的时代，O–K–P 超网络有助于深入研究知识、产品与组织之间的复杂关联。根据研究目的，本书以 O–K 超网络为基础模型展开。

第 5 章

O-K 超网络模型的动态演化机制研究

王众托等学者提出了"超网络模型"的思路，因为其可以很好地表达复杂系统及巨系统的多要素、多流量和多层级活动特征，已然成为目前多数研究描述复杂系统、巨系统活动的良好载体。近年来，对超网络的研究主要有三个思路：一是采用数学方法中的变分不等式和投影算法，主要用来解决流量平衡的研究问题；二是采用物理统计方法中的超图方法，将其用来描述超图网络中的各项指标，包括聚类系数、子图向心性和拓扑结构特性等，该研究思路的成果主要集中在对知识超网络、词汇网络共性发展趋势的描述，如无标度等科学规律；三是采用系统科学的研究思路，将系统动力学、物理学等多个学科结合进行分析，进而对复杂系统的科技知识活动进行描述，主要研究成果集中于网络主体之间的联系强度、鲁棒性等。当今，系统科学研究正蓬勃发展，超网络模型研究也面临着进一步拓展和深化，结合复杂产品系统管理服务抽象的客观要求，目前的研究重点主要是网络的动态演化特征，以此发现规律和运行结构特征，作为管理控制的主要理论依托。

5.1 动态网络的演化研究综述

网络建模及分析的方法主要源于物理学、系统动力学。

系统动力学对网络演化的分析提供了一个很好的思路：从系统运行的动力机制出发分析系统的运行发展情况；运用物理学的相关理论加强了对系统网络节点之间作用强度及方向的分析机制，以及网络空间演化过程中的高度非线性特征；可以用以观察动态网络演化过程中的网络状态变化。

因为不同网络的特质存在差异，可能不能准确测量网络节点的水平量值，但这一理论推导出的系统和节点的状态量值及其变化规律是可靠的，可以成为网络特征定性、网络绩效排序等管理实践的决策依据。

5.1.1　研究模型综述

基于系统动力学研究网络演化过程，其出发点是系统演化的动力机制。其中，动力机制是指系统中的不同因素之间直接或间接地引发系统变化的传递关系。为了解决不同网络之间运行及传递方式的差异问题，学者们构造了许多不一样的动力机制，形成了以下几种典型的网络演化模型。

（1）Barabási-Albert model（BA 模型）构造算法

巴拉巴西 – 艾伯特（Barabási-Albert）及其同事提出的 BA 模型构造算法具有连续性、随机衔接特征，其构造过程如下。

1）引入新节点：对一个具有 m_0 个节点的网络，不停地引入新节点，一次一个，进而推动网络演化。

2）择优连接：引入的新节点可能与系统中已有的多个节点产生连接，其连接概率（$\prod_i$）取决于已有节点的节点度（k_i），即 $\prod_i = k_i / \sum k_j$。这个演化模型最终可以形成一个指数为 3 的无标度网络，并且这一结果解释了实际系统演化过程中产生的连接不均匀的机理。

在 BA 模型的相关研究中，西蒙（Simon）采用随机链接的机制研究出了贝塔（Beta）分布模型，普赖斯（Price）采用累积优势机制研究出知识增长的积累优势过程模型，沃茨（Wattz）等提出的模型，虽然使用的网络连接原则不同（择优、随机、累积优势），使得最终呈现的网络连接度表现有所差异，但它们本质上都是以节点之间的连接出发推动网络演化，不管最终演化形成的网络其连接度特征是表现出指数函数或是幂律、负幂律函数，其同 BA 模型一致，解释的均是网络演化中节点连接不均匀的特征，都表现出"强者愈强"的马太效应。

（2）WS 模型（Wattz-Strogatz model）的断链随机重连动力机制

学者沃茨（Wattz）和斯托加茨（Strogatz）基于断链重连，构造了全新的网络算法如下。

1）以规则网络作为初始状态。设定一个含有 N 个节点的最近邻耦合网络，它们围成一个环，其中每个节点都和与它左右相邻的各 $K/2$ 节点相连，K 为偶数。

2）随机化重连。对网络中的每一条边以概率 p 进行重新连接，断开的边保留一个端点与网络中的随机一个节点相连。要求每两个节点之间最多只有一条边，并且每个节点都不能与自己相连。WS 模型在规则网络中经过不断的断链重连后，最终演化形成了具有小世界特征的网络，即小世界网络。

大量学者经过统计研究，发现了小世界网络的物理拓扑特征，即网络中节点关联性的两个特征：短平均路径长度和高聚类系数。坎乔（Cancho）和索莱（Sole）通过构建英文词汇网络研究发现其具有小世界特征，网络的平均路径长度为 2.67，聚类系数为 0.437。沃茨（Wattz）等人研究发现引证网络、共词网络，以及合著网络也具有小世界特征。在国内研究中，刘知远、刘盛博、林敏等人通过对博客网络、合作网络等进行统计分析研究，同样发现了这些网络具有小世界特征。

为了解决 WS 模型在不断随机断链重连过程中可能产生的破坏网络连通性问题，纽曼（Newman）和沃茨（Wattz）将随机重连过程替换为随机加边过程，即只在网络中添加新的边而不断开以往的连接，进而保证整个网络的连通性，形成了小世界网络改进构造算法（NW 模型）。实际网络的连接关系兼具随机性和规则性，规则网络、随机网络和小世界网络的过渡关系都可以在小世界网络演化模型中得以体现。后续研究证实，实践网络的某些生成特征在小世界演化模型中得到了很好的表现，知识网络演变中信息的相关性和联动性等特征同样得到了很好的体现。在此基础上，有人更进一步开展了倾向性连接机制的扩展和应用方面的研究。徐升华、夏昊翔等基于小世界网络分别构建了相应的知识转移仿真模型，研究知识转移的应用。

然而，WS 模型的动力机制仍与实际网络的演化存在重大的差异，具体表现为：首先，WS 模型节点数量固定的设定是有缺陷的，实际网络具有开放性、知识具有创新性和成长性，这些特质都会使网络中的节点增加，并且由于网络规模事先给定，这很有可能会对网络的演化走向产生影响。其次，WS 模型将网络的初始状态设置为规则网络、节点高聚类状态，这与实际相悖，实际网络中这种状态需要经过长期的演化才能形成，并且不可能同时存在节点之间均匀连接的状态。虽然 WS 模型的设定与实际网络的情况存在一定的出入，但从 WS 模型动力机制的相关研究中可以发现：网络模型在演化过程中往往会出现小世界网络的状态，而小世界网络的结构一旦出现便会对网络的传输产生显著影响，因此有必要明确小世界结构的存在对实际管理的影响。

（3）GUSA 模型动力机制

吉梅拉（Guimera）等人以项目团队的组建为出发点，建立了一种新的网络演化模型（GUSA 模型）。GUSA 模型以科研团队的"组建 – 解散 – 组建 – 解散……"作为网络的演化动力，比上述 BA 模型更贴近实际。下面对 GUSA 模型进行简要介绍。

①模型中的项目团队规模固定为 m，即所需人数为 m；②研究人员分为新手和老手（有过项目团队经历即为老手），系统中有新手的数量为无限；③项目团队的成员为随机选择，每次均以概率 p 选择新手、概率（1-p）选择老手，直至项目团队成员达到既定规模 m；④项目团队在完成任务后解散，继续进行新项目团队的组建，周而复始不断重复，直至无可选人员。

由上可知，GUSA 模型是以离散时间发展的，项目团队的不断组建是其动力机制，反映了该模型的网络建立和演化过程。在初始时段，GUSA 模型没有网络结构，只存在一个个离散的节点，通过项目团队的组建构成网络，而团队不断重组的过程则推动了整个网络的演化。此外，GUSA 模型还设立了成员剔除机制，将连续若干时间点都没有参加项目团队的成员从网络中剔除，如此一来使网络在经过一定时间的演化有可能达到稳定状态。何阅等人对 GUSA 模型进行了计算机仿真模拟实验，主要关注了微观的团队组建机制对宏观的网络结构造成的影响。

本书从 GUSA 模型的相关研究中获得启示：随着组建项目团队进行合作创新成为一种趋势，越来越多复杂系统网络的动力机制变成了项目团队的组建，尽管 GUSA 模型在设定中仍存在一定的缺陷，但对符合实际网络的演化模型进行更进一步的分析，这无疑有助于构建出更科学、更贴近实际的网络模型，丰富网络的研究内容。

（4）其他演化机制

除了上文提到的几种网络演化模型之外，近年来还涌现出几种模型：郭进利等采用节点批量增长的机制构建了一种新的网络模型，WANG 基于用户的背景知识以及标签双重优先连接，构建了一种新的网络模型……这些网络演化模型在构建过程中都考虑了实际网络的运行方式，开拓了网络研究的思路。

网络演化模型的研究主要集中于网络边、节点的演化机制变化。一是 BA 模型的单一网络被拓展到超网络，该层面的研究成果有克拉皮夫斯基 （Krapivsky）、埃斯特拉达（Estrada）等，这些研究的动力机制依旧处于 BA 模型的框架中，只对新旧节点的数量选择上做出一定的创新，每次演化都只增加一条超网络边，研究内容之间或为对偶或有所重合，主要为超网络的一些特性（无标度、涌现性、鲁棒性等）。二是关注模型演化过程中节点统计特征的变化及应用，包括马宁通过对动态舆论超网络的研究实现了对意见领袖的识别，于洋研究分析了知识超网络中的热点知识，漆玉虎等研究分析了组织知识超网络演化过程中的节点鲁棒性等；还有许多研究则是关注了网络中的无标度特征，并提出了相应的方法，如"模体"等。除此之外，目前在超网络结构的相关研究中还缺乏与整体网络相对应的指标和方法，研究往往只关注单一网络结构特征的局限性。有学者在描述超网络的结构特征研究中引入了二部图，然而因为其依旧采用同质节点网络的拓扑结构指标进行研究，忽略了异质节点网络结构中异质节点对彼此的作用影响，导致最后的数量化结果模糊不清，无法区分同质、异质节点的不同作用，更不能对节点之间的作用方式做出合理的解释，研究结论存在争议。

5.1.2　研究方法综述

基于网络研究的视角，尤其是超网络的多方映射特征，每一个节点面临着多属性的特征。因此，主要有两种研究方法。

（1）基于协同效应的团队组建算法

基于协同效应的团队组建问题主要切入点为协同成员评价的协同指标，研究这一问题有助于完成新产品合作、技术创新、多学科工程，以及协同产品商务等多种团队的组建。冯博等为了保证团队获得最佳的协作绩效，着重考虑成员之间的知识互补和配合程度等因素，进而使团队成员之间的合作效果达到最优。下面介绍这类算法的步骤。

假设候选组织集 P={$P_1, P_2, \cdots, P_n$}，候选组织在历史合作中有一定的信息，用协同关系矩阵进行组织之间协同关系的描述，S_{ij}=1（$i \neq j$）表示组织 P_i 与组织 P_j 之间存在协同关系；S_{ij}=0 表示组织 P_i 与组织 P_j 之间不存在协同关系。

首先，设组织之间的协同效应评价指标集为 I={$I_1, I_2, \cdots, I_m$}，其中 I_k 表示第 k 个协同效应评价指标。这一指标可以表示候选组织之间过去的合作信息（包括合作发表论文、购买知识等），设一个权向量 W=($w_1, w_2, \cdots, w_m$) 表示各个评价指标的权重，w_k 表示指标 I_k 的权重，所有指标权重和为 1 即 $\sum w_k$=1。考虑评价指标 I_k 的历史合作信息，结合协同关系矩阵 S。设 a_{ij}^k 表示组织 P_i 和组织 P_j 合作产生的协同效用，这个值越大表明协同效用越好，其中，$a_{ij}^k \geqslant 0$ 表示有协同效用，a_{ij}^k 为负则没有协同效用。

其次，设决策向量 X=($x_1, x_2, \cdots, x_n$) 来表示组织的选择，其数学模型为

$$\text{Max } Z = \sum_{i=1}^{m}\sum_{j=1}^{n} a_{ij}^k x_i x_j, \text{ s.t.} \sum_{i=1}^{n} x_i = q \qquad (5\text{-}1)$$

可以看出，该数学模型的可行域为有界凸集，是离散的凸二次规划问题。目标函数 Z 存在上界 $\theta q(q\text{-}1)$，其中 $\theta = \max\{ a_{ij}^k \}$，因此该问题一定有最优解。当 n 和 q 的数值较小时，可采用穷举法或分支定界法求解；当 n 和 q 的数值较大时（一般为 $n > q \geqslant 50$），由于该问题的解空间为关于 n^q 的函数，解空间的规模随 n 和 q 的增大呈几何倍增，因此一般采用 GRASP 启发式算法（从一组有限的候选项中找到最佳组合的优化算法），得到近似最优解 $X^* = \left(x_1^*, x_2^*, \cdots, x_n^* \right)^{\text{T}}$。

目前这类研究的理论基础还存在一些问题。多主体需求解析是解决协同化问题首先面临的挑战，其次是任务分解技术。多主体需求解析需要了解团队成员知识结构的一致性对成功创新的影响，然而这部分理论基础的研究成果还未成熟，这类研究的理论依据及构建算法均有待深入。

（2）多属性、多目标决策方法

采用多属性、多目标决策方法进行团队组建，要求候选成员具有可供评价对比的指标，或主观或客观，可以对比他们的优劣程度。这些指标可以是成

本、运输时间等。这类研究通常采用多属性决策方法、目标规划方法等，最后得到候选成员排序。

这类研究的核心内容之一是候选成员评价指标的选择。阿舍姆（Asheim）等认为企业高效的技术活动能力是团队成功创新的基础，因为企业是团队知识活动的核心和创新主体。李长玲等同样认为企业自身的知识存量是技术创新成功的内在动因。雷甘斯（Reagans）通过将候选成员连接多个知识库评价指标后研究发现，合作团队的运作实质是各个成员在自身已有知识的基础上，通过彼此的知识交流、学习，以及碰撞后完成创新的过程。所以说，为了合作团队更好地完成知识创新，各团队成员都需要有较好的知识匹配能力，她采用相似度指标来衡量这一能力。耿先锋也提出需要考虑成员和项目目标的匹配性。

上述两类算法中，对于超网络的演化特征分析，大部分成果目前仍然沿用同质节点网络结构特征的分析，以往关于网络演化研究集中在单一网络，很多成果是从网络的单一参数上，如节点度、边度等方面分析网络的演化特征。但网络演化本身就是一个复杂系统的变迁，很明显仅仅使用单一参数是不够的。关于超网络的研究，目前主要集中在节点度的研究上。虽然有学者在描述超网络的结构特征研究中引入了二部图，然而因为其依旧采用同质节点网络的拓扑结构指标进行研究，导致最后的数量化结果模糊不清，无法区分同质、异质节点的不同作用。学界尚未确定统一的超网络结构分析的特征指标和方法。

5.1.3 研究评述

对应相关研究成果，目前复杂产品系统科技管理服务创新需要依托复杂产品系统超网络演化的状态和特征。考虑到应用性，目前研究的相关基础研究空白主要表现在以下几点。

（1）对研究载体的分散性和模糊性考虑不完整

学者布鲁克斯（Brookes）基于认知地图这一概念将知识这一研究载体的粒度由此前的文献层面细化至更精细的情报单元和由此搭建的情报空间。这一构想对描述人类的认知行为和过程具有重大的帮助，但后续学者的研究发现这一构想中存在的一大挑战是形成知识超网络的前提条件，是知识所属领域的逐步细分和知识点之间的内部关联，而这种关联在用数学或其他建模语言表达时具有明显的直觉不确定性、语义多元化、含义模糊性和交叉性，此外编码知识与过程也具有抽象、模糊、不可比等属性，这对缄默知识的显性、量化表示提出了挑战。

（2）缺乏网络模型演化的动力机制研究

独特的动力机制是体现网络模型独特性的重要基础，完整的动力机制包括网络初始演化的原则（如随机机制、择优机制等）、网络边和网络节点增减的原则（如增长机制、等距离增加机制等）等。目前，大多研究中所采用的动力机制缺乏实证的依托，具有强烈的基础理论研究色彩，理论的抽象性和随机性原则与复杂系统的实践距离较远，与实际网络演化的动力机制存在相当大的差距。例如，BA 模型、WS 模型、GUSA 模型的初始演化都采用随机原则，节点批量增长演化机制、双重优先联结都采用固定节点增长的原则等。这些机制往往只考虑了实际网络中的某个局域网络或某个特殊时段，缺乏对复杂系统整体性的考虑。

（3）缺少网络模型的构建算法研究

网络模型的生成机制是一种理论抽象描述，其量化描述需要构建算法支撑。以往基于随机概率的生成机制具有随机性和偶然性，导致难以开展应用研究。例如，GUSA 模型中科研团队的组建是一个随机组建的过程，这一机制下 GUSA 模型只能体现出实际网络的某一方面，不能全面客观地反映实际网络的整体演化过程。这就要求加强对复杂系统网络模型的深入研究，特别是量化刻画网络联动机制方面。

（4）动态网络运行中不同变量对系统绩效的影响机理研究

目前的网络演化研究中，缺乏应用思想，过多关注知识转移环节、网络边重组的设定机制，理论过于抽象，注重网络形成和演化发展的连贯性，缺乏对不同网络运行机制下可能形成的整体绩效的全面刻画，更缺乏考虑因素、参数、变量对系统绩效的影响机理，因此无法应用于管理实践。

5.1.4　本书研究思路

首先，经过理论研究，"将系统的动力学机理与网络建模相结合"的研究思路适合采用超网络模型来表现复杂产品系统复杂、深刻和独特的性质。

其次，本书在复杂产品系统的研发创新演化研究中，借鉴的研究方法还包括：从知识学习机制的相关研究中，借鉴了知识转移函数和多组织知识合作的研究载体等；从网络拓扑结构识别的相关研究中，借鉴了识别结构特征的比较原则和使用指标等；从算法的相关研究中，借鉴了直觉不确定模糊区间值的研究成果，以及团队择优的基本算法和评价语言。

最后，网络节点度等参数会影响网络的运行绩效，而网络拓扑结构特征就是各种网络参数特征的集成，因此可以通过各项参数指标识别出网络拓扑结构，将两者结合便可以研究总结网络拓扑结构在网络演化过程中对网络运行绩效的影响。这一思路有助于从宏观层面，研究各项参数指标的改变对网络拓扑结构和网络运行绩效的影响，从而形成更具管理意义的研究成果。再结合仿真模拟技术，运行各种动力机制的网络演化模型，有机会得到更多的管理实践理论支撑。

因此，本章的复杂产品系统动态演化模型，需要从初始时期的动力机制、动态模型的网络节点演化构建算法，以及网络模型演化结构特征的三个方面，明确解析复杂产品系统超网络节点、网络边的动态连续性，明确给出复杂产品超网络三个层级之间的互动等内容，在此基础上，明确不同因素对网络整体绩效的影响机理，进而夯实复杂产品系统超网络管理创新的理论基石。

5.2 O-K 超网络演化模型的驱动机制——项目团队成员择优

5.2.1 动态超网络驱动机制的文献回顾

现有的研究成果对动态超网络问题的研究思路，主要是基于资源角度、成本角度、战略决策角度。这些研究已取得的研究成果为本书提供了可借鉴的研究方法。

一是基于资源角度。学者米奥蒂（Miotti）和萨奇沃尔德（Sachwald）主要研究了组织在跨组织合作中，确保自主性和获取关键性资源的控制之间的平衡。基于资源的跨组织合作根据不同的资源需求有不同的合作对象：如果组织合作的目标是减少成本降低风险，那么应该选择具有类似资源的组织（例如竞争对手企业）进行合作；如果组织合作的目标是提升技术集中程度，那么应该选择具有互补创新资源的组织进行合作等。2007 年，古拉蒂（Gulati）在物质、财务、知识三种资源维度的基础上，提出了第四个维度网络资源，网络资源的选择包含两个方面：一是社会理性，个体会尽可能地从社会网络中获取社会网络资源；二是经济理性，个体在构建和发展自己网络资源的同时会考虑到成本最小化、效用最大化等问题。

二是基于成本角度。研究人员根据成本交易理论重点研究生产过程中的成本问题，由于组织是有限理性和具有投机倾向的，通过项目合作组织可以达到提高资产回报率、降低单位成本等目标，项目任务的特性是决定组织与其他组织合作的关键因素。

三是基于战略决策角度。以范围经济性和规模经济性作为立足点开展团队组建研究。克拉克（Clark）和藤本（Fujimoto）等认为，组织之所以选择与其他组织合作是因为这可以带来协同效益，每个组织可以专注开发优化自己的产品，借助合作组织的核心能力拓展产品功能，实现价值链的重新组合进而提升价值。

基于上述研究思路，对网络演化的生成机制研究中，主要形成以下几种思路和模型。

（1）沃茨（Wattz）和斯托加茨（Strogatz）的 WS 小世界模型

WS 小世界网络模型依托节点之间的随机连接推动网络的演化，这种随机连接从概率 0 到 1 体现了随机网络到规则网络的变化过程，然而这种动力机制与实际网络存在较大的差距，无法在实践中实现。尽管如此，WS 模型以概率出发为动力机制的研究开拓了思路，这启示后续的学者在复杂网络研究中可以通过对节点之间的连接依据进行数理分析提炼，研究发现新的动力机制。

（2）纽曼（Newman）和巴拉巴西（Barabási）等的倾向性模型

倾向性模型主要是通过对节点之间连接的倾向性研究网络演化的过程，该动力机制有一定的合理性，但是由于其节点的倾向性完全是基于网络边属性进行设定的，在实际复杂网络中，没有能力阐明节点属性对网络演化的影响。这一研究思路中出现了对各种倾向性连接机制的诸多研究。

（3）吉梅拉（Guimera）等的团队组建 GUSA 模型

以项目团队的组建驱动网络演化发展。GUSA 模型中的项目团队成员规模固定为 m；研究人员分为新手和老手（有过项目团队经历的即为老手），系统中新手的数量为无限；项目团队的成员是随机选择的，每次均以概率 p 选择新手、概率（$1-p$）选择老手，直至项目团队成员达到既定规模 m；项目团队在完成任务后解散，继续进行新项目团队的组建，周而复始，直至无可选人员。

GUSA 模型是以离散时间发展的，项目团队的不断组建是其动力机制，反映了该模型的网络建立和演化过程。在初始时段，GUSA 模型没有网络结构，只存在一个个离散的节点，通过项目团队的组建构成网络，而团队不断重组的过程则推动了整个网络的演化。此外，GUSA 模型还设立了成员剔除机制，将连续若干时间点都没有参加项目团队的成员从网络中剔除，如此一来使网络在经过一定时间的演化有可能达到稳定状态。

上述研究模型的构造算法存在两个明显不足：一是实际项目团队的组建往往会采取某种策略，是有一定目的性的，而不是简单地随机组建项目团队；二是一般情况下，网络中的节点会具有某些特质（知识结构特质或社会网络关系特质），因为这些特质的存在可能会影响项目团队组建的结果，进而影响整个网络的演化情况。许多学者进行了拓展性的研究：李志宏等提出了基于空间计量方法的创新行为研究，李梦辉等基于局域连接机制构建了加权网络演化模型……本书将以复杂产品系统独特的驱动机制为切入点，分析 O-K 超网络的动态演化。

5.2.2　O-K 动态超网络驱动机制的分析及其测度

本书在构建复杂产品系统 O-K 超网络静态模型的基础上，确定了系统总体的驱动机制是"项目团队组建"，其组建原则属于多属性决策问题中的择优算法。本书的择优是在"组织—知识—产品"三层级超网络模型中，因此组织节点的评价维度应该包括：在复杂产品系统中，知识合作是项目合作团队组建的目标，因此对各个组织而言合作组织的知识属性尤为重要。德波尔（De Boer）、范登博施（Van Den Bosch）等学者认为，可以将一个主体的知识能力表现为三部分：系统化、协调性和社会化。这三部分对知识能力的影响分别表现为：系统化能力影响主体对知识整合的能力，协调性能力影响主体知识整合的弹性范围，社会化能力对主体知识整合的效率具有积极影响。同时需要考虑，组织知识在网络中的存在形式多样、可以与多个知识库连接。本书中的组织节点与 O-K 超网络的不同子网络连接，组织节点的知识属性也因此具备了三个层面：基于 O-O 多组织学习网络体现的组织合作能力，基于 K-K 知识网络体现的项目协同能力，基于 O-K 异质节点网络体现的知识掌握能力。这三个方面全面考虑了 O-K 超网络中组织节点的知识属性。

（1）O-O 网络中的组织知识属性：组织合作能力

组织合作能力是指 O-O 网络中一个组织与其他组织进行知识交流、知识合作的能力。通过 O-O 多组织学习网络，可以描述每个组织节点之间的知识关系，即他们是否具有知识交流、知识学习、知识合作等的知识连接。在 O-O 多组织学习网络中，任意组织节点 A 与其他任意组织节点都可能有知识连接，每存在与 1 个组织节点的知识连接，O-O 网络中就有一条与组织 A 相连的网络连边。将所有与组织 A 相连的网络连边求和，即为 O-O 网络中与组织 A 知识共享的组织数量。

从网络拓扑性质上看，网络连边就是组织进行知识共享的通道，用中心度代表一个组织的网络连接数量，组织的中心度越高就有越多的网络连边，与更多的组织相连，可以帮助这个组织更好地获取网络中的知识资源，提高其在网络中的竞争力和权威性。因此，网络中组织的连接能力通常由节点的中心性指标来体现。若以知识共享边总量表示在静态条件下 O-O 网络中所有网络连边的总和，则节点中心性指标公式为

节点中心性 = 组织 A 的网络共享边数 /O-O 网络的知识共享边总量　　（5-2）

（2）K-K 网络中的组织知识属性：项目协同能力

复杂产品系统中新研发项目的出现促使系统进行项目合作团队组建。研发项目往往具有知识创新的特征，为此，对项目合作团队的知识结构有相应的要求，可能需要团队成员具有一定的经验、某一领域的学科知识等。这就要求在项目合作团队组建过程中，需要明确项目任务，基于 O-K 超网络描述这一任务，进而优先选择知识结构更符合项目任务所需的候选组织，形成协同能力更好的项目合作团队。

基于上述内容，本书首先要完成 O-K 超网络中项目任务的抽象，对研发项目要求的"一定的经验、某一领域的学科知识等"抽象为 K-K 知识子网络的知识点集合（一个或多个知识点），每个知识点集合对应一个项目任务。以知识点集合 $k_{gi}=\{k_1, k_2, k_5, k_{21}, k_{35}\}$ 表示合作团队 i 的项目任务；以知识集合 $k_{Oi}=\{k_1, k_2, k_{19}, k_{20}\}$ 表示组织 O_i 的知识结构。如此一来，O-K 超网络就有了

两个孙级网络，分别为 k_g 表示这一项目任务集合和 k_{Oi} 表示组织 O_i 的知识点集合，它们的重合部分可以用来表示组织 O_i 对项目任务的协同程度。采用两组知识向量的夹角余弦将这一指标进行量化，表示两个集合的相似程度为

$$\text{SIM}\left(k_{Oi}, k_g\right) = \cos\left(k_{Oi}, k_g\right)\frac{k_{Oi} \times k_g}{\|k_{Oi}\| \times \|k_g\|} = \frac{\sum_{k=1}^{n} \omega_{Oi-k} \times \omega_{g-k}}{\sqrt{\left[\left(\sum_{k=1}^{n} \omega_{Oi-k}\right)\left(\sum_{k=1}^{n} \omega_{g-k}\right)\right]}} \quad (5-3)$$

式中，ω_{Oi-k} 表示不同知识点在组织 O_i 知识点集合中的权重。

（3）O–K 网络中的组织知识属性：知识掌握能力

在 O–K 异质节点网络中，组织的知识存量特征以其节点与知识点之间的映射集合进行反映，即组织的知识掌握能力。

某个组织与特定知识点的映射关系用来表示这一组织的知识结构。组织之间知识存量的差异不仅体现在掌握不同的知识点，同样体现在知识点之间知识含量（q_{ki}）的不同。知识存量（S_{Oi}）是指，在一个特定时间点，知识主体掌握的所有知识点之中蕴含的知识含量的总和，表示为 $S_{Oi} = \sum_{j=1}^{n} q_{ki}$。本书依据席运江的方法对每个知识点的知识含量进行赋值，通过对知识领域划分为不同层级，以最底层的知识点作为基准，以逐层增加的方式对每层知识点赋值相应的知识含量。由此可知，异质节点 O–K 网络中组织 O_j 的知识存量就是其节点映射的所有知识点的知识含量之和。

从 O–K 超网络的生成机制可以看出，知识点节点在不断增加，新知识点知识含量的值可以通过上文所说的知识分解方法得到。本书假设知识点的知识含量不会随时间变化。根据相关研究成果，在网络中某一组织的知识掌握能力可以表示为这一组织节点在系统中的知识存量比例，定义为组织知识存量比指标，其公式为

组织 O_j 知识存量比 = 组织 O_j 知识存量 /O–K 超网络总知识存量 　　（5-4）

组织节点评价是团队成员择优的技术准备。综上所述，从三个层面，即组织合作能力、项目协同能力和知识掌握能力，可以初步评价组织节点的知识属性。本书提出节点中心性、知识相似度、知识存量比三个指标与这三个层面一一对应，进而初步表示组织节点的知识属性。本书的算法开发对三个维度的

权重采用了平均权重，实践中可根据团队组建需要而赋予不同权重。

　　在择优算法中，可根据实践情况采用不同的评价指标，包括比例指标、绝对值指标、相对值指标、二元语义指标等，本书在此不一一赘述各种指标的计算过程。总体原则是对评价结果进行排序择优或得分择优。需要指出的是，考虑知识研发团队组建中对组织知识能力评价语言的模糊性、区间值特征，本书开发出基于直觉不确定模糊区间值的择优算法（详见第 7 章）。

　　本书提供的复杂产品系统动力机制的方法论，具体在研发团队成员择优、生产配套厂商择优、质量协同厂商择优中，基于超网络三层级结构而使用的择优维度和指标，都是不尽相同的。因此，在研究具体问题时，会形成不同的复杂产品系统超网络运行特征。

5.2.3　O-K 动态超网络驱动机制的择优算法开发

　　对于本书的研究对象——复杂产品系统，其最大的特性是项目制的合作方式，研发、生产、质检都基于项目制合作网络，正是一次又一次的项目制合作引发了复杂产品系统 O-K 超网络的不断演化。根据项目任务之间会产生重叠、交叉等情况，将组织寻找合作组织的知识活动概括为：搜寻知识源—知识组织合作—交流、转移、扩散相应知识。具体结合复杂产品系统实际知识学习情况，将复杂产品系统超网络的知识学习动态概括为以下过程：复杂产品系统稳态状态下，出现新的研发项目；项目主持者从候选组织中择优合作，完成项目合作团队的构建；项目合作团队的成员组织开展知识学习活动，包括对知识的汇集、转移、创造和共享；项目任务顺利完成，这一项目合作团队解散；项目合作团队的成员组织与网络中与自己相连的其他组织进行知识交流，将自身在这一项目中获得的知识扩散出去……周而复始不断重复。

　　考虑复杂产品系统实践中知识学习的系统动力学特点，经过前文的理论抽象和共性机制提炼，本书提出动力机制如下：O-K 学习超网络以新产品项目团队的组建为驱动机制，引发具有两阶段特征的知识学习机制（项目团队内学习和系统内知识扩散），前一项目合作结束后，原项目团队解散，新的组织加入，形成新一轮项目团队组建……该动力机制循环反复，具备多层级、多维流量、多准则和拥塞性特征。

　　复杂产品系统的产品特性与大规模产品不同，技术要求高、产品价值高、多组织参与，同时具有小批量、定制特征，实践中采用项目制的组织方式。项目制具有柔性特征，能够通过不同的组合方式完成不同的产品要求，克服单个技术和单一组织知识固化的弊端，是复杂产品集群实现集成、协同的最佳方式。攻关小组、动态联盟、项目团队、协同团队等多种表现形式，本书统一称为项目团队。项目团队组建，即 O–O 网络中组织节点的择优连接，由此引发了组织之间关联关系的改变、进而引发组织之间知识转移、项目团队合作知识创新、系统内知识扩散，因此是 O–K 学习超网络演化的驱动机制。

项目团队成员择优问题属于多属性决策问题。多属性是指知识属性值复杂，具有定性、定量、模糊数、区间数语言变量等多种信息；节点的评价指标具有多种信息，因为在 O–K 知识超网络中关联到彼此嵌套的子网络，根据不同的评价要求，评价指标不同。

综合考虑上述因素，借鉴基于模糊数学区间值直觉模糊语言信息评价研究成果，本书提出节点择优步骤如下。

步骤 1：按照项目团队组建目的，确定团队成员必备知识，对全部组织节点筛选后获取 n 个组织节点成为候选组织。

步骤 2：确定节点择优的 m 个评价维度（本书有三个评价维度，分别用组织在三个子网络中的节点中心性表示），请专家以专业判断为基础，提供对 n 个候选组织从 m 个维度的直觉不确定模糊区间值评价语言（Interval Valued Intuitionistic Linguistic, IVIUL）评价矩阵，具体形式为

$$\left(\tilde{A}_{ij}\right)_{m\times n} = \left(\left[S_{\alpha_i}, S_{\beta_j}\right], \left(\left[a_{ij}, b_{ij}\right], \left[c_{ij}, d_{ij}\right]\right)\right)_{m\times n}，其中 \boldsymbol{S} 是具有奇数项的直觉不$$

确定语言术语集（存在 $s_i > s_j$），$\left[S_{\alpha_i}, S_{\beta_j}\right]$ 是区间值评价，$\left[a_{ij}, b_{ij}\right]$ 与 $\left[c_{ij}, d_{ij}\right]$ 分别是对评价区间值上下限给出的隶属度和非隶属度。

步骤 3：基于模糊区间值直觉不确定算子开发的相关文献，本书开发了适用于项目制团队成员择优的 I-IVIULOWG 算子，其择优基准是期望值 $E(\tilde{a}_1)$ 的大小，期望值的计算法则见式（5-5）。按照从优到劣的顺序排序后，即可按择优原则选择若干数量的项目团队成员。

$$I\text{-}IVIULOWG_w(\tilde{a}_1, \tilde{a}_2, \cdots, \tilde{a}_n) = \bigotimes_{j=1}^{n}(\tilde{a}_j)^{\omega j} = \left\{ \left[\bigotimes_{j=1}^{n}\left(s_{\theta(a_j)}\right)^{\omega_j}, \bigotimes_{j=1}^{n}\left(s_{\tau(a_j)}\right)^{\omega_j} \right], \right.$$
$$\left. \left[\prod_{j=1}^{n}\left(u^L(\tilde{a}_j)\right)^{\omega_j} \prod_{j=1}^{n}\left(u^U(\tilde{a}_j)\right)^{\omega_j} \right], \left[1-\prod_{j=1}^{n}\left(1-v^L(\tilde{a}_j)\right)^{\omega_j}, 1-\prod_{j=1}^{n}\left(1-v^U(\tilde{a}_j)\right)^{\omega_j} \right] \right\}$$

$$\mathbf{E}(\tilde{a}_1) = \frac{1}{2} \times \left(\frac{u^L(\tilde{a}_1)+u^U(\tilde{a}_1)}{2} + 1 - \frac{v^L(\tilde{a}_1)+v^U(\tilde{a}_1)}{2} \right) \times s_{\frac{(\theta(\tilde{a}_1)+\tau(\tilde{a}_1))}{2}}$$

$$= s_{(\theta(\tilde{a}_1)+\tau(\tilde{a}_1)\times(u^L(\tilde{a}_1)+u^U(\tilde{a}_1)+2-v^L(\tilde{a}_1)-v^U(\tilde{a}_1)))/8} \tag{5-5}$$

本书提供的择优算法是基于 I-IVIULOWG 算子的择优分析方法，具体见第 7 章，择优流程如图 5-1 所示。

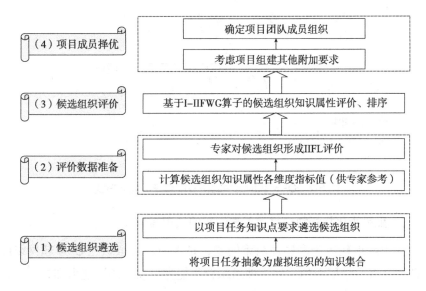

图 5-1　项目团队成员组织择优流程

基于模糊区间值直觉不确定算子的项目成员择优，相关数据准备包括以下几点。

（1）基于 O-K 超网络的研发任务表示

首先，对研发项目要求的"一定的经验、某一领域的学科知识等"抽象描述为 K-K 知识子网络的知识点集合（一个或多个知识点），这个由一定数量知识点构成的知识集合（K_i）可视为 K-K 知识子网络的孙级网络之一，K_i 可以表示为

$$k_{oi} = (k_i)_{1\times n} = \{k_1, k_2, \cdots, k_n\} \tag{5-6}$$

其次，构建一个虚拟组织，将其知识集合设定为符合项目任务的全部知识点集合，基于 O-K 超网络可以完整地描述项目知识任务，如图 5-2 所示。用映射的方式表示，这个虚拟组织与项目任务所有的知识点具有映射网络边，其公式为

$$M_{oi}=\left(v_{ik}\right)_{1\times n}=\{v_{i1},\ v_{i2},\ \cdots,\ v_{in}\},\ v_{ik}=\begin{cases}1,\ \text{知识点}k_i\text{在}M_i\text{中}\\0,\ \text{知识点}k_i\text{不在}M_i\text{中}\end{cases} \tag{5-7}$$

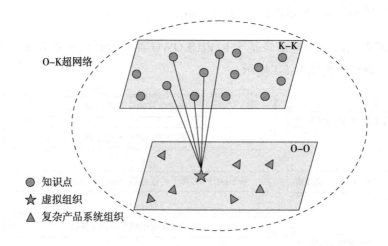

图 5-2 O-K 超网络中的研发项目任务描述方式

（2）采用量化指标初步描述候选组织的知识属性

项目团队组建属于多属性决策问题，是因为候选组织在 O-K 超网络的知识属性上具有三个层面的属性，即组织合作能力、项目协同能力和知识掌握能力。采用前文所述的三个指标（节点中心性、知识相似度、知识存量比）分别进行计算，量化这三个层面，进而得到对候选组织知识属性的初步认识，作为专家的参考评价。

（3）通过专家评价，得到知识属性评价矩阵

专家参考第二步计算得到的三个层面的量化指标，再结合自身的专业判断，采用模糊区间值直觉不确定描述方式对各个候选组织进行主观评价，再通过改进的 I-IVIULOWG 算子得到各个候选组织的优劣（绩效）排序，进而择优组建项目团队（具体见第 7 章）。

5.3 O-K 动态超网络演化模型的生成机制：两阶段知识扩散

5.3.1 O-K 超网络模型生成机制概述

于洋、党延忠等根据项目任务之间会产生重叠、交叉等情况，将组织寻找合作组织的知识活动概括为：搜寻知识源，与其合作，获取相应知识。综上所述，可以将复杂产品系统超网络的知识学习特征概括为以下过程。

1）复杂产品系统稳态状态下，出现新的研发项目。

2）项目主持者从候选组织中择优合作，完成项目合作团队的构建。

3）项目合作团队成员（组织）开展知识活动，包括知识汇集、转移、创造和共享。

4）项目合作团队在项目完成后解散。

5）项目合作团队的成员组织与网络中与自己相连的其他组织进行知识交流，将自身在这一项目中获得的知识扩散出去。

6）重复上述五个步骤，即出现下一个新的研发项目，项目主持者重新组建项目合作团队……周而复始。

上述复杂产品系统科技知识活动实践过程如图 5-3 所示。

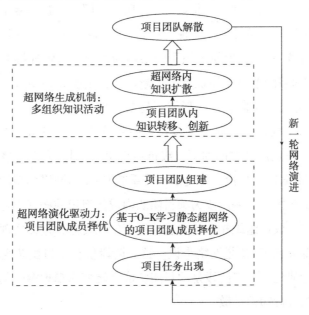

图 5-3 O-K 超网络演化模型研究框架

伴随着上述过程的不断循环，复杂产品系统 O–K 学习静态超网络不断演进：项目团队中的组织知识得到了更新；随后这些组织将新知识向与之相连接的其他组织扩散，使它们同样获得知识结构的更新；项目团队任务完成往往意味着创造了新的知识；项目团队的组建同样使系统内组织的连接关系变得更为多样复杂；等等。不仅如此，各个组织和系统整体知识水平的提升更是 O–K 超网络演化的结果。

5.3.2 O–K 超网络模型生成机制的两阶段演化特征分析

项目团队成员择优完成后，成员组织之间开始进行知识学习。本书对项目团队内的知识学习机制研究遵循下列假定：将项目知识活动看作系统知识创造的唯一途径，不考虑组织之间的活动成本，不考虑新组织准入；不存在突然改变组织知识活动的外力刺激。因此对知识活动阶段，可以分解成两个前后衔接的环节——项目进行中团队内部的知识学习（知识汇集环节），以及项目结束后 O–K 超网络中的知识扩散（知识扩散环节）。

（1）知识汇集环节

项目团队成员组织知识汇集如图 5-4 所示。团队组建是复杂产品系统启动演化的动力机制，其传导机制表现为：复杂产品系统的项目团队的"组建 – 解散 – 组建 – 解散……"，促使组织子网络不断发展（组织连接关系更加多样复杂），知识子网络的节点（知识点）不断增加，组织和知识点之间的映射关系（组织的知识存量）不断新增，形成了复杂产品系统"组织—知识—产品"超网络演化模型。根据相关研究学者拉兹菲尔德（Lazarsfeld）的研究成果，他提出了知识与信息流动方向的"二级传播理论"，即"大众传播—传播中心—一般受众"。根据这一理论，将复杂产品系统 O–K 超网络模型的知识学习机制同样分为两个阶段：第一阶段为项目团队内成员组织的相互学习。在这一阶段的知识学习中，成员组织相互建立连接进行知识交流，进而实现知识创造。对整个复杂产品系统 O–K 超网络来说，这一阶段仅在项目团队组织节点构成的局域网络发生演化。第二阶段是项目团队成员转变为知识源，基于历史连接关系向其他组织进行知识扩散。

在项目团队中，成员组织的知识学习包括对知识的汇集、转移、整合、创新，以及共享的全过程。通过对知识转移方面相关研究的总结，本书在此基础上研究了复杂产品系统中知识学习的特点，并根据系统动力学的研究思路进行了数理分析，研究了复杂产品系统中知识汇集、组织节点之间相互作用的情况，研究了系统演化过程中项目团队成员组织的知识属性变化特征，并在 O-K 超网络各层网络中将这些变化一一体现出来。

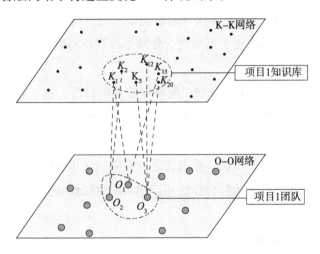

图 5-4　项目团队成员组织知识汇集

从 O-K 超网络的演化过程看，项目团队成员组织转化为扩散源后进行知识扩散的环节，是 O-K 超网络结构演化的延续。在项目团队解散后，其中的成员组织并不会断开联系，而是保有知识连接关系继续进行知识交流，因此构建的 O-O 多组织合作网络会随时间推移不断演化变得更为复杂。O-O 网络是 O-K 超网络的一个子网络，其会影响 O-K 超网络演化中的学习绩效，因此 O-O 网络的拓扑结构特征尤为重要。在 O-O 网络的研究当中，知识学习主要是基于组织之间存在的知识势能差进行，不需要通过知识的汇集进行知识创造；以 O-K 超网络的生成视角看，主要由于 O-O 网络和 K-K 网络的交互，使 O-K 异质节点网络超边生成和增多，表现为 O-K 超网络的知识扩散，达到系统整体知识水平提升的网络演化目标。

在实践中，复杂产品系统多组织的知识活动，大多是基于 WEB 技术依托平台类（例如，组织机构、动态联盟、信息中心等）的网络集结中心，跨越时间、空间的限制开展知识活动，包括知识的汇集、转移、创新和扩散等。

与大规模产品相比，复杂产品系统的知识活动有不同的特征。

1）复杂产品具有高度复杂化和变更性，对知识的全面性和提升性要求高，个体组织参与项目制合作会更好地突破自身的知识结构和"路径依赖"，而独立自主学习却无法实现这一目的。因此，参与学习网络中的组织有全面学习知识的强烈意愿。

2）复杂产品合作，对合作伙伴的默契要求高，包括缄默知识、彼此信任等。因此，个体组织对历史上形成的合作网络具有长期维护的意愿，联结形式也远远不止于标准合同。

3）一般的大规模产品具有知识简单和重复的特征，这一特征导致大规模产品的知识存在较强的可复制性；与之相对，复杂产品具有知识复杂多样的性质，即使缺少专利的保护，也很难被其他组织复制，即使他们有部分知识信息也很难反向推导出完整的知识。换而言之，有限的知识泄漏对竞争对手来说没有太大用处。因此，基于项目合作的知识学习的跳跃性和间断性，知识输出组织可以采用开放的方式。

（2）知识扩散环节

本书假定在每次项目团队完成项目任务后，K–K 知识子网络就会新增一个知识节点，并且项目团队的不断组建推动 O–K 学习超网络持续演化。所以，在 O–K 超网络的演化过程中，参加过项目团队的组织数量不断增加。这些组织参加项目团队构成一个网络，这一网络可以描述不同时间节点下多个组织的知识学习网络状态，本书称其为 O–O 多组织学习网络。

项目团队解散后，项目团队成员组织因知识结构的更新转变为一个个扩散知识的源头，基于以往项目合作形成的 O–O 网络向其他组织扩散知识。这些扩散源头组织称为知识扩散源，而接收的组织节点则称为扩散汇。在知识扩散这一阶段，不存在知识汇集进而创造知识的过程，因此可以认为知识扩散阶段没有知识创新。

知识阶段组织之间知识学习的具体内容包括：O–O 网络上，每个项目团队成员组织确定和自己有直接网络关联的组织，形成一对知识转移的扩散源和扩散汇；组织之间存在的知识势能差促使知识发生转移，扩散汇组织从中获取自身不具备的知识；上步中的扩散汇组织因知识结构更新，同样在 O–O 网络转变为扩散源，向和自己有直接网络关联的组织扩散知识……依次传递，直至 O-O 网络中所有的组织都不再扩散知识，完成本轮知识扩散。

可以看出，O-K 学习超网络的生成机制和算法可以总结为以下几点。

1）超网络中节点的增长性。每次项目加入 1 个新的组织节点，项目不断进行组织节点持续加入，由此引发超网络中网络边、超边的持续增加。

2）节点联结的择优性。针对不断出现的新项目要求，同时考虑 O-K 知识超网络的嵌套结构和知识的模糊区间值属性，本书开发了基于模糊算子的组织节点择优方法。

3）两阶段知识学习机制。新项目团队组建后通过团队内和系统内的知识转移和知识扩散，改变超网络和其子网络结构，在项目任务周而复始出现和完成的推进中，O-K 学习超网络不断动态演化，其演化模型如图 5-5 所示。

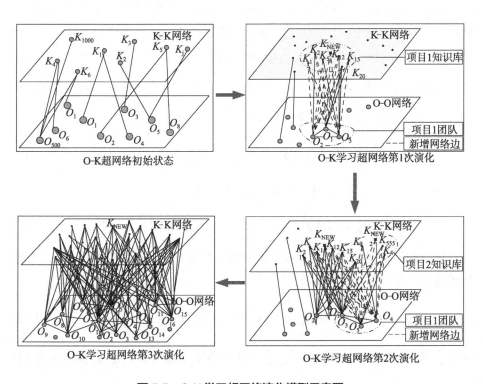

图 5-5　O-K 学习超网络演化模型示意图

5.3.3 O–K超网络生成机制的算法研究

根据复杂产品系统O–K超网络的两阶段学习机制，需要开发和测算其节点运行算法。参考学者王铮以神经网络逼近网络结构开展动力学分析的思路，本书构建了结合统计力学主方程和神经网络的知识转移模型形成算法。

在不考虑O–K超网络开放性的情况下，当O–K超网络的节点O_i接受输入新知识时，该节点的知识含量x_{oi}随着时间T的演化情况，如式（5-8）所示。

$$x_{oi}^{T+1} = \sum_{j=1}^{n} \omega_{ij}^{T} x_{oi}^{T} \, , \, i, \, j \in \{1, \, 2, \, \cdots, \, n\} \tag{5-8}$$

式中，ω_{ij}是指O–K超网络中节点的相互作用强度，其物理意义上是节点i的知识生产能力α_i与节点之间作用力的大小β_i，及距离r_{ij}的函数，具体函数形式为

$$\omega_{ij} = \alpha_i e^{\beta_i(r_{ij})} \tag{5-9}$$

古隆（Gurung）、魏德特（Weidert）等认为，当两个生产力存在差异的区域处于同一个空间中，生产力水平更高的区域将会向另一个区域渗透知识，渗透的强度随两区域发展水平差异的增加而增加。广义上发展水平差异可以基于网络上对两者的特性值求差来表示，即$[x_j - x_i]$。当网络处于封闭状态时，则有O–K超网络演化的动力学规律，如式（5-10）所示。

$$\frac{\mathrm{d}x_i(t+1)}{\mathrm{d}t} = \alpha_i(t) \sum_{j=1}^{n} e^{\beta_i(t)[x_j(t)-x_i(t)]} , \, i \in \{1, \, 2, \, \cdots, \, n\} \tag{5-10}$$

当网络处于开放状态时，式（5-10）修正为

$$x_i(t+1) = \alpha_i(t) \sum_{j=1}^{n} e^{\beta_i(t)[x_j(t)-x_i(t)]} + \theta(t) , \, i \in \{1, \, 2, \, \cdots, \, n\} \tag{5-11}$$

田钢提出，网络中知识学习主体存在学习能力差异，影响不同主体之间的知识增长，其过程计量方法为

$$\frac{\mathrm{d}x_i}{\mathrm{d}t} = -D_i(x_i) + S_i(x_i, t) + B_i(g, x) - C_i(g, x) \tag{5-12}$$

式中，$B_i(g, x)$表示主体i从网络g中获得的知识溢出；$C_i(g, x)$表示主体i从g网络中获取知识的成本；$D_i(x_i)$表示主体i的知识的衰减度；$S_i(x_i, t)$表示主

体 i 在 t 时刻的研发能力。

徐升华认为 O-K 超网络中的知识是呈现分布形式的，主体之间的知识交互活动要依靠网络的连接方式，以及知识转移模式。对此，他提出了一个知识转移函数：

$$V_i(t+1) = V_i(t) + \sum_j \alpha \left[\beta_j(t) - \bar{V}(t) \right]$$

式中，α 表示直接关联节点的学习吸收能力系数；β 表示直接关联节点的知识

转移系数；$\bar{V}(t) = \dfrac{1}{n} \sum_i V_i(t)$ 表示网络平均知识水平。

随着 O-K 学习超网络动力机制不断重复发生，从初始时间点至 t 时刻，O-O 多组织学习网络一共描述了 t 次项目团队的组织合作状况。这种在 O-O 网络中不断增加网络节点及网络边的形式，是根据实际情况进行设定的：在项目结束后项目团队虽然解散了，但在项目团队中有过合作的组织并不会立即断开连接，而是会基于之前形成的组织网络继续进行知识交流，因此构成了具有一定连通状态的演化网络。因此，对 O-O 网络结构便捷性和连通性的改变，是分析 O-K 超网络学习绩效的重要特征指标。

项目团队的择优和组建驱动了 O-K 学习超网络的知识学习环节，新的研发项目不断出现，项目团队也因此不断组建，O-K 学习超网络的知识学习不断进入新一轮的循环，将 O-K 学习超网络由静态牵引至动态演化的进程中：一方面，O-K 超网络中的相关组织在两阶段知识学习中（项目团队内的知识学习及 O-O 网络中的知识扩散）改变了其节点状态，包括 O-O 网络、O-K 网络中的网络边、映射关系等；另一方面，O-K 学习超网络中众多组织在不断地学习和传播知识，包括每次项目团队的创新知识在内的大量知识，因此得以广泛地传播和扩散，使进行了知识学习的组织的知识存量不断提升，因此 O-K 学习超网络的平均知识水平同样实现了动态演化。

5.4 O-K 超网络模型动态演化模型

5.4.1 O-K 超网络演化模型综述

综合上述研究内容，可以概述 O-K 学习超网络模型的生成机制如下。

1）初始状态：O–K学习超网络没有固定的初始状态，组织节点之间、知识点节点之间的关联状态不确定。

2）对新出现的研发项目，进行项目团队组建，引发新网络边的生成。

3）项目团队内发生知识迁移，O–K异质节点网络边增加。

4）项目团队内发生知识创新和共享，使K–K知识子网络增加1个知识点节点，O–K异质节点网络边增加 m 条。

5）项目团队解散后，项目团队成员组织进行知识扩散，使O–K网络的映射边继续增加。

6）新的研发项目出现，进行团队成员组织择优与团队组建，在O–K学习超网络中增加1条超边。

7）新项目团队开始新一轮的知识转移……不断重复以上步骤。

可以发现，在项目团队组建动力机制的驱动下，O–K学习超网络的演化不断进行，从而实现了O–K学习超网络动态演化，如图5-6所示。可以看出：O–K学习超网络是依托O–O子网络结构实现知识的转移、创新和扩散，经过O–K超网络中各个层级网络的互动，最终完整地完成O–K超网络的一次演化。

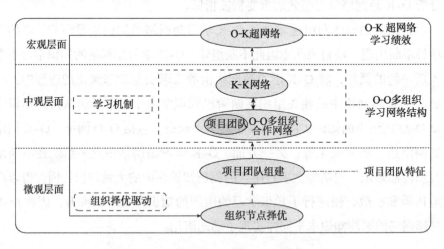

图5-6 O-K学习超网络动态演化模型推演路径

从图5-6的推演路径，可以挖掘出O–K超网络演化模型的研究可以聚焦于几个关键环节。

一个是微观层面中的组织节点择优和项目团队组建环节。这个环节是整个

O-K 超网络模型演化的驱动力。这是一个多属性决策问题,对此本书的第 4 章进行了评价算法和择优机制的深入研究。

另一个是中观层面中的 O-O 多组织学习网络构建环节,以及宏观层面的学习绩效。这是 O-K 学习超网络演化模型在实践中实现科技创新、知识管理的重要研究问题,对此本书的第 10 章进行了仿真实验研究,分析了学习绩效提升的影响机理。

5.4.2　O-K 超网络演化模型的仿真编程

基于以往的研究成果,及本书中关于 O-K 超网络演化模型的分析,为实现建模仿真,本书设计开发了一个仿真系统,图 5-7 就是 O-K 超网络演化模型的 K-world 计算系统示意图。该数据模拟系统分为基础层、业务层和应用层三层。基础层可以实现对 Jason 输入、输出及过程数据格式的自定义,同时开发了数据 IO 模块、格式转换模块、日志管理模块和系统配置模块。业务层采用 Python 语言完成了对 O-K 超网络、系统的建模和仿真函数库的开发,包括数据生成模块可以生成组织、知识和课题数据,计算模块完成对知识水平及其增长速度的计算,辅助模块实现分布、映射和过滤功能。应用层则是采用 C++/QT 库完成用户界面的开发,实现应用。这一系统可以实现组织的知识结构和研究选题的随机分布,支持设置项目团队规模、知识点重合程度等多个参数,同时计算多组数据,系统的输出结果支持回看,也可以导入 Excel/Origin 等软件中进行处理分析。本书的 K-world 系统支持组织的知识结构和研究选题的随机分布,可以设置知识点的重合程度、项目团队成员的数量、项目团队中对有经验组织的采纳程度等多个参数,并行计算多组数据,输出结果可以回看或者导入 Excel/Origin 等工具中做进一步处理。

这个系统可以实现 O-K 超网络的各种仿真实验模拟,如模拟不同的团队组建机制,采用直觉不确定模糊区间评价方法进行项目团队成员择优,模拟两阶段知识学习过程,获得 O-K 超网络的学习绩效指标,并且可以提取 O-K 超网络仿真模拟过程中的各项数据,结合其他的计算软件进行分析,进而发现 O-K 超网络更多潜在规律和深层次机理。

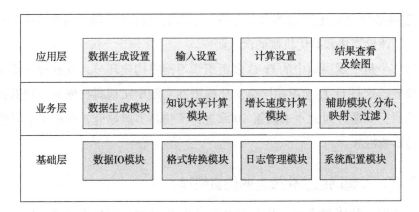

图 5-7　O-K 超网络演化模型的 K-world 计算系统示意图

本书构建的 O-K 学习超网络模型是针对复杂产品系统多组织学习问题，结合其特定的动力机制进行理论建模。在建模过程中，首先从要素角度明确了知识、组织网络的嵌套性；针对组织知识描述信息的模糊区间值特征，开发了 I-IVIULOWG 算子，明确了 O-K 学习超网络的择优连接机制；在网络增长性和网络演化机制的基础上，提出了 O-K 学习超网络的生成机制，并解释了 O-K 学习超网络模型的多要素、多层级、多流量特征。其次，提出了该动态模型演化中的两个统计特征指标，并经过仿真应用，挖掘了项目团队特征对学习绩效的影响机理。本模型适用于以多组织合作为驱动机制的复杂产品系统、区域创新系统等复杂网络，可广泛应用于该类模型的物理统计分析和知识管理研究。基于模糊区间值信息开发了可以应用于多组织合作的知识管理研究，模型中加入考虑节点或局部网络的特性后，可以进一步应用于复杂网络的物理统计分析。

第三部分

复杂产品系统科技管理的技术创新

第6章

复杂产品系统经济效率影响机理分析
——以辽、鲁、苏三省份装备制造业为例

20世纪六七十年代以来，计算机、通信和广播传媒业由于数字技术、信息技术的蓬勃发展而出现了"三网融合"的现象。随着这种融合现象的发生，计算机通信、媒体等产业出现了爆炸式的发展并迅速蔓延到各行各业，呈现出产业之间边沿模糊甚至消失、彼此之间渗透交融的状态，常见的具体表现形式包括服务业向其他产业的交叉、渗透和互补，带来了广泛和普遍的影响。例如，科学技术产业与农业结合出现了农业高科技化、传统的工业通过生物和信息技术的改造出现了机械仿生、机械电子，计算机网络与商务服务业结合出现了电子商务等。进入21世纪以来，在各国普遍重视工业领域尤其是基础装备产业发展的前提下，出现了国际范围的服务业向工业产业的融合现象。在中国制造2025的建设目标下，装备制造业作为我国制造业的核心，在产业融合中受到了深刻的影响，取得了长足发展。来自工业和信息化部的一项统计显示：近年来，我国装备制造业的增速不仅高于制造业，而且远远高于国内生产总值。但与此同时，全国各地区的装备制造业发展很不平衡。调查显示，2017年，我国各区域之间的装备制造业全要素生产率差异巨大：东部地区为0.779，中部地区为0.46，而西部地区仅为0.17，各个区域均值之间的差距接近30%，中部地区均值接近西部的3倍，并且东部地区如果不包括海南省的话，其均值会上升到0.850，与第二位的中部相差接近45%。单从发展较快的东部沿海地区来看，广东省、江苏省、浙江省和上海市发展最好，整体水平居高，山东地

区近几年的发展也十分迅速，稳居全国前三位。一项对全国装备制造业的投入产出效率显示，2018 年广东、江苏、上海、山东都为 0.9 以上，其中除了江苏省外，其他三个省市都为 1，而同样作为东部沿海省份，河北省、福建省的效率值仅为 0.6 左右，辽宁省装备制造业的发展基础良好，综合实力与整体水平处于全国前列，但是与其他几个先进的东部沿海省份相比，其效率值为 0.8。本章以我国 3 个装备制造业强省（辽宁、山东、江苏）为研究对象，分析相关影响参数对经济效率的影响机理。

6.1 相关概念内涵及其表征指标

6.1.1 产业融合的内涵及其指标

本书中产业融合是指装备制造业与服务装备制造产业的生产性服务业之间的产业融入的状态。对于生产性服务业的界定，大多数学者都把投入产出表中的中间需求率大于 0.5 的服务业定义为生产性服务业。本书在此基础上，根据装备制造业产业特点及数据的可得性，将生产性服务业概括为四个服务行业：交通运输及仓储业、信息软件及技术服务业、金融业，以及商务服务业。本书产业融合的含义特指生产性服务业融合于装备制造业对装备制造业经济效率的影响。

对于产业融合的含义及计量方式，可以用产业融合度来表示。李美云对产业融合度测量的思路是：对于 A、B 两个产业来说，A 产业融合于 B 产业可以表示为 B 产业生产过程中 A 产业的产出占 B 产业总产出的比重。徐盈之等学者对此指标进一步发展，近似认为 B 产业生产过程中 A 产业的投入全部凝于其产出中，因此界定一个 A 产业融合于 B 产业的融合度表达公式为

$$A产业融合于B产业的融合度 = \frac{A产业（对B产业的）投入}{B产业的总产出} \quad （6-1）$$

6.1.2 产业集聚的内涵及其指标

产业集聚是指在一个区域范围内，生产某种产品的若干个不同类企业，以及为这些企业配套的上下游企业、相关服务业，高度密集地聚集在一起。目前，研究学界对产业集聚的测度指标通用的是产业集聚度，很多学者采用区位熵的指标进行测度。区位熵是衡量某一地区要素的空间分布情况，以及反映某

一产业（获某一区域）的专业化程度。其计算公式为

$$E_{ij} = \frac{q_i}{\sum_{i=1}^{n} q_i} \left/ \frac{Q_i}{\sum_{i=1}^{n} Q_i} \right.$$

（6-2）

式中，E_{ij} 表示某地区 i 部门对于高层次地区的区位熵；q_i 为某地区部门的有关指标（通常可用产值、产量、生产能力、就业人数等指标）；Q_i 为高层次地区部门的有关指标；n 为某类产业的部门数量。E_{ij} 值越大，表示产业的集聚程度越高。根据区位熵公式可测算产业集聚度。此处 q_i 采用地区某产业总产值指标，Q_i 采用地区工业总产值指标，地区工业总产值表示 $\sum_{i=1}^{n} q_i$，全国工业总产值表示 $\sum_{i=1}^{n} Q_i$。装备制造业的产业集聚度计算公式为

$$产业集聚度 = \frac{地区产业生产总值／全国产业生产总值}{地区工业生产总值／全国产业生产总值}$$

（6-3）

6.2 研究概念模型与研究方法

6.2.1 研究假设

相关实证研究成果证明，装备制造业的产业集聚促进了产业融合。其作用机理在于：生产性服务业能够提供人力资本与知识资本的传输，是提高装备制造业生产率的重要源泉，同时创造出更好、更方便、价值更高的满足市场多样化的产品或服务。

在此基础上，对产业融合、产业集聚与产业经济效率的关系，做出如下假定。

假定 H_1：产业集聚对经济效率存在影响。

特里普利特（Triplett）侧重产业生产率的角度，引入 Hedonic 价格指数分析其对经济效率的影响。布龙齐尼（Bronzini）和皮塞利（Piselli）通过面板协整技术，发现了区域全要素生产率与生产力效率之间的正向相关关系。魏江、海登雷希（Heidenreich）等运用技术高低指标间接反映经济效率。目前经济效率的测算方法可以分为参数法和非参数法。冯泰文通过引入交易成本和生产制造成本作为中介变量，利用我国制造业的相关数据，研究了制造业效率的内部

机理，这种效率是由于生产性服务业的发展而得以提升的。刘志彪、王贵全指出，制造业知识密集化，其与生产性服务业的融合能够极大地影响其经济效率。高爱雄、党敏提出了提高经济效益的重要途径是合理的产业规模及组织，其作用方式和机理是分别作用于生产成本、生产率、分工协作。

假定 H_2：产业融合对经济效率存在影响。

范德默维（Vandermerwe）和拉达（Rada）最早提出制造业企业的"服务化"是一种趋势，陈宪、黄建峰研究并评价了服务业与制造业彼此依赖、相互作用、实现良性互动的状态及趋势。勃罗宁（Broring）指出参与融合的企业可以通过不同的方式获取融合产业中的价值创造。尼利（Neely）的实证研究表明与服务业融合的制造业企业盈利水平总体上优于纯制造业企业。杨仁发、黄琼指出服务业与制造业融合可以为消费者创造出价值更高、更好的产品和服务，并且相关企业群也能够获得更有利的生产经营条件和环境，以及较大的发展空间。钱小林指出产业融合能够重新构建产业之间联系、调整产业关联、改变产业结构体系，因此产业融合是通过传统产业之间资源的重整和运用推进经济爆炸式发展。因此，我们可以得出以下结论：①产业融合可以通过充分利用各项资源、整合资产以节约成本，实现协同效应、规模经济效应以及范围经济效应。②产业融合通过重塑市场结构与产业组织，提供满足市场多样化需求以拓宽产业的发展空间，优化产业结构。例如，很多新产品是科学技术与通信产业的产业融合产品。③产业融合能够带动科技进步，使市场趋向完全竞争化，达到资源最优配置。④第二产业与第三产业的融合，可以带来价值链的重整与优化，促进宏观经济整体经济效率提升。

6.2.2　研究模型

本书基于以上两个研究假定，设立装备制造产业的产业集聚、产业融合与经济效率的作用机理概念模型，如图 6-1 所示。

图 6-1　装备制造产业的产业集聚、产业融合与经济效率的作用机理概念模型

6.2.3　三阶段动态 DEA 研究方法

本书研究问题是提出经济效率的重要影响因素并对因果关系进行实证检

验。涉及的研究方法主要包括：三阶段动态 DEA 测算经济效率的方法，以及 Granger 因果关系（Granger Causality Ttest）和脉冲响应函数的检验方法。

Granger 因果关系检验方法是"依赖使用过去某些时点上所有信息的最佳最小二乘预测的方法"，对于相互影响，彼此不独立的多变量之间的关系进行研究。Granger 从时间序列的角度上界定因果关系，提出了因果关系的定义：即根据 Y 的过去值对 Y 进行回归时，变量 X 有助于预测 Y；那么再考虑 X 的过去值，就能够显著地增强回归的解释能力，即可以称 X 是 Y 的 Granger 原因，否则称为非 Granger 原因。Granger 检验可以通过构造 F 统计量检验完成。例如，针对 H_0 假设，分别做包含与不包含 X 滞后项的回归，记前者的残差平方和为 RSS_U，后者的残差平方和为 RSS_R，再计算 F 统计量，比较 F 统计量与临界值的大小即可得检验结果。如果 F 大于临界值就拒绝零假设 H_0：X 是 Y 的 Granger 原因；若 F 小于临界值，则不能拒绝零假设：这就意味着 X 不是 Y 的 Granger 原因。

VAR 模型动态关系检验方法是用所有当期变量对所有变量的若干滞后变量进行回归，用来估计联合内生变量的动态关系，而不带有任何事先约束条件。其定义式为：设 $Y = (Y_{1t}, Y_{2t}, \cdots, Y_{nt})^{\mathrm{T}}$ 是 $N \times 1$ 时序因变量列向量，模型最大滞后为 p 阶的 VAR 模型记为 VAR（p），Y_t 的表达式为

$$Y_t = \sum_{i=1}^{p} \varPi_i Y_{t-i} + U_t = \varPi_1 Y_{t-1} + \varPi_2 Y_{t-2} + \cdots + \varPi_p Y_{t-p} + U_t \qquad (6-4)$$

式中，$\varPi_i$（$i = 1, 2, \cdots, p$）是第 i 个待估参数 $N \times N$ 矩阵；$U_i = (u_{1t}, u_{2t}, \cdots, u_{nt})^{\mathrm{T}}$ 是 $N \times 1$ 随机误差列向量；p 为模型最大滞后阶数。

本书主要利用脉冲响应函数来分析一个内生变量对残差冲击的反应。具体而言，它描述的是在随机误差项上施加一个标准差大小的冲击（来自系统内部或外部）后，对内生变量的当期值和未来值所产生的动态影响。对于任何一个 VAR 模型都可以表示成为一个无限阶的向量 $MA(\infty)$ 过程。

DEA 分析（Data Envelopment Analysis）即数据包络分析，是一种对多个同类具有多输入、多输出的决策单元（DMU）进行相对效率比较的非参数前沿效率分析方法，它将德布鲁（Debreu）和谢泼德（ShePhard）关于技术效率的理论研究推广到实际经济效率（技术效率与规模效率）的测量。DEA 分析不需要考虑投入与产出之间的函数关系，也不需要预先估计参数、任何权重假

设，更具客观性。在此基础上，引入经济效率影响因素分析方法——SFA 分析（Stochastic Frontier Approach），即前沿生产函数，它是一种技术效率理论的参数方法。它根据一组已知的投入、产出观察值来定义投入产出一切可能组合的外部边界，使所有投入产出观察值组成的坐标都处于该边界的"下方"，并且尽可能与边界所在的前沿效率靠近。技术效率等于实际生产水平与前沿生产水平之比，代表生产要素的使用效率。

在以上两个方法的基础上，分离随机干扰和外部环境对经济效率的影响，再次计算 DEA 分析的效率。此时，我们称其为三阶段静态 DEA 方法。其第一阶段是基于投入产出变量运用 DEA 方法计算初始的经济效率；在第二阶段，将经济效率分解为环境因素和随机干扰的影响，运用 SFA 分析将环境因素和随机干扰分离开来；在第三阶段，对剔除了环境因素和随机干扰影响的投入产出变量，再次运用 DEA 方法进行最终计算。其结果更能全面、客观地反映研究对象的效率性结果。第三阶段使用的方法是 Malmquist 指数分析法。

为了避免生产技术参照系的随意性，可以将投入指标的 Malmquist 生产率指数规定为两个 Malmquist 指数的几何平均值，则以 t 期生产技术为参照，$t+1$ 时刻的 Malmquist 生产率指数为

$$M_i(x^{t+1}, y^{t+1}; x^t, y^t) = \left\{ \left[\frac{D_i^t(x^t, y^t)}{D_i^t(x^{t+1}, y^{t+1})} \right] \left[\frac{D_i^{t+1}(x^t, y^t)}{D_i^{t+1}(x^{t+1}, y^{t+1})} \right] \right\}^{\frac{1}{2}} \tag{6-5}$$
$$= \text{TE}(x^{t+1}, y^{t+1}; x^t, y^t) \times \text{TC}(x^{t+1}, y^{t+1}; x^t, y^t)$$

式中，TE 是技术效率指数；TC 是技术进步指数。

6.3 数据准备与测算

6.3.1 指标的选取、数据来源

经过资料搜索与数据比对，本书选取装备制造业稳定地处于全国前列的代表省份：辽宁、山东、江苏。2001—2019 年的数据源于《中国工业统计年鉴》《中国统计年鉴》《中国金融统计年鉴》《中国科技统计年鉴》。对装备制造业数据，遵循一般统计口径中的原则，对 7 个子行业（具体包括：金属制品业，通用、专用设备制造业，交通运输设备制造业，电气、机械及器材制造业，通信

设备、计算机，其他电子设备制造业，仪器仪表及文化办公用机械制造业）的相关数据加总而形成。

（1）投入指标

本书选择了劳动人员、管理水平、固定资产与流动资产作为投入指标，选择了工业总产值、利润总额作为产出指标。上述指标分别对应《中国工业统计年鉴》的"全部从业人员年平均人数""管理费用""固定资产合计"和"流动资产合计"。

（2）产出指标

本书选择了工业总产值、利润总额两个指标作为产出指标。因为业务收入只能表明业务经营活动产生的收入，没有扣除耗费，也就体现不出经济效率的意味，而利润总额能够更好地体现中间过程资源配置的效率，比通常使用的收入指标具有更好的应用意义。上述产出指标分别对应《中国工业统计年鉴》的"工业总产值"和"利润总额"。

（3）环境指标

本书从五个角度选取外部环境因素：宏观经济因素、工业发展因素、金融环境因素、教育程度和科技投入因素。对于宏观经济因素，选用了"地区生产总值增幅"指标，对应于《中国统计年鉴》中的同名称指标；工业发展因素是指区域的工业发展状况，考虑到装备制造业作为不同省份工业的一个重要组成部分，必然会受到工业整体发展水平的影响，因此本书运用《中国统计年鉴》中的"工业增加值"与"地区生产总值"的比值得到的"工业发展比重"来反映各省不同的工业发展程度；金融环境因素是指资金融通的可得性和便利性，缺少"金融血液"的持续稳定供给，任何行业都难以发展，因此本书选取《中国金融年鉴》中的"金融机构存贷款余额"与"地区生产总值"的比值得到的"金融支持程度"来反映各省份的金融发达程度；教育程度因素是指教育通过"内在效应"形成人力资本进而提高从业劳动人员的知识和技能，使他们更具劳动生产能力。本书选取《中国统计年鉴》中的"高中以上学历占总就业人员比例"来反映在各省份教育发展方面的差异；科技投入因素是指科学技术的发展能够有力地推动社会生产力和人类文明的发展，进而影响装备制造业的投入产出大小。本书采用《中国科技统计年鉴》中的"科学研究经费内部支出"与"地区生产总值"的比值来衡量。

本书将上述五个外部环境因素作为解释变量，将从业人员、管理费用、固定资产和流动资产投入要素作为被解释变量，则有式

$$S_{ni} = \beta_0^n + \beta_1^n Z_{1i} + \beta_2^n Z_{2i} + \beta_3^n Z_{3i} + \beta_4^n Z_{4i} + \beta_5^n Z_{5i} + v_{ni} + u_{ni}$$

$$n=1, 2, 3, 4 \quad , i=1, 2, 3, \cdots \qquad （6\text{-}6）$$

式中，S_{ni} 是指第一阶段原始投入量 (n=1, 2, 3, 4)，分别代表劳动力松弛变量、管理水平松弛变量、固定资产和流动资产松弛变量；i 表示年份或者省份的变化，当 i 代表年份时，i=1, 2, 3, …, 10，当 i 代表省份时，i=1, 2, 3, 4, 5；Z_i 是外部环境变量（解释变量），Z_{1i}、Z_{2i}、Z_{3i}、Z_{4i}、Z_{5i} 分别表示宏观经济因素、工业发展因素、金融支持因素、教育程度因素和科技投入因素等；β_0^n 为回归方程的常数项，β_1^n、β_2^n、β_3^n、β_4^n、β_5^n 分别为上面五个环境变量的待估参数；$v_{ni}+u_{ni}$ 为复合误差项，v_{ni} 表示随机干扰，并假设 $v_{ni} \sim N(0,\ \sigma_{vn}^2)$；$u_{ni} \geqslant 0$ 表示管理无效率，并假设 $u_{ni} \sim N^+(\mu,\ \sigma_{un}^2)$，$v_{ni}$ 与 u_{ni} 的分布独立不相关。以上四个投入指标的松弛变量回归将使用极大似然回归方法，每个回归得到估计参数 (β^n, μ^n, σ_{vn}^2, σ_{un}^2)。可以得出四个投入松弛变量的所有参数都可以不同，也就是允许环境因素、随机干扰和管理非效率对每个投入变量有不同的影响。

指标和数据取得后，采用 Kendall's tau_b 秩方法，运用统计软件 SPSS 13.0 进行相关性检验。检验证明，所选取的投入与产出指标均具有显著的正相关关系，具体结果见表 6-1。

表 6-1　投入产出变量的 Kendall's tau_b 秩方法

项目	从业人员	管理水平	固定资产	流动资产
工业总产值	0.874	0.796	0.931	0.981
利润总额	0.802	0.856	0.945	0.893

注：一般认为相关系数 0.75 以上为高度相关。

6.3.2　对省份自变量（产业集聚度）的测算

对于产业集聚度，本书在写作过程中查阅了 2001—2019 年《中国工业统计年鉴》辽宁等省份，以及全国的装备制造业和工业总产值，并根据公式每两

年测算一次，结果列入表6-2。

表 6-2 对辽宁等省份的产业集聚度测算值

区域	年份	区域装备制造业总产值	全国装备制造业总产值	区域工业总产值	全国工业总产值	产业集聚度
辽宁	2001	1173.920	30593.79	4480.32	95448.98	0.817461821
	2003	1340.760	37240.77	4888.02	110776.48	0.815918874
	2005	1728.840	50006.98	6112.96	142271.22	0.804617875
	2007	2751.160	82641.14	10811.51	251619.5	0.775379921
	2009	3942.810	105382.83	14167.95	316588.96	0.836671668
	2011	5591.550	135152.81	18249.53	405177.13	0.919037685
	2013	7767.880	166949.9	24769.09	507281.89	0.952923901
	2015	9397.550	185363.12	28152.73	548310.42	0.987411294
	2017	12153.880	236992.96	36219.42	698590.54	0.989134182
	2019	13669.560	276598.87	41776.73	844268.79	0.998735359
山东	2001	2471.870	30593.79	9377.37	95448.98	0.822399022
	2003	3122.890	37240.77	11497.53	110776.48	0.807943599
	2005	4147.730	50006.98	15379.54	142271.22	0.767279438
	2007	7581.660	82641.14	30522.86	251619.5	0.756559559
	2009	9862.410	105382.83	38780.1	316588.96	0.764011749
	2011	13080.270	135152.81	49873	405177.13	0.786268831
	2013	16761.230	166949.9	62958.53	507281.89	0.809086202
	2015	20243.280	185363.12	71209.42	548310.42	0.840921226
	2017	24112.150	236992.96	83851.4	698590.54	0.847737524
	2019	27338.780	276598.87	99501.98	844268.79	0.838618902
江苏	2001	4259.740	30593.79	11747.83	95448.98	1.131262651
	2003	5181.960	37240.77	13862.86	110776.48	1.111670688
	2005	7372.320	50006.98	18036.74	142271.22	1.163346939
	2007	13180.630	82641.14	32707.09	251619.5	1.22694895
	2009	16877.120	105382.83	41416.4	316588.96	1.224376039

（续）

区域	年份	区域装备制造业总产值	全国装备制造业总产值	区域工业总产值	全国工业总产值	产业集聚度
江苏	2011	22231.430	135152.81	53316.38	405177.13	1.250047709
	2013	29831.320	166949.9	67798.68	507281.89	1.337090085
	2015	33170.830	185363.12	73200.03	548310.42	1.34049402
	2017	42906.150	236992.96	92056.48	698590.54	1.37387411
	2019	50861.490	276598.87	107680.68	844268.79	1.441722323

6.3.3 对省份调节变量（产业融合度）的测算

本书中的产业融合度特指生产性服务业与装备制造业的产业融合。根据定义，产业融合度应当充分考虑产业投入消耗过程，在具体测算时应当运用投入产出数据。生产性服务业渗透装备制造业生产过程，表现为生产性服务业对装备制造业的投入，而这一过程对装备制造业产生的影响表现为装备制造业的总产出情况。产业融合度的指标，只能通过投入产出表获取，而投入产出表每5年编制一次，如果按这种方法来分析其与经济效率的关系，可行性存在很大问题，本书采取步骤为：①对数据进行时间序列平滑预测，可以估算得到辽宁等三省份每年生产性服务业对装备制造业投入与其增加值占比状况；②运用2001—2019年《中国统计年鉴》的生产性服务业的增加值，根据步骤①得到的占比数据，乘积即为三省份不同生产性服务业对装备制造业的投入占比，见表6-3。

表6-3 三省份不同生产性服务业对装备制造业的投入占比

区域	年份	交通运输及仓储业	信息软件及技术服务业	金融业	商务服务业	生产性服务业
辽宁	2002	0.080324	0.153221	0.055262	0.175947	0.112545
	2007	0.116482	0.208504	0.037082	0.149713	0.128421
	2012	0.158639	0.240326	0.066480	0.188416	0.143213
山东	2002	0.104315	0.072143	0.072341	0.032143	0.061532
	2007	0.116618	0.105617	0.052637	0.039168	0.079432
	2012	0.251545	0.145126	0.022635	0.051867	0.116172

（续）

区域	年份	交通运输及仓储业	信息软件及技术服务业	金融业	商务服务业	生产性服务业
江苏	2002	0.103452	0.084231	0.067853	0.042431	0.075465
	2007	0.271288	0.129367	0.034046	0.080894	0.102058
	2012	0.188008	0.191259	0.017637	0.281750	0.176799

然后，根据步骤②得到的生产性服务业对装备制造业的投入，同时运用2001—2011年《中国工业统计年鉴》中装备制造业总产值数据，两个数值的比值即为生产性服务业对装备制造业的产业融合度，见表6-4。

表6-4　三省份生产性服务业对装备制造业的产业融合度

区域	年份	装备制造业总产出	生产性服务业增加值	生产性服务业投入与增加值比值	生产性服务业（对装备制造业）投入	产业融合度
辽宁	2001	1173.920	612.321	0.124432	76.565762	0.0652223
	2003	1340.760	781.174	0.128421	100.319396	0.07482278
	2005	1728.840	989.422	0.131422	130.032159	0.07521353
	2007	2751.160	1537.467	0.135489	208.309790	0.0756346
	2009	3942.810	2113.640	0.141887	299.899060	0.07600444
	2011	5591.550	2239.582	0.143213	320.738176	0.05733047
	2013	7767.880	2947.510	0.149843	441.663480	0.05685766
	2015	9397.550	3366.360	0.175604	591.147469	0.06290442
	2017	12153.880	3951.110	0.216415	852.077976	0.07035432
	2019	13669.560	4732.190	0.198747	941.104599	0.06884674
山东	2001	2471.870	1831.455	0.070532	129.388436	0.05234435
	2003	3122.890	2132.395	0.079432	169.619013	0.05431476
	2005	4147.730	2683.187	0.087235	231.066492	0.05643243
	2007	7581.660	4107.000	0.094992	390.133798	0.05143722
	2009	9862.410	5541.365	0.107223	591.484839	0.06027785

（续）

区域	年份	装备制造业总产出	生产性服务业增加值	生产性服务业投入与增加值比值	生产性服务业（对装备制造业）投入	产业融合度
山东	2011	13080.270	5903.560	0.116172	682.825657	0.05243207
	2013	16761.230	7669.656	0.120423	923.605437	0.05509382
	2015	20243.280	8242.410	0.123862	1020.91992	0.05043254
	2017	24112.150	10392.450	0.118888	1232.53534	0.05123482
	2019	27338.780	12622.910	0.126183	1592.79774	0.05826148
江苏	2001	4259.740	2441.330	0.089100	217.789784	0.05112748
	2003	5181.960	2728.660	0.102058	278.480518	0.05374038
	2005	7372.320	3113.360	0.133691	416.227748	0.05643521
	2007	13180.630	456.565	0.154576	697.226716	0.05289783
	2009	16877.120	5396.830	0.160796	867.785997	0.0514179
	2011	22231.430	6782.148	0.176799	1199.07850	0.05393618
	2013	29831.320	8666.140	0.164723	1427.50935	0.04784789
	2015	33170.830	10016.510	0.166645	1669.20260	0.0503214
	2017	42906.150	12761.460	0.166163	2120.48243	0.04942141
	2019	50861.490	15412.890	0.170867	2631.06061	0.0517889

6.3.4 对省份因变量（经济效率）的测算

本书对经济效率的测算，基于动态三阶段 DEA 方法。

首先，选择 BCC 模型及投入导向模型，对辽宁、山东、江苏装备制造业的投入、产出指标进行经济效率测算。其次，应用 SFA 回归模型调整投入变量。剔除外部环境干扰因素，包括经济发展水平、经济制度与市场体系、收入水平、财政预算、贸易与国际收支状况。运用 Frontier1.1 软件对四个投入要素所有数据（包括效率达到最优的投入变量）都分别进行四次 SFA 回归运算，可以得到辽宁等省 10 年间松弛变量的数值。再结合第一阶段 DEA 分析的原始数据，得到调整的劳动力、管理水平、固定资产和流动资产投入数据。最后，应用 Malmquist 指数分析法获得三阶段动态 DEA 的省份经济效率值见表 6-5。表 6-6 为基于面板数据的三阶段 DEA 分析测得的辽宁等三省的经济效率。

表 6-5   基于 Malmquist 指数的三阶段 DEA 分析结果

区域	年份	指数综合效率	技术进步	技术效率	纯技术效率	规模效率
辽宁	2001	1.000	1.707	0.586	1.000	0.586
	2003	1.048	1.061	0.989	1.000	0.989
	2005	1.354	1.128	1.200	1.000	1.200
	2007	1.331	1.267	1.051	1.000	1.051
	2009	1.290	1.160	1.112	1.000	1.112
	2011	1.254	1.208	1.038	1.000	1.038
	2013	1.160	1.144	1.014	1.000	1.014
	2015	1.114	1.136	0.981	1.000	0.981
	2017	1.206	1.123	1.074	1.000	1.074
	2019	1.231	1.137	1.083	1.000	1.083
山东	2001	2.418	2.418	1.000	1.000	1.000
	2003	1.092	1.092	1.000	1.000	1.000
	2005	1.121	1.121	1.000	1.000	1.000
	2007	1.254	1.254	1.000	1.000	1.000
	2009	1.124	1.124	1.000	1.000	1.000
	2011	1.150	1.150	1.000	1.000	1.000
	2013	1.020	1.020	1.000	1.000	1.000
	2015	1.117	1.117	1.000	1.000	1.000
	2017	1.029	1.029	1.000	1.000	1.000
	2019	1.067	1.067	1.000	1.000	1.000

（续）

区域	年份	指数综合效率	技术进步	技术效率	纯技术效率	规模效率
江苏	2001	2.175	2.397	0.907	0.919	0.988
	2003	1.091	1.090	1.001	1.032	0.970
	2005	1.225	1.142	1.073	1.055	1.017
	2007	1.271	1.239	1.026	1.000	1.026
	2009	1.134	1.175	0.965	1.000	0.965
	2011	1.131	1.214	0.932	1.000	0.932
	2013	1.100	0.989	1.112	1.000	1.112
	2015	0.983	1.143	0.860	1.000	0.860
	2017	1.060	0.911	1.163	1.000	1.163
	2019	1.049	1.148	0.914	1.000	0.914

表 6-6　基于面板数据的三阶段 DEA 分析结果

年份	区域	面板综合效率	技术效率	规模效率	规模报酬
2001	辽宁	0.584	1.000	0.584	Irs
	山东	1.000	1.000	1.000	—
	江苏	0.908	0.919	0.988	Irs
2003	辽宁	0.573	1.000	0.573	Irs
	山东	1.000	1.000	1.000	—
	江苏	0.908	0.948	0.958	Irs
2005	辽宁	0.687	1.000	0.687	Irs
	山东	1.000	1.000	1.000	—
	江苏	0.973	1.000	0.973	Irs

（续）

年份	区域	面板综合效率	技术效率	规模效率	规模报酬
2007	辽宁	0.723	1.000	0.723	Irs
	山东	1.000	1.000	1.000	—
	江苏	1.000	1.000	1.000	—
2009	辽宁	0.807	1.000	0.807	Irs
	山东	1.000	1.000	1.000	—
	江苏	0.968	1.000	0.968	Drs
2011	辽宁	0.839	1.000	0.839	Irs
	山东	1.000	1.000	1.000	—
	江苏	0.902	1.000	0.902	Drs
2013	辽宁	0.851	1.000	0.851	Irs
	山东	1.000	1.000	1.000	—
	江苏	1.000	1.000	1.000	—
2015	辽宁	0.835	1.000	0.835	Irs
	山东	1.000	1.000	1.000	—
	江苏	0.860	1.000	0.860	Drs
2017	辽宁	0.897	1.000	0.897	Irs
	山东	1.000	1.000	1.000	—
	江苏	1.000	1.000	1.000	—
2019	辽宁	0.972	1.000	0.972	Irs
	山东	1.000	1.000	1.000	—
	江苏	0.914	1.000	0.914	Drs

注：Irs(Increasing Returns to Scale)是规模效益递增，Drs(Decreasing Returns to Scale)是规模效益递减。

6.4　模型检验及结论

6.4.1　各省经济效率、产业融合度、产业集聚度的 Granger 检验

对于辽宁等省份装备制造业经济效率和产业融合度的关系，在对数据平稳性检验通过的基础上，运用 Eviews 软件对前述测算的装备制造业经济效率、产业融合度、产业集聚度进行 Granger 因果关系检验。在 VAR 模型中，将各省的装备制造业经济效率设为 Y，产业融合度设为 X_1，产业集聚度设为 X_2，根据 AIC、SC 原则计算结果，三个省份数据都是滞后 1 期结果最理想，因此本书对三个省份构建 VAR 模型时选取滞后 1 期，继续运用 Granger 因果关系检验，三个省份装备制造业经济效率影响因素的 Granger 检验结果见表 6-7 所示。

表 6-7　对三省份装备制造业经济效率影响因素的 Granger 检验结果

原假设	滞后期	观察值	F 值	P 值
辽宁				
产业融合度不是经济效率的 Granger 原因	1	9	1.9729	0.20973**
经济效率不是产业融合度的 Granger 原因	1	9	3.62517	0.10558**
产业集聚度不是经济效率的 Granger 原因	1	9	2.38779	0.17324**
经济效率不是产业集聚度的 Granger 原因	1	9	0.7346	0.4243**
山东				
产业融合度不是经济效率的 Granger 原因	1	9	3.57897	0.10738**
经济效率不是产业融合度的 Granger 原因	1	9	1.05084	0.34485**
产业集聚度不是经济效率的 Granger 原因	1	9	6.88979	0.03933*
经济效率不是产业集聚度的 Granger 原因	1	9	0.00037	0.98521**

（续）

原假设	滞后期	观察值	F 值	P 值
江苏				
产业融合度不是经济效率的 Granger 原因	1	9	59.4113	0.00025*
经济效率不是产业融合度的 Granger 原因	1	9	0.0024	0.962498**
产业集聚度不是经济效率的 Granger 原因	1	9	3.70748	0.10248**
经济效率不是产业集聚度的 Granger 原因	1	9	1.20E-06	0.99916**

注：* 表示在 10% 的水平上拒绝原假设，** 表示在 5% 的水平上拒绝原假设。

6.4.2　各省经济效率、产业融合度、产业集聚度的相关关系特征分析

（1）对辽宁省的分析

表 6-7 表明，辽宁省的装备制造业经济效率（Y）与产业融合度（X_1）互为 Granger 因果关系。下面建立经济效率（Y）与产业融合度（X_1）的 VAR 模型并对其稳定性进行检验，模型差分方程所有特征根都位于单位圆以内，因此辽宁省装备制造业数据的 VAR 模型是稳定的。辽宁省产业融合度（X_1）对经济效率（Y）的脉冲影响如图 6-2 所示。从脉冲响应函数可以看出，中间的线趋于平衡，X_1 对 Y 有影响，辽宁省的装备制造业经济效率受到产业融合度的影响。产业融合度对经济效率的脉冲影响在 2001—2011 年之间大致呈 "N" 形，影响程度大。

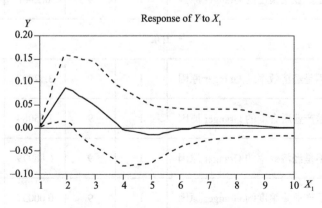

图 6-2　辽宁省 X_1 对 Y 的脉冲影响

（2）对山东省的分析

表 6-7 表明，山东省的装备制造业经济效率是产业集聚度的 Granger 原因，但是产业集聚度却不是经济效率的 Granger 原因。

建立经济效率（Y）与产业融合度（X_1）的 VAR 模型并对其稳定性进行检验，模型差分方程所有特征根都位于单位圆以内，因而 VAR 模型是稳定的。山东省产业融合度（X_1）对经济效率（Y）的脉冲影响如图 6-3 所示。从脉冲响应函数可以看出，中间的线趋于平稳，说明山东省的装备制造业经济效率与产业融合度存在一定的因果关系。产业融合度对经济效率的脉冲影响在 2001—2011 年之间大致呈倒 U 形，对经济效率的影响程度比较大。

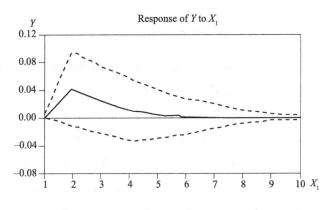

图 6-3　山东省 X_1 对 Y 的脉冲影响

（3）对江苏省的分析

表 6-7 表明，江苏省的装备制造业经济效率（Y）与产业集聚度（X_2）互为 Granger 因果关系，经济效率是产业融合度的 Granger 原因，但是产业融合度不是经济效率的 Granger 原因。

建立经济效率（Y）与产业集聚度（X_2）的 VAR 模型，并进行 VAR 稳定性检验，发现模型差分方程所有特征根不都位于单位圆以内，因而 VAR 模型是非稳定的。江苏省产业集聚度（X_2）对经济效率（Y）的脉冲响应函数如图 6-4 所示。从脉冲响应函数可以看出，中间的线分散，产业集聚对江苏省的装备制造业经济效率的影响不稳定，但大致可以判断产业集聚度对经济效率存在影响。

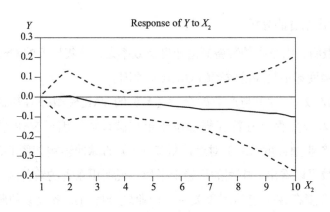

图 6-4　江苏省 X_2 对 Y 的脉冲影响

6.4.3　对省份经济效率作用机理的比较和分析

首先,辽宁、山东、江苏三省的装备制造业经济效率与产业融合度互为因果关系,脉冲响应函数同时表明三个省的相同特点是 2001—2009 年变化幅度大,2011—2019 年趋于平稳。产业融合度对经济效率的影响,总体上山东省的变化幅度小于辽宁省,而江苏省的经济效率与产业融合度不存在严格意义上的因果关系,但上述省份的经济效率均与产业集聚度存在因果关系。对于江苏省的装备制造业经济效率与产业融合之间的关系,存在一定的悖论:产业集聚度对经济效率互为因果关系,理论上产业集聚的加深必然带来产业融合的加快进行,为什么在辽宁省、山东省表现很明显,但在江苏省却表现不明显呢?为深入探索这两个变量在不同省份产生不同效应的原因,本书深入这两个省份出现产业集聚、产业融合现象的发展过程,结合实证分析及其地域区位、历史传统与经济发展特点来分析,发现该研究结论与其他省份不同的产业发展状态有关,因此形成了不同的作用效果。

从江苏省的实证分析中可以看出,江苏省产业集聚程度非常高,其装备制造业经济效率可能受产业集聚影响较大,从而造成产业融合对经济效率的影响不明显。

江苏省装备制造业发展的最大特点是产业集聚发展规模扩张得很迅猛。2011—2015 年,大批装备制造企业向经济开发区,以及工业园区迅速集中,很快形成了一批示范带动作用较强的装备产业集聚区,先后建立了徐州工程机械、南通船舶与海洋工程、宜兴环保装备 3 个国家级新型工业化产业示范基地，张家港石化装备、江阴节能装备、建湖石油装备等 17 个省级新型工业化产业示范基地。同时，培育发展了常州农机制造、苏州精密仪器制造、扬州压力机床制造等一批百亿级特色复杂产品系统。这些复杂产品系统与辽宁省的大型精密机床装备制造业、山东省的汽车装备制造业和整车配套复杂产品系统特征不同。江苏省装备制造业对集成商的知识技术创新、产品更新换代特征上要求相对较弱，主要集中于部件和产品子系统的配套完善，因此产业快速集聚对经济效率的影响很大，能够很好地完成产业链的配套任务；但产业融合所带来的装备制造业价值链向两端扩张的趋势不明显，因此对经济效率的影响不显著。

在调研的基础上，本书认为，江苏省装备制造业经济效率影响因素比较繁杂，尤其是产业高度集聚的影响很明显，因此一定程度上削弱了产业融合对经济效率的影响作用。今后江苏省仍然需要重视提高地域资源的便捷性，加快地域之间资源的流动与重整，获取更多的资源配置，高度发挥产业集聚效应，并且需要注重装备制造业的产业提升，通过产业融合引导第三产业，尤其是科技服务业的业态发展，在全球价值链定位中抢占有利位置，提升在价值链两端的竞争能力。

辽宁省、山东省的装备制造业数据表明，装备制造业的产业融合对经济效率的影响，在 2010 年以前发挥了巨大的推动作用。这是因为 2010 年以来，辽宁省、山东省因其装备制造业规模及产值影响，在复杂产品系统规模的扩张速度上，受到政府支持和主导产业导向影响，比其他省份扩张快、集结企业多，装备制造业的 "先发" 优势带动了其对经济效率的重要影响；另一个特点是，随着装备制造业的快速发展，产业融合的影响作用正在逐渐趋于平稳。进一步实际调研后发现，近年来这几个省份产业集聚快速发展的态势开始有所减缓，对经济效率的提升作用也开始逐步降低；同时，产业融合并没有更好更快地适应高技术、高资本、快速更新的产业特点，与江苏省的装备制造业相比，其 "大而全" 的发展方式转体慢。产业融合发展缓慢也错失了价值链环节上估值更高的链条，对于经济效率的提升效应越来越不明显。

因此，一方面，辽宁省、山东省装备制造业应该进一步加强产业融合，以发挥其在推动经济效率发展中的作用；另一方面，这种影响力正在逐步趋于微弱的共同趋势，也提醒以上三个省份应当进一步注意本省在国际装备制造业市场上的价值链定位，同时在发展产业集聚时，招商引资那些更具有知识创新竞争能力的企业。同时，积极参与和构建以现代通信技术支撑的国际商务贸易虚拟系统，寻找适应自身特点的提升装备制造业经济效率的更多影响因素，更好地提升经济效益和可持续发展能力。

6.4.4 产业管理优化建议

产业融合可以实现经济学中的协同效应、规模经济效应，以及范围经济效应，从而促进经济增长。在当前科学技术条件下，传统工业与科学技术服务业的融合，使生产一件大型工业产品（如精密数控机床）可能需要经过好几个地域甚至十几个国家的相关企业共同完成，这充分体现了产业融合的协同效应。如果一个工业企业不把与工业相关的服务业务（如物流运输业务）进行外包，自行运输与分配所有的工业产品，那么这个企业就会形成规模经济，以及范围经济效应，这同样可以节约生产成本和贸易成本，提升盈利水平。也就是不同产业不同行业的企业在进行多元化生产和经营时，通过技术融合和技术创新进而实现产业融合，从而实现规模经济、范围经济效应，促进经济的增长。

产业融合也可以通过重塑市场结构与产业组织，以提供满足市场多样化需求的价值更高的新产品和提供更多服务的方式来拓宽产业的发展空间，优化产业结构和促进社会生产力进步。这种现象充分体现在电子产品的生产中，它是基于科学技术与通信产业的产业融合而出现的产品，同时也是一项服务。电子产品的生产和服务时刻伴随着技术融合和创新，目的是满足市场化和消费者的需求，从而使产品和服务更有价值。

同时产业融合能够通过优化市场结构，建立与重组产业之间、企业之间新的联系使市场趋向完全竞争化，促进经济效率的提升。理论分析表明，产业之间的竞争本质上是产业价值链上各个环节之间的竞争，具体环节包括研发、设计、生产、重组，以及物流运输、销售和售后服务等，由于两端附加值高，中间生产、重组过程附加值低，价值链也被称为微笑曲线。可以看到：两端附加值高的大多为第三产业服务业，中间的生产与重组过程为第二产业制造业。因此产业融合（第二产业与第三产业的融合）可以带来价值链的重组与优化，融合型的产业具有更高的附加值和更大的利润空间。

第 7 章

复杂产品系统项目团队成员选择方法

从系统动力学视角看，复杂产品系统的动力机制是系统中不断组建项目团队，带动系统的知识资源、产品资源和组织资源，实现系统要素的动态演变和系统的整体演进。因此，研究复杂产品系统运行机制时，首先需要科学分析项目团队成员选择机制、项目团队组建问题。

目前，有关项目团队成员选择问题，有多种选择方法，包括企业盟主的联盟成员选择问题（如物流联盟成员选择、知识联盟成员选择、虚拟企业联盟成员选择等），但同时考虑组织、个人及产品的项目团队成员选择问题，仍存在研究空白。项目团队成员选择主要问题涉及两个方面：一是合作伙伴的评价角度，即评价指标；二是评价算法问题。从产业咨询管理服务业态看，规范科学的合作伙伴遴选方法仍然缺乏。项目团队成员择优是复杂产品系统三层级超网络动力系统的驱动力，是复杂产品系统三层级超网络模型启动演化的起点。本章基于三层级静态超网络状态，开发项目团队成员择优方法。在研究之前，需要梳理两个问题。

一是项目团队成员择优中的"优"的内涵是什么？以往基于网络的 Simon 模型、Price 模型、BA 模型，采用的都是同质网络中的边优势，它们选择网络边的理论依据在于：O-K 超网络的演化具有不均匀结构特性，因此节点的累积优势可以体现为多边特征。但由于这些模型并没有使用超网络多层、多维的方式描述节点，因此节点所能体现出来的唯一特征就是同质节点网络的多边优势，但这一指标在本书的 O-K 超网络中既不具有说服力，也不符合实际网络演化的规律。

二是如何在众多的组织中择优？多属性决策（MADM）问题是现代决策理论的重要研究内容。关于知识的属性，王众托也指出，"人们对知识的探讨，如果不将数据与它所处的环境联系起来，是得不到评价看法的"。这从一个侧面说明可采集到的量化数据并不能完全作为选择的依据。既然组织的知识属性无法表现为"清脆的"数字，所以还需要研究采用何种方式和语言对知识属性进行表征，继而基于表征语言特征进行对应性的算法开发。

本章回顾了团队成员择优和团队组建的相关研究成果，阐述了复杂产品系统静态超网络状态下的项目团队成员选择方法。

首先，基于复杂产品系统的三层级超网络结构，根据项目的不同需要（例如，研发需要、生产需要、质检需要等），明确超网络中的组织节点属性的内涵。以全面考虑组织节点在三层级网络中的表征为例，组织节点应该具有四个维度的评价指标：基于组织子网络的组织合作能力维度、基于知识子网络的项目协同能力维度、基于组织–知识异质节点网络的组织知识掌握能力、基于组织–产品异质节点网络的组织产品生产能力。当然，在实际中可以挑选维度进行综合评价。

其次，考虑到组织节点的不同维度评价具有不确定性、模糊性、交叉性等特征，很难采用统一的精准数据进行评价，因此提出采用直觉不确定模糊区间值评价语言（Interval Valued Intuitionistic Uncertain Linguistic，IVIUL），并给出该评价语言信息的表示方法，请专家进行判断评分，将此作为数量评价的基础数据。

再次，在总结以往研究成果和计算规则的基础上，开发了直觉不确定模糊区间加权几何算子（Induced Interval-Valued Intuitionistic Uncertain Linguistic Ordered Weighted Geometric operator，I-IVIULOWG算子），并提供了应用该算子进行评价的具体运算规则。I-IVIULOWG算子的开发，主要是考虑了评价对象知识属性在分维度上的个性优势而提出的个性权重赋予方法，可以在竞优中保证个体组织的最高评价值。

最后，给出一个算例，以超网络中组建项目研发团队为例，进行项目团队成员择优，应用算法获取组织节点知识能力属性期望值，该算例涵盖择优流程中的候选组织遴选、数据准备、候选组织知识属性评价和成员择优四个步骤。

7.1 考虑组织知识能力择优评价语言的特征：模糊区间值

组织节点的知识属性代表了组织知识能力的特征，是项目主持部门（通常是系统集成商）组建项目团队的重要考量指标。但对组织的知识属性进行评价时，由于网络中组织成员知识结构、知识存量和知识合作对象的异质性，以及专家对知识评价带有的自身倾向性、不全面性特征，因此无法直接采用可比较的量化数据进行评价，需要首先考虑选用何种评价语言。

本书构建的 O-K 超网络，以及 K-K 子网络都具有上述特征，知识节点的知识含量，以及由此形成的组织节点知识总存量、与 K-K 网络相关联的 O-K 异质节点网络也不可避免地具有上述模糊特征，因此组织知识属性评价语言的客观要求是，所选用的评价语言既要体现出知识评价语义的模糊性和不确定性，也要体现出不同组织的不同等级、不同水平特征。

对于组织合作能力维度，中心性指标可以综合性地反映个体组织在网络中的连接通畅程度。但对于中心性指标不同的两个组织，如果其中一个组织的节点中心性低，但其连接对象在网络中具有更广泛的连通性，而另一个组织的节点中心性虽然高，但连接的大多是孤立的网络节点组织，可以想象，完全基于组织的中心性指标评价组织的合作能力，失之偏颇。

对于项目协同能力维度，相似度指标可以一定程度反映个体组织参与项目的匹配程度。但对于相似度不同的两个组织，为了实现项目创新任务，还需要综合考虑不同组织知识结构与项目创新的紧密程度，综合考虑后应该对其给予更好的评价。但基于量化比较的知识相似度并无法对此提供评价依据。

对于知识掌握能力维度，知识存量指标可以反映不同组织知识含量的差异。但这种差异可能是因为构造网络时对知识点的不同赋值引起，也可能是某组织掌握的普及性知识过多带来的结果。因此依赖知识存量的量化对比进行评价，无可置疑在评价的科学性上存在问题。

通过上述分析可知，上述三个量化指标对于组织的知识属性特征具有一定的表征性，但无法成为组织择优的评价指标。但考虑到目前对编码知识表述仍然存在很多问题，以此为基础的量化研究会将这些问题扩大，影响了项目团队组建问题的研究科学性。因此，以知识属性分析的模糊性为切入点，本书引入了直觉不确定模糊区间值评价语言。

7.2 模糊区间值评价算子的研究成果综述

　　复杂产品系统三层级超网络的组织知识属性表现出来的隐蔽性、非结构性、模糊性和不确定性，在研究中广泛存在。为准确表达不确定信息，首先需要确定评价语言。研究者们给出了多个工具，从类别上包括：考虑直觉不确定的直觉模糊集、考虑直觉不确定变量值的区间值直觉模糊集、广义模糊值等。直觉不确定模糊区间值语言信息是对兼具以上两者的语言信息的合并工具，针对这种语言信息的集成问题，学者们开发了直觉不确定语言的加权平均算子（IULWAA）、有序加权平均算子（IULOWA）、混合加权平均算子（IULHA）等，其中王坚强等定义了直觉二元语义，巩增泰给出了基于 Archimedean 三角模的广义直觉模糊不确定语言，Liu 在定义广义依赖直觉模糊语言算子的基础上进一步提出了直觉不确定模糊区间值语言变量。与其他的建模不确定信息的工具相比，直觉不确定模糊区间值语言评价更能反映评价者对评价对象的不确定性，特别是对于需要利用专家的能力和经验的决策问题，因为其更能反映专家无法回避的人类思维模糊性和不确定性的程度。结合本书的写作目的，直觉不确定模糊区间值的语言信息具有更高的客观性和科学性，适用于组织知识属性评价。

　　在直觉不确定模糊区间值算法的研究中，查德（Zadeh）率先提出了直觉不确定集合理论可以作为不确定性的多属性决策问题的工具，阿塔纳索（Atanasso）和加戈夫（Gargov）等进一步提出了直觉不确定语言集（IFS）的描述方法，最突出的贡献在于介绍了区间直觉不确定集（IVIFS），这是一个概括的 IFS，根本特征是其隶属度和非隶属度值为区间数而不是清晰的数字。在直觉不确定模糊语言评价集的基础上，彭新东等提出了通过区间值模糊软集的聚类算法，丁（Ding）提出了基于直觉语言信息的广义相关聚合算子。刘和金进一步介绍了直觉不确定语言变量精度的功能，开发了直觉不确定语言加权几何平均算子、有序加权几何算子和不确定语言混合几何算子。在此基础上，本书开发了直觉不确定模糊区间值诱导几何集成算子（I-IVIULOWG 算子）来处理团队成员择优问题。

7.3　基于 I-IVIULOWG 算子的超网络组织节点择优算法开发

下面简单介绍这种方法的评价形式。直觉不确定模糊区间值的表述方法，在评价时表现出两个特征：一个是评价时的直觉不是确定的数值，而是处于一定的弹性区间；另一个是对自己所做出评价的确保程度存在一定的模糊性、犹豫性。这种评价语言从形式上分为语言变量集和隶属度两部分。

7.3.1　直觉不确定性模糊语言

设 S 是所有不确定语言变量集，若有 $\tilde{S} = \left[\tilde{S}_{\alpha}, \tilde{S}_{\beta} \right]$，其中 $\tilde{S}_{\alpha}, \tilde{S}_{\beta} \in S$，且

S_{α} 与 S_{β} 分别代表区间值中较高和较低的限制，我们就把 $\tilde{S}$ 叫作直觉不确定语言变量。该语言变量由两部分组成：一是模糊区间值语言变量的形式，规定了评价值表达时要具有一定的升序或降序的顺序关系。例如，可以定义 S 为：$S=\{ S_1=$ 最差，$S_2=$ 较差，$S_3=$ 中等，$S_4=$ 较好，$S_5=$ 很好，$S_6=$ 优秀 $\}$。二是专家评价中需要给出对评价区间成立的隶属度和非隶属度区间，给出形式为 $[(a, b), (c, d)]$。其中 (a, b) 是隶属度区间，是指专家认为所给出的直觉不确定评价区间具有的可能性；(c, d) 是非隶属度区间，是指专家认为所给出的直觉不确定评价区间不成立的可能性。专家在评价中，由于存在某种犹豫（不确定）因素，因此两者之和可能小于或等于 1（即 $a+c \leqslant 1$，$b+d \leqslant 1$）。例如，某专家对组织 A 的直觉不确定评价区间值为 $\{s_2, s_3\}$，隶属度为 $(0.6, 0.8)$，非隶属度为 $(0.4, 0.1)$，即表示该专家认为组织 A 隶属于 $\{s_2, s_3\}$ 的可能性是 $0.6 \sim 0.8$，不可能性是 $0.4 \sim 0.1$。

7.3.2　直觉不确定模糊区间值评价形式

直觉不确定模糊区间评价的表达形式可做如下综述：若对于一个评价群体 X，存在 $\left[\tilde{S}_{\alpha(x)}, \tilde{S}_{\beta(x)} \right]$ $(\tilde{S}_x \in \tilde{S})$，且 $\tilde{\mu}_{\alpha(x)} = [a, b]$，$\tilde{v}_{\alpha(x)} = [c, d]$，那么关于评价对象 x（$x \in X$）的每一个评价维度 $\tilde{a}_i$，以及全部评价维度的集合 $\tilde{A}$，都可以被看作是直觉不确定模糊区间值语言数，可以写作式（7-1）形式。

$$\tilde{A} = \left\{ < \left[\tilde{S}_{\alpha(x)},\ \tilde{S}_{\beta(x)} \right],\ \left(\left[\tilde{\mu}_{\alpha(x)},\ \tilde{\mu}_{\beta(x)} \right],\ \left[\tilde{v}_{\alpha(x)},\ \tilde{v}_{\beta(x)} \right] \right) > \middle| x \in X \right\} \quad (7\text{-}1)$$

$\tilde{\mu}_{\alpha(x)},\ \tilde{\mu}_{\beta(x)} \in [0, 1]$，$\tilde{v}_{\alpha(x)},\ \tilde{v}_{\beta(x)} \in [0, 1]$，它们都是区间数，$\tilde{\mu}_{\alpha(x)},\ \tilde{v}_{\alpha(x)}$ 各自代表要素 x 对集合 $\left[\tilde{S}_{\alpha(x)},\ \tilde{S}_{\beta(x)} \right]$ 的隶属度和非隶属度。每一个评价对象的每一个维度的直觉不确定模糊区间值语言数集成后，就形成直觉不确定区间直觉不确定语言集合。

按照上文分析，如果复杂产品系统三层级超网络共有 n 个组织，每个组织有 3 个评价维度，则可以形成 $(\tilde{A}_{ij})_{n\times3} = \left(\left[S_{\alpha_{ij}},\ S_{\beta_{ij}} \right],\ \left(\left[a_{ij},\ b_{ij} \right],\ \left[c_{ij},\ d_{ij} \right] \right) \right)_{n\times3}$ 的评价矩阵。本书中，专家评价直觉不确定语言集 $S=\{S_1,\ S_2,\ S_3,\ S_4,\ S_5\}$，$S_1 \sim S_5$ 分别对应评价时的 5 种直觉判断，本书采用的顺序是从低到高，其中 S_1＝"优秀"，S_2＝"较好"，S_3＝"一般"，S_4＝"不好"，S_5＝"非常差"。专家（或董事会成员）依据评价语言集 S 对每个候选组织的优劣程度（或绩效）进行主观评价后，还需要给出每个维度的隶属度与非隶属度，即得到每个专家（或董事会成员）对任一组织知识属性维度 i 的直觉不确定模糊区间评价值为

$$\tilde{a}_i = \left\{ \left[S_{\alpha(\tilde{a}_i)},\ S_{\beta(\tilde{a}_i)} \right],\ \left[u^L(\tilde{a}_i),\ u^U(\tilde{a}_i) \right],\ \left[v^L(\tilde{a}_i),\ v^U(\tilde{a}_i) \right] \right\} \quad (7\text{-}2)$$

可以形成 $(\tilde{A}_{ij})_{n\times3} = \left(\left[S_{\alpha_{ij}},\ S_{\beta_{ij}} \right],\ \left(\left[a_{ij},\ b_{ij} \right],\ \left[c_{ij},\ d_{ij} \right] \right) \right)_{n\times3}$ 的评价矩阵如式（7-3）。

$$(\tilde{A}_{ij})_{n\times3} = \left(\left[S_{\alpha_{ij}},\ S_{\beta_{ij}} \right],\ \left(\left[a_{ij},\ b_{ij} \right],\ \left[c_{ij},\ d_{ij} \right] \right) \right)_{n\times3} \quad (7\text{-}3)$$

7.3.3　I-IVIULOWG 评价算子开发

沿用数学学科对模糊数的计算规则，考虑相关研究成果的表示方法，本书开发了应用于超网络状态下的 I-IVIULOWG 算子，开发过程中应用的相关定理和计算法则定义如下。

定义 1：IIFWG 算子的运算规则，如式（7-4）～式（7-8）所示。

$$\mathrm{IIFWG}(\tilde{a}_1,\ \tilde{a}_2,\ \cdots,\ \tilde{a}_n) = \prod_{j=1}^{n} (\tilde{a}_{\delta(j)})^{\omega_j} \quad (7\text{-}4)$$

设变量 $\tilde{a}_1 = \left\{ \left[s_{\theta(\tilde{a}_1)}, \ s_{\tau(\tilde{a}_1)} \right], \left[u^L(\tilde{a}_1), \ u^U(\tilde{a}_1) \right], \left[v^L(\tilde{a}_1), \ v^U(\tilde{a}_1) \right] \right\}$,

$\tilde{a}_2 = \left\{ \left[s_{\theta(\tilde{a}_2)}, \ s_{\tau(\tilde{a}_2)} \right], \left[u^L(\tilde{a}_2), \ u^U(\tilde{a}_2) \right], \left[v^L(\tilde{a}_2), \ v^U(\tilde{a}_2) \right] \right\}$, 则有

$$\tilde{a}_1 + \tilde{a}_2 = \left\{ \left[s_{\theta(\tilde{a}_1)+\theta(\tilde{a}_2)}, \ s_{\tau(\tilde{a}_1)+\tau(\tilde{a}_2)} \right], \left[1-(1-u^L(\tilde{a}_1)(1-u^L(\tilde{a}_2)), \right. \right.$$

$$\left. \left. 1-(1-u^U(\tilde{a}_1))(1-u^U(\tilde{a}_2)) \right], \left[v^L(\tilde{a}_1)v^L(\tilde{a}_2), \ v^U(\tilde{a}_1)v^U(\tilde{a}_2) \right] \right\} \quad (7\text{-}5)$$

$$\tilde{a}_1 \otimes \tilde{a}_2 = \left\{ \left[s_{\theta(\tilde{a}_1)\times\theta(\tilde{a}_2)}, \ s_{\tau(\tilde{a}_1)\times\tau(\tilde{a}_2)} \right], \left[u^L(\tilde{a}_1)u^L(\tilde{a}_2), \ u^U(\tilde{a}_1)u^U(\tilde{a}_2) \right], \right.$$

$$\left. \left[1-(1-v^L(\tilde{a}_1))(1-v^L(\tilde{a}_2)), \ 1-(1-v^U(\tilde{a}_1))(1-v^U(\tilde{a}_2)) \right] \right\} \quad (7\text{-}6)$$

$$\lambda \tilde{a}_1 = \left\{ \left[s_{\theta(\tilde{a}_1)\times\lambda}, \ s_{\tau(\tilde{a}_1)\times\lambda} \right], \left[1-(1-u^L(\tilde{a}_1))^\lambda, 1-(1-u^U(\tilde{a}_1))^\lambda \right], \right.$$

$$\left. \left[(v^L(\tilde{a}_1))^\lambda, \ (v^U(\tilde{a}_1))^\lambda \right] \right\} \quad (7\text{-}7)$$

$$\tilde{a}_1^\lambda = \left\{ \left[s_{(\theta(\tilde{a}_1))^\lambda}, \ s_{(\tau(\tilde{a}_1))^\lambda} \right], \left[(u^L(\tilde{a}_1))^\lambda, \ (u^U(\tilde{a}_1))^\lambda \right], \left[1-(1-(v^L(\tilde{a}_1))^\lambda, \ 1-(1-v^U(\tilde{a}_1))^\lambda \right] \right\}$$

$$(7\text{-}8)$$

定义 2：对于任意两个直觉不确定语言数 $\tilde{a}_1$ 和 $\tilde{a}_2$，若其权重分别为

λ_1 和 λ_2，则其几何加权算子（IIFWG）的计算法则为

$$\tilde{a}_1^{\lambda_1} \otimes \tilde{a}_2^{\lambda_2} = (\tilde{a}_1)^{\lambda_1+\lambda_2} \quad (7\text{-}9)$$

定义 3：基于上述相关定义、算法规则，如果（$\tilde{u}_1$, $\tilde{a}_1$）是二元组合，

I-IVIULOWG 算子的相关规则为

$$\text{IVIULOWG}_{u,\ w} \left((\tilde{u}_1, \tilde{a}_1), (\tilde{u}_2, \ \tilde{a}_2) \cdots (\tilde{u}_n, \ \tilde{a}_n) \right) = \overset{n}{\underset{j=1}{\otimes}} \left(\tilde{A}_{\delta(j)} \right)^{\omega_j}$$

$$= \text{IVIULOWG}_w (\tilde{A}_1, \tilde{A}_2, \cdots, \tilde{A}_n)$$

$$= \left\{ \left[\overset{n}{\underset{j=1}{\otimes}} \left(s_{(\alpha_j)} \right)^{\omega_j}, \ \overset{n}{\underset{j=1}{\otimes}} \left(s_{(\beta_j)} \right)^{\omega_j} \right], \left[\prod_{j=1}^{n} (a_j)^{\omega_j}, \ \prod_{j=1}^{n} (\beta_j)^{\omega_j} \right], \right.$$

$$\left. \left[1 - \prod_{j=1}^{n}\left(1 - c_j\right)^{\omega_j}, \ 1 - \prod_{j=1}^{n}\left(1 - d_j\right)^{\omega_j} \right] \right\} \qquad (7\text{-}10)$$

定义 4：若 $\tilde{a} = \left\{ \left[s_{\theta(\tilde{a})}, s_{\tau(\tilde{a})} \right], \left[u^L(\tilde{a}), u^U(\tilde{a}) \right], \left[v^L(\tilde{a}), v^U(\tilde{a}) \right] \right\}$，则期望值 $E(\tilde{a})$ 的计算法则为

$$E(\tilde{a}) = \frac{1}{2} \times \left(\frac{u^L(\tilde{a}) + u^U(\tilde{a})}{2} + 1 - \frac{v^L(\tilde{a}) + v^U(\tilde{a})}{2} \right) \times s_{\frac{(\theta(\tilde{a}) + \tau(\tilde{a}))}{2}}$$

$$= s_{(\theta(\tilde{a}) + \tau(\tilde{a}) \times (u^L(\tilde{a}) + u^U(\tilde{a}) + 2 - v^L(\tilde{a}) - v^U(\tilde{a})))/8} \qquad (7\text{-}11)$$

根据 I-IVIULOWG 算子的上述定义和运算规则，则可以对模糊评价语言进行计算，获得每个组织节点的知识能力期望值。如果评价语言集合中是升序排列的，则期望值 $E(\tilde{a}_1)$ 越大，对应的评价个体 $(\tilde{a}_1)$ 的表现就越趋于优秀。因此，可以对全体评价对象按其期望值数值从大到小排序，则相对应的个体评价对象评价排序就是评价结果。值得注意的是，如果权重是既定权重、主观赋权，则可以直接计算。如果采用客观赋权的方式，则有"竞优"等不同的权重选择方法。

7.3.4 择优路径

依托模糊语言和借助专家的专业判断，考虑组织节点在复杂产品系统的静态三层级网络中的关注维度，根据本书开发的算法，即可以对每个组织节点的优劣程度（或绩效）进行主观评价，期望值就是评价的量化基础。根据需要还可能存在附加条件，下面提出择优的全部步骤。

（1）依据专家评价信息，对每一个候选组织知识属性的每一个维度进行期望值评价

依据上述所有计算式和运用与之对应的计算机编程，如果直接采用主管权重，则可以得到全部候选组织的知识属性期望值。

如果考虑采用客观权重，可以参看"竞优"算法相关文献，通过计算机模拟可以得到每一个候选组织实现自身最高评价值的个体优势权重 $w_{oi}^* = \{ w_1^*,$

w_2^*, …, w_n^* }；根据个体优势权重和 IIFWG 相关运算法则，计算后可以得到全部候选组织的知识属性期望值。

（2）对候选组织的知识属性期望值进行排序

如果评价语言采用的是升序顺序，则评价期望值下标的分值越大，表明该组织的综合知识属性能力越强；反之，则趋于知识属性能力弱。

（3）考虑项目团队成员择优中的其他附加特征要求

根据项目制的特殊要求（例如，对项目团队中候选组织的类别、有无经验等），将候选组织按附加要求分列排序，按降序进行项目团队成员选择。

目前建立复杂产品系统的项目团队，一般采用"强强联合"的方式，通常的做法是，根据上述评价所形成的候选组织知识属性期望值排序情况，顺次选取组织，组建形成项目团队。需要说明的是，在实践中有时还要附加考虑一些约束条件或细节。例如，考虑项目团队规模、考虑项目团队中"老带新"的比例，考虑所构建的项目团队的研发成本预算，等等。

要实现约束条件下的团队组建，有两种解决方式：一是在筛选机制中附加约束条件，如"老带新"团队组建，就可以在原有筛选机制后附加一个分组条件（按照"有研发经验组织""无研发经验组织"分别列出候选组织），后续的评价结束后，就可以分别在"有研发经验组织"和"无研发经验组织"集合中分别选择相应数量的组织，组建团队；二是在获得全部候选组织的知识属性期望值后，按照"有研发经验组织""无研发经验组织"列出两队候选组织，按照不同的数量要求分别按顺序选择组织。

7.4　一个评价算例及其优化建议

已知某复杂产品系统的企业 O_1 作为一个新项目主持人，要选择 5 个组织组成项目团队。新项目任务可表示为知识集合 { k_1, k_2, k_3, k_4, k_5, k_6 }，该复杂系统目前的知识点总数为 50 个。对组织遴选后，$O_1 \sim O_{18}$ 成为项目团队候选组织。某复杂产品系统 18 个候选组织的复杂产品系统三层级超网络示意图如图 7-1 所示。

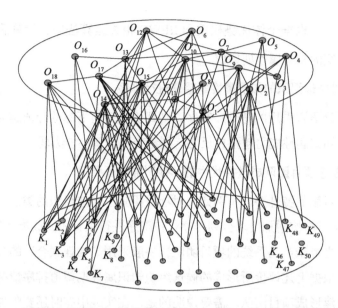

图 7-1 某复杂产品系统 18 个候选组织的复杂产品系统三层级超网络示意图

在进行项目团队成员选择时，从三个维度考虑候选组织的知识属性：A_1——组织合作能力，A_2——项目协同能力，A_3——知识掌握能力。三位专家（E_1、E_2、E_3）对 18 个候选组织做出的 IIFL 评价见表 7-1 ～表 7-3，三位专家的评价权重为（0.1，0.4，0.5）。IIFL 评价语言集 $s = \{s_1, s_2, s_3, s_4, s_5\} = \{优秀，良好，较好，一般，差\}$。

表 7-1 专家 E_1 对 18 个候选组织知识属性的 IIFL 评价矩阵

项目团队候选组织	A_1	A_2	A_3
O_1	$([s1, s2], (0.32, 0.56),$ $(0.33, 0.44))$	$([s2, s3], (0.21, 0.45),$ $(0.32, 0.44))$	$([s3, s4], (0.34, 0.47),$ $(0.39, 0.49))$
O_2	$([s2, s3], (0.45, 0.66),$ $(0.26, 0.33))$	$([s3, s3], (0.56, 0.67),$ $(0.11, 0.27))$	$([s2, s5], (0.27, 0.35),$ $(0.48, 0.59))$
O_3	$([s3, s4], (0.38, 0.47),$ $(0.42, 0.5))$	$([s1, s2], (0.34, 0.45),$ $(0.41, 0.45))$	$([s4, s5], (0.33, 0.45),$ $(0.24, 0.55))$
O_4	$([s3, s5], (0.45, 0.55),$ $(0.19, 0.32))$	$([s2, s4], (0.36, 0.41),$ $(0.43, 0.59))$	$([s2, s4], (0.23, 0.39),$ $(0.44, 0.6))$
O_5	$([s2, s3], (0.38, 0.47),$ $(0.43, 0.51))$	$([s3, s5], (0.16, 0.43),$ $(0.25, 0.57))$	$([s2, s3], (0.35, 0.45),$ $(0.39, 0.53))$

（续）

项目团队候选组织	A_1	A_2	A_3
O_6	([s3, s3], (0.16, 0.37), (0.38, 0.62))	([s4, s5], (0.3, 0.46), (0.41, 0.51))	([s1, s3], (0.26, 0.39), (0.36, 0.61))
O_7	([s1, s2], (0.18, 0.44), (0.45, 0.53))	([s2, s3], (0.29, 0.53), (0.37, 0.61))	([s2, s4], (0.28, 0.34), (0.43, 0.59))
O_8	([s3, s5], (0.22, 0.34), (0.51, 0.6))	([s1, s3], (0.14, 0.33), (0.42, 0.54))	([s2, s2], (0.26, 0.37), (0.35, 0.63))
O_9	([s1, s3], (0.11, 0.27), (0.51, 0.71))	([s1, s2], (0.56, 0.67), (0.11, 0.27))	([s3, s3], (0.33, 0.45), (0.24, 0.55))
O_{10}	([s3, s4], (0.21, 0.35), (0.36, 0.55))	([s2, s4], (0.16, 0.37), (0.38, 0.62))	([s2, s4], (0.14, 0.33), (0.43, 0.54))
O_{11}	([s4, s5], (0.25, 0.34), (0.46, 0.59))	([s3, s4], (0.21, 0.33), (0.51, 0.66))	([s4, s5], (0.29, 0.35), (0.37, 0.61))
O_{12}	([s2, s3], (0.22, 0.36), (0.43, 0.51))	([s1, s3], (0.45, 0.66), (0.26, 0.33))	([s3, s4], (0.11, 0.27), (0.51, 0.71))
O_{13}	([s3, s5], (0.34, 0.44), (0.46, 0.51))	([s2, s2], (0.34, 0.35), (0.27, 0.56))	([s1, s2], (0.21, 0.32), (0.53, 0.59))
O_{14}	([s4, s5], (0.35, 0.46), (0.5, 0.53))	([s3, s4], (0.56, 0.6), (0.14, 0.28))	([s2, s3], (0.13, 0.34), (0.45, 0.61))
O_{15}	([s2, s3], (0.12, 0.34), (0.35, 0.44))	([s4, s5], (0.37, 0.45), (0.33, 0.45))	([s2, s4], (0.24, 0.35), (0.45, 0.53))
O_{16}	([s1, s3], (0.15, 0.22), (0.56, 0.73))	([s2, s4], (0.33, 0.45), (0.25, 0.52))	([s1, s3], (0.45, 0.47), (0.51, 0.53))
O_{17}	([s3, s4], (0.21, 0.32), (0.46, 0.57))	([s3, s3], (0.45, 0.46), (0.43, 0.47))	([s3, s4], (0.19, 0.27), (0.44, 0.67))
O_{18}	([s4, s4], (0.17, 0.37), (0.46, 0.63))	([s4, s5], (0.34, 0.57), (0.4, 0.43))	([s5, s5], (0.18, 0.36), (0.46, 0.64))

表 7-2　专家 E_2 对 18 个候选组织知识属性的 IIFL 评价矩阵

项目团队候选组织	A_1	A_2	A_3
O_1	([s2, s3], (0.22, 0.36), (0.33, 0.51))	([s1, s2], (0.21, 0.32), (0.5, 0.59))	([s2, s2], (0.26, 0.37), (0.35, 0.63))
O_2	([s3, s4], (0.34, 0.54), (0.4, 0.51))	([s2, s4], (0.13, 0.34), (0.45, 0.61))	([s2, s3], (0.33, 0.45), (0.24, 0.55))
O_3	([s3, s4], (0.2, 0.33), (0.51, 0.62))	([s4, s5], (0.37, 0.55), (0.33, 0.45))	([s2, s4], (0.14, 0.33), (0.42, 0.54))
O_4	([s1, s2], (0.45, 0.56), (0.16, 0.33))	([s2, s3], (0.4, 0.45), (0.34, 0.51))	([s1, s2], (0.21, 0.32), (0.47, 0.59))
O_5	([s3, s5], (0.56, 0.67), (0.21, 0.27))	([s3, s3], (0.34, 0.44), (0.35, 0.54))	([s5, s5], (0.18, 0.36), (0.46, 0.64))
O_6	([s1, s2], (0.24, 0.45), (0.31, 0.55))	([s4, s5], (0.35, 0.46), (0.5, 0.53))	([s3, s4], (0.24, 0.35), (0.45, 0.53))
O_7	([s3, s4], (0.19, 0.27), (0.44, 0.67))	([s2, s3], (0.41, 0.42), (0.35, 0.56))	([s3, s5], (0.45, 0.55), (0.19, 0.41))
O_8	([s5, s5], (0.18, 0.36), (0.46, 0.64))	([s2, s4], (0.36, 0.4), (0.25, 0.5))	([s2, s4], (0.16, 0.4), (0.38, 0.62))
O_9	([s4, s5], (0.35, 0.46), (0.5, 0.53))	([s4, s4], (0.17, 0.43), (0.51, 0.63))	([s3, s3], (0.49, 0.57), (0.11, 0.27))
O_{10}	([s3, s4], (0.16, 0.43), (0.35, 0.57))	([s3, s5], (0.56, 0.75), (0.13, 0.22))	([s2, s3], (0.21, 0.45), (0.32, 0.44))
O_{11}	([s2, s4], (0.28, 0.47), (0.42, 0.52))	([s4, s5], (0.56, 0.67), (0.1, 0.27))	([s3, s5], (0.34, 0.44), (0.46, 0.55))
O_{12}	([s3, s5], (0.45, 0.55), (0.19, 0.32))	([s1, s2], (0.1, 0.27), (0.51, 0.7))	([s3, s4], (0.16, 0.43), (0.25, 0.57))
O_{13}	([s2, s4], (0.29, 0.35), (0.45, 0.61))	([s4, s5], (0.29, 0.34), (0.51, 0.59))	([s4, s5], (0.3, 0.46), (0.41, 0.51))

（续）

项目团队候选组织	A_1	A_2	A_3
O_{14}	([s1, s2], (0.32, 0.56), (0.33, 0.44))	([s4, s4], (0.45, 0.47), (0.33, 0.42))	([s3, s4], (0.21, 0.33), (0.53, 0.65))
O_{15}	([s2, s4], (0.28, 0.34), (0.43, 0.59))	([s2, s3], (0.35, 0.56), (0.3, 0.44))	([s1, s3], (0.45, 0.66), (0.26, 0.33))
O_{16}	([s3, s3], (0.35, 0.46), (0.33, 0.47))	([s2, s3], (0.22, 0.36), (0.43, 0.51))	([s4, s5], (0.37, 0.45), (0.33, 0.45))
O_{17}	([s3, s4], (0.17, 0.41), (0.36, 0.53))	([s2, s5], (0.27, 0.35), (0.48, 0.59))	([s3, s5], (0.39, 0.46), (0.43, 0.51))
O_{18}	([s1, s2], (0.55, 0.66), (0.26, 0.34))	([s1, s2], (0.21, 0.32), (0.53, 0.59))	([s3, s3], (0.33, 0.45), (0.24, 0.55))

表 7-3　专家 E_3 对 18 个候选组织知识属性的 IIFL 评价矩阵

项目团队候选组织	A_1	A_2	A_3
O_1	([s2, s4], (0.29, 0.35), (0.45, 0.61))	([s2, s4], (0.39, 0.45), (0.25, 0.55))	([s4, s4], (0.45, 0.47), (0.33, 0.42))
O_2	([s1, s2], (0.32, 0.56), (0.33, 0.44))	([s2, s5], (0.27, 0.35), (0.48, 0.59))	([s2, s3], (0.35, 0.56), (0.3, 0.44))
O_3	([s4, s5], (0.37, 0.55), (0.33, 0.45))	([s1, s2], (0.21, 0.32), (0.53, 0.59))	([s3, s5], (0.56, 0.75), (0.13, 0.22))
O_4	([s2, s3], (0.4, 0.45), (0.34, 0.51))	([s4, s5], (0.35, 0.46), (0.5, 0.53))	([s4, s5], (0.56, 0.67), (0.11, 0.27))
O_5	([s4, s5], (0.29, 0.34), (0.51, 0.59))	([s2, s4], (0.41, 0.42), (0.35, 0.56))	([s2, s2], (0.26, 0.37), (0.35, 0.63))
O_6	([s4, s4], (0.45, 0.47), (0.33, 0.42))	([s3, s3], (0.34, 0.44), (0.35, 0.54))	([s3, s5], (0.34, 0.44), (0.46, 0.55))
O_7	([s4, s5], (0.29, 0.34), (0.51, 0.59))	([s4, s5], (0.35, 0.46), (0.5, 0.53))	([s2, s4], (0.28, 0.34), (0.43, 0.58))

（续）

项目团队候选组织	A_1	A_2	A_3
O_8	([s4, s4], (0.45, 0.47), (0.33, 0.42))	([s2, s3], (0.22, 0.36), (0.33, 0.51))	([s3, s3], (0.35, 0.46), (0.33, 0.47))
O_9	([s2, s4], (0.29, 0.35), (0.45, 0.61))	([s3, s4], (0.54, 0.54), (0.4, 0.51))	([s1, s4], (0.21, 0.32), (0.53, 0.59))
O_{10}	([s1, s2], (0.32, 0.56), (0.33, 0.44))	([s1, s2], (0.32, 0.56), (0.33, 0.44))	([s1, s2], (0.32, 0.56), (0.33, 0.44))
O_{11}	([s2, s4], (0.39, 0.45), (0.25, 0.55))	([s2, s4], (0.28, 0.34), (0.43, 0.59))	([s2, s4], (0.28, 0.34), (0.43, 0.59))
O_{12}	([s4, s4], (0.17, 0.43), (0.51, 0.63))	([s3, s3], (0.35, 0.46), (0.33, 0.47))	([s3, s4], (0.17, 0.41), (0.36, 0.53))
O_{13}	([s4, s5], (0.37, 0.45), (0.33, 0.45))	([s2, s5], (0.27, 0.35), (0.48, 0.59))	([s3, s4], (0.45, 0.55), (0.19, 0.41))
O_{14}	([s3, s5], (0.39, 0.46), (0.43, 0.51))	([s2, s4], (0.29, 0.35), (0.45, 0.61))	([s2, s4], (0.16, 0.4), (0.38, 0.63))
O_{15}	([s3, s4], (0.17, 0.41), (0.36, 0.53))	([s1, s2], (0.32, 0.56), (0.33, 0.44))	([s2, s3], (0.41, 0.42), (0.35, 0.56))
O_{16}	([s1, s2], (0.55, 0.66), (0.26, 0.34))	([s1, s2], (0.55, 0.56), (0.26, 0.34))	([s2, s4], (0.39, 0.45), (0.25, 0.55))
O_{17}	([s3, s5], (0.34, 0.44), (0.46, 0.55))	([s2, s4], (0.28, 0.47), (0.42, 0.52))	([s2, s3], (0.4, 0.45), (0.34, 0.51))
O_{18}	([s3, s4], (0.16, 0.43), (0.25, 0.57))	([s3, s5], (0.39, 0.46), (0.43, 0.51))	([s2, s4], (0.13, 0.34), (0.45, 0.61))

按照项目团队择优组建的步骤，本例中项目团队组建步骤如下。

步骤 1：根据专家的加权权重 (0.1，0.4，0.5)，利用直觉不确定区间直觉不确定评价加权平均算子，可汇总得到 18 个候选组织的知识属性综合评价矩阵见表 7-4。

表7-4　18 个候选组织的知识属性综合评价矩阵

项目团队候选组织	A_1	A_2	A_3
O_1	([$s1.9$, $s3.4$], (0.266, 0.379), (0.385，0.55))	([$s1.6$, $s3.1$], (0.306, 0.401), (0.338, 0.553))	([$s3.1$, $s3.2$], (0.369, 0.432), (0.344, 0.502))
O_2	([$s1.9$, $s2.9$], (0.342, 0.564), (0.348, 0.454))	([$s2.1$, $s1.4$], (0.256, 0.389), (0.404, 0.553))	([$s2$, $s3.2$], (0.334, 0.5), (0.288, 0.495))
O_3	([$s3.5$, $s1.5$], (0.308, 0.464), (0.402, 0.517))	([$s2.2$, $s3.2$], (0.291, 0.436), (0.427, 0.516))	([$s2.7$, $s1.6$], (0.4, 0.599), (0.221, 0.345))
O_4	([$s1.7$, $s2.8$], (0.426, 0.507), (0.237, 0.409))	([$s3$, $s1.4$], (0.371, 0.451), (0.422, 0.528))	([$s2.6$, $s3.7$], (0.412, 0.531), (0.226，0.4))
O_5	([$s3.4$, $s1.8$], (0.422, 0.511), (0.352, 0.425))	([$s2.5$, $s3.2$], (0.361, 0.429), (0.338, 0.553))	([$s3.2$, $s3.3$], (0.239, 0.375), (0.395, 0.623))
O_6	([$s2.7$, $s3.1$], (0.347, 0.453), (0.326, 0.486))	([$s3.5$, $s4$], (0.340, 0.450), (0.410, 0.533))	([$s2.8$, $s1.4$], (0.294, 0.4), (0.445，0.548))
O_7	([$s3.3$, $s1.3$], (0.241, 0.324), (0.475, 0.614))	([$s3$, $s4$], (0.369, 0.434), (0.421, 0.549))	([$s2.4$, $s1.4$], (0.354, 0.434), (0.310, 0.51))
O_8	([$s1.3$, $s1.5$], (0.332, 0.416), (0.394, 0.515))	([$s1.9$, $s3.4$], (0.286, 0.395), (0.303, 0.529))	([$s2.5$, $s3.3$], (0.27, 0.428), (0.351, 0.541))
O_9	([$s2.7$, $s1.3$], (0.299, 0.389), (0.475, 0.585))	([$s3.2$, $s3.8$], (0.305, 0.515), (0.387, 0.521))	([$s2$, $s2.5$], (0.348, 0.446), (0.261, 0.429))
O_{10}	([$s2$, $s3$], (0.249, 0.493), (0.341, 0.499))	([$s1.9$, $s3.4$], (0.416, 0.636), (0.231, 0.345))	([$s1.5$, $s2.6$], (0.261, 0.498), (0.334, 0.449))
O_{11}	([$s2.2$, $s1.1$], (0.335, 0.448), (0.327, 0.542))	([$s2.9$, $s1.4$], (0.403, 0.499), (0.254, 0.436))	([$s2.6$, $s1.5$], (0.306, 0.383), (0.435, 0.576))
O_{12}	([$s3.4$, $s1.3$], (0.3, 0.475), (0.338, 0.470))	([$s2$, $s2.6$], (0.275, 0.418), (0.384, 0.532))	([$s3$, $s4$], (0.16, 0.406), (0.322, 0.562))
O_{13}	([$s3.1$, $s1.6$], (0.336, 0.411), (0.386, 0.515))	([$s2.8$, $s1.7$], (0.285, 0.346), (0.464, 0.587))	([$s3.2$, $s1.7$], (0.372, 0.496), (0.286, 0.464))

（续）

项目团队候选组织	A_1	A_2	A_3
O_{14}	([s2.3, s3.8], (0.359, 0.502), (0.393, 0.483))	([s2.9, s4], (0.389, 0.429), (0.354, 0.486))	([s2.4, s3.9], (0.177, 0.367), (0.441, 0.631))
O_{15}	([s2.5, s3.9], (0.211, 0.376), (0.385, 0.543))	([s1.7, s2.7], (0.337, 0.550), (0.318, 0.441))	([s1.6, s3.1], (0.412, 0.526), (0.319, 0.451))
O_{16}	([s1.8, s2.5], (0.444, 0.555), (0.309, 0.418))	([s1.5, s2.6], (0.416, 0.541), (0.317, 0.417))	([s2.7, s1.3], (0.388, 0.452), (0.3, 0.506))
O_{17}	([s3, s1.5], (0.264, 0.417), (0.417, 0.544))	([s2.1, s1.3], (0.295, 0.424), (0.444, 0.541))	([s2.5, s3.9], (0.378, 0.438), (0.383, 0.524))
O_{18}	([s2.3, s3.2], (0.346, 0.532), (0.270, 0.468))	([s2.3, s3.8], (0.318, 0.421), (0.464, 0.531))	([s2.7, s3.7], (0.221, 0.388), (0.351, 0.588))

步骤 2：对 18 个候选组织计算其知识属性三个维度的个性权重，结果见表 7-5。

表 7-5　18 个候选组织知识属性三个维度的个性权重

项目团队候选组织	A_1	A_2	A_3
O_1	0.45	0.24	0.31
O_2	0.2	0.4	0.4
O_3	0.33	0.38	0.29
O_4	0.34	0.45	0.21
O_5	0.25	0.39	0.36
O_6	0.29	0.43	0.28
O_7	0.49	0.31	0.20
O_8	0.18	0.37	0.45
O_9	0.35	0.45	0.2

（续）

项目团队候选组织	A_1	A_2	A_3
O_{10}	0.5	0.13	0.37
O_{11}	0.34	0.39	0.27
O_{12}	0.36	0.42	0.22
O_{13}	0.45	0.24	0.31
O_{14}	0.18	0.45	0.37
O_{15}	0.32	0.45	0.23
O_{16}	0.28	0.38	0.36
O_{17}	0.5	0.1	0.4
O_{18}	0.2	0.45	0.35

步骤 3：分别计算 18 个候选组织知识属性期望值，并按照从小到大的顺序排序。

18 个候选组织的知识属性期望值分别为

$$E(O_{10}) = s_{1.168}, \ E(O_{15}) = s_{1.262}, \ E(O_1) = s_{1.291}, \ E(O_2) = s_{1.316}, \ E(O_9) = s_{1.336},$$
$$E(O_{14}) = s_{1.348}, \ E(O_{18}) = s_{1.369}, \ E(O_{16}) = s_{1.452}, \ E(O_8) = s_{1.464}, \ E(O_{12}) = s_{1.468},$$
$$E(O_{17}) = s_{1.518}, \ E(O_5) = s_{1.525}, \ E(O_6) = s_{1.536}, \ E(O_7) = s_{1.566}, \ E(O_{11}) = s_{1.587},$$
$$E(O_4) = s_{1.611}, \ E(O_3) = s_{1.857}, \ E(O_{13}) = s_{1.858}$$

则 18 个候选组织知识属性期望值按从小到大的顺序排序为

$$E(O_{10}) < E(O_{15}) < E(O_1) < E(O_2) < E(O_9) < E(O_{14}) < E(O_{18}) < E(O_{16}) <$$
$$E(O_8) < E(O_{12}) < E(O_{17}) < E(O_5) < E(O_6) < E(O_7) < E(O_{11}) <$$
$$E(O_4) < E(O_3) < E(O_{13})$$

步骤 4：考虑到项目主持人为 O_1，除 O_1 外的其他候选组织排序后，按照团队 5 个成员的要求，选择期望值排序前 4 位的组织 { O_{10}, O_{15}, O_2, O_9 }，项目团队成员择优结束。

第 8 章

基于 TQC 的复杂产品系统
质量协同管理评价

对"质量"的概念，不同领域专家有着不同角度的见解：朱兰认为"质量等同于适用性"；田口玄一则从损失角度评判质量，认为质量是产品给社会带来的损失程度，包含因为产品性能变化所带来的用户损失和对社会的危害……对质量概念、理念的理解不同，带来各类质量评价工具与方法的不同。本书聚焦复杂产品系统，尤其是以中卫模式的复杂产品系统，在数字化、智能化、知识化的环境下，系统内企业间的协同，对内要求产品质量的需求、设计、制造和服务管理更加科学、系统，对外要求快速响应系统环境、与利益相关方进行良好沟通、协同，对质量活动的管理和评价已经扩展到产业链、产品系统的层级。质量链上供应商、中心企业、分销商，以及客户多个环节共同决定了质量协同的程度，而质量协同程度越高，质量水平越高，因此对质量协同水平的研究其重要性不言而喻，以评价为基础，进行系统内质量协同的诊断，可以明确质量改进措施，不断提高质量协同水平。

8.1 文献综述

8.1.1 搜索情况综述

本书采用以下主题检索和关键词检索："中卫模式""复杂产品系统""质量协同评价""复杂产品系统质量协同""Industry Clusters（产业集群）"和

"Quality Collaboration Evaluation（质量协同评价）"。搜索范围包括中国学术期刊网、Elsevier Science、EBSCO 学术期刊数据库、Emerald 等数据库，检索结果见表 8-1。

表 8-1　文献检索情况

检索源	检索词	检索条件	篇数	有效篇数	年份
中国学术期刊网	主题 / 关键词	"中卫模式""复杂产品系统""质量协同评价"	256	47	1990—2014
中国博士 / 优秀硕士学位论文全文数据库	主题 / 关键词	"中卫模式""复杂产品系统""质量协同评价"	151	26	1990—2014
Elsevier Science	Abstract/Key words	"Industry Clusters""Quality Collaboration Evaluation"	116	24	1990—2014
EBSCO	Abstract/Key words	"Industry Clusters""Quality Collaboration Evaluation"	92	15	1990—2014
Emerald	Abstract/Key words	"Industry Clusters""Quality Collaboration Evaluation"	73	19	1990—2014
Springer Link	Abstract/Key words	"Industry lusters""Quality Collaboration Evaluation"	79	11	1990—2014

CNKI 的学术趋势搜索中发现的学术关注度，如图 8-1 所示。

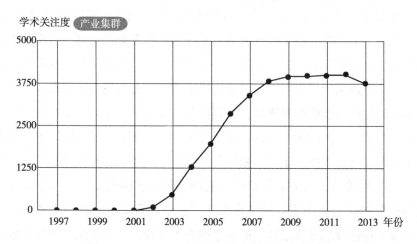

图 8-1　CNKI 对复杂产品系统问题的学术关注度

8.1.2　质量协同相关文献综述

根据国际标准化组织 ISO 的定义，质量管理是一种以指挥质量活动为主，同时对相关组织进行控制的协调性活动。质量管理所要进行的环节很多，包括设定质量目标，制定质量方针，策划质量活动，对设计、生产、销售过程质量的控制，质量保证和持续改善。目前，美国学者阿曼德·费根堡姆（Armand Vallin Feigenbaum）和约瑟夫·朱兰（Joseph M. Juran）所提出的全面质量管理（Total Quality Management，TQM）的概念是复杂产品系统普遍采用的质量管理规范。全面质量管理认为，质量是要求产品的一组固有特性要尽可能满足客户的需求，具体体现在全过程的质量管理中。全面质量管理强调：必须以顾客为关注焦点，质量活动中领导的示范作用，过程方法的使用，管理过程中系统方法的使用，基于事实进行持续改善、保持互惠互利等。这几个方面诠释了全面质量管理的关注要点，同样是各个组织质量活动所要重视的内容。后期，质量管理涌现出了更新的"六西格玛管理"理念。从统计学的意义上来讲，六西格玛管理是通过一系列的方法，将产品的不合格率控制在六个西格玛水平（100 万个产品之中不合格的不超过 3.4 个），进一步强调了企业需使用相应的方法持续改善质量。全面质量管理采用了自上而下的管理模式，与之不同，六西格玛管理以客户需求为导向，通过企业内部的跨职能合作，结合相应的数据及事实的分析，进而减少变异，优化流程，实现对质量的持续改善。

对于复杂产品系统而言，产品质量存在复杂的彼此配套从部件到整装的过程，质量是一个具有整体性的概念。系统内存在多条供应链，诸多学者认为质量与之对应同样具有不同的链和环。朱兰提出了"质量环"，所谓"质量环"是指，产品质量是通过市场调研的情况确定需求，再根据此进行设计开发，然后在采购、生产过程中控制质量，直到产品检验、售后服务，以及客户对产品的反馈等，这一系列的活动共同构成了质量，并以螺旋上升的形式不断提高质量。丁文琴和赵俊华提出了"质量链"，他们认为组织的质量意识、质量文化、生产中的每项质量、人员质量及产品质量，相互连接构成了一条"质量链"。唐晓芬在此基础上明确了质量链在现代产业中的重要性，她对质量流、链节点，以及质量链管理等质量链中的概念做出了解释，将一个组织内所有成员的质量活动构成的整体定义为质量链，使其成为组织成员进行质量流、资金流、物流，以及信息流等交流的桥梁。李全喜等通过对先进制造模式的深入分析，研究得出质量链管理是"将战略区、战术区和执行区集成"。通过这一模式，能促进成员企业之间的沟通，避免双方之间存在质量隔阂，进而实现产品质量和整体实力的提升。金国强和刘恒江则对质量链管理的含义进行了论述，总结质量链管理的主要内容和特点，研究表明质量链管理可以被实际运用。刘恒江等同样深入研究了质量链，他们认为这是企业之间共享信息、实现资源互助等合作的方式，使得企业在合作制造产品过程中更加信任彼此，促使质量链上各方协调质量活动，更快应对市场的变化，提高产品质量。赵玉香等针对质量链管理，提出了多层次模糊综合评判方法对质量链管理中的供应商进行评价；唐晓青等则基于质量环的理念，构建了质量链的生命周期模型，同时提出了一系列质量保证的方法；刘微等则是对质量链管理形成的背景进行研究，并基于对质量链管理与其他相关理论的联系进行梳理；蔡政英等深入研究了质量链的闭环结构，研究认为为了保证产品的质量，在实际生产过程中需要一些有效的过程控制手段；还有部分学者对质量链的具体应用和技术等方面做了相关研究。

"协同"是指通过一定的方式，协调系统中的不同个体或资源，使其能够一致达成某个目标的能力或过程。德国物理学家赫尔曼·哈肯（Hermann Haken）最早完整地提出了协同学的概念。作为一门自然学科，协同学的研究方向是系统由无序到有序的演变规律，当系统内的多种要素达到了一定的协同程度，系统会出现一些自发的变化，使得系统整体效能从低程度有序变成高程度有序。诸多学者对系统质量协同进行了相关研究。叶海亚（Yahia）提出协同供应链需要各个企业的共同努力，包括企业之间的协同整合度、自动化、信息化和信任程度等方面，进而提升整体的竞争力，提高顾客满意度。卡纳克（Kaynak）等论述了供应链上下游供应商对质量重要性的差异。汤姆·德维特（Tom DeWitt）和拉里·C. 吉尼皮尔（Larry C. Giunipero）通过分析阿米什（Amish）的家具产业，发现地理优势可以提高产量、改善产品质量、加快创新，以及促进形成新的行业。奎（Kuei）等发现，对质量的关注将促进传统产业转化成为网络系统形式。

针对企业之间的质量协同，丹尼斯（Danese）等提出了基于供应链的质量管理策略。帕拉斯特（Mahour Mellat-Parast）通过组织之间学习的相关理论研究质量和供应链管理，分析了企业和供应链两个层面的质量活动给供应链绩效带来的影响，将企业之间的质量联系总结归纳为五个因素：信任、质量领导、信息集成、过程集成，以及相互学习。罗宾逊（Robinson）等提出了供应链质量框架。福斯特（Foster）则对供应链质量管理进行了定义，他认为影响供应链质量管理的主要因素有顾客关注、质量活动、供应商关系等。林（Lin）、周（Zhou）等通过对我国香港和台湾的研究，发现供应商参与和供应商选择是供应链质量管理的主要影响因素。蔡（Cai）和福塞特（Fawcett）都认为系统网络成功发展很大一部分原因是企业的彼此信任，他们解释了协同质量链管理的概念，他们认为各种各样的质量活动共同组成了供应链系统中的质量，质量信息在产品生产流程中通过质量链进行流动沟通。还有部分学者基于对传统供应链管理具有难以监控质量形成、无法整体优化、响应市场的滞后性等不足的考虑，认为有必要进行质量链的协同管理。

在质量协同评价方法的相关研究中，坎南（Kannan）等提出了影响企业网络质量的重要指标，包括供应商评价、供应商参与，以及集中采购。翁（Wong）等以香港制造业为研究对象，发现了一些可以改善质量的因素，如合作、信任、长期的伙伴关系等。奎（Kuei）提出过程控制、供应商选择，以及统计方法培训等质量因素与组织绩效有较强的相关性。特雷西（Tracey）等研究表明重视运输的时间和质量、零件质量对企业合作有正向作用，促进实现产品质量的提高。还有学者证明了全面质量管理可以显著影响企业之间的质量协同。

邓超等构建了协同质量管理的评价体系，在此基础上吴军构建了供应商评价体系，通过供应商的选择、已有供应商的评价，以及合作企业的整体绩效三个角度，综合评价协同质量管理的绩效水平。杨慕生等论述了供应链背景下质量协同控制的合理途径，并利用基于大量数据的控制模型进行了论证。单汨源等基于质量链理论研究了大规模定制，用静态和动态指标对大规模定制质量链的协同情况进行评价分析。张军提出了评价体系实施的关键技术，王孝军从"产品本身质量"和"综合服务质量"两个方面，构建了供应链中产品质量的评价体系。袁付礼以敏捷供应链为研究对象，对在敏捷供应链中进行协同质量管理的主要流程和内容进行了阐述，并为此构建了系统模型。刘兴通过对质量链发展应用的调研，分析了成员企业之间有效协作的方法。

8.1.3　文献评析

上述文献综述可以看出，众多学者从产品质量主体、客体的角度，对质量协同进行了多角度的研究，形成了众多成果。这些成果也成为本书复杂产品系统质量协同评价的基础，对本书的影响与借鉴意义，主要体现在以下方面。

1）产品所在的系统、链条与质量协同之间的关系。产品质量受到它们所在的供需链的影响，不同供应链的特质直接影响产品质量。

2）质量协同的非线性影响因素。总结前人的研究可知，质量协同同时受到单个企业内部质量协同、企业之间质量协同两种类别的影响，而企业之间的生产合作，是通过非线性的耦合实现了系统整体的质量水平。核心企业的作用、卫星企业的实力、相关组织的辅助等因素都会对这种耦合作用产生影响。因此，仅关注企业内部和供应链的质量协同、从单一企业的质量活动和结果中提取评价指标均是有所不足的。

3）质量协同的评价维度与模型。不同学者以多种角度构建质量协同的模型框架：有的从宏观层面出发，搭建了基础环境层、技术应用层、实际执行层和最终目标层的四层框架模型；有的搭建了战略层、战术层及执行层三层框架模型；有的从业务流、信息流和资金流角度出发，对此进行分析。但总之，质量协同的结果是由综合系统的层层推进而最终形成的。

8.2　中卫模式复杂产品系统质量协同评价的基础

在复杂产品系统中，有一种典型的结构模式被称为"中卫模式"，即一些中小企业和科研机构通过设立在一个特定的大型企业周围，随时为大型企业提供所需要的产品或服务所形成的一种网络结构。这种模式是由马库森（Markusen）提出的，后来很多学术研究者对其进行了延伸和完善。本书的研究内容主要是针对中卫模式的。

8.2.1　中卫模式复杂产品系统质量协同的特征

中卫模式复杂产品系统的网络结构具有特殊性。中卫模式是指中心与卫星合作的特殊模式，网络结构方面表现为众多卫星企业围绕中心企业进行运作，体系内存在一些中心节点的特征。因为这种特征，产品质量的形成发生变化，与传统的生产模式有所差异。在这种系统中，中心企业扮演着重要的中介角色，其需要服从宏观调控，参与整个系统的信息协调与维护。同时，中心企业引导制定整个系统的质量目标、规划质量战略等，并推动诸多卫星企业分析顾客质量需求，要求卫星企业遵守产品质量的统一标准及原则，使上下游产品质量一致。中卫模式复杂产品系统质量形成过程如图 8-2 所示。这种体系下信息高度共享，需要中心企业对各种来源的质量信息进行集成与控制，实现协调各卫星企业生产活动和质量活动的作用。

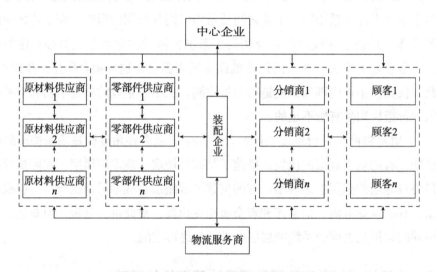

图 8-2   中卫模式复杂产品系统质量形成过程

8.2.2   中卫模式复杂产品系统质量协同的组成

复杂产品系统强调一定区域内组织之间的密切合作，即协同运作以实现系统内的高效率形成。任何一个中卫模式的复杂产品系统质量协同都具有自身独特的整合特征，它更强调企业之间的开放与交流、合作与互补、竞争与共赢的优势。这种模式避免了企业之间的恶性竞争，而是转向具有深度和广泛的合作关系，并加以协调以保证最优的效率。这样以核心企业为中心，通过顶层设计的质量协作，借由资源共享等优势，使产品的质量得以保证。

进行质量协同评价需要注意几个方面：一是坚持以协同思想作为中卫模式复杂产品系统质量协同评价研究的理论基础，聚焦整体效应。二是考虑中卫模式复杂产品系统是一个具有集聚特征的有机商业体，不仅包括中心企业和卫星企业，还囊括相关辅助企业、管理委员会、地区高校及科研组织等一系列不同职能的分支，这就需要对系统供应商和中心企业整体性的管理。三是考虑中卫模式复杂产品系统是以最终顾客的产品质量要求作为系统整体的目标，因此评价时需要基于此目标注重系统内成员的共同努力，尤其是跨企业的协同合作状态。质量协同是将企业之间的关系由竞争合作转变为协同合作，再进一步深化为协同发展，是一个逐步演变的过程，质量协同评价应涵盖多主体关系的评价。

8.2.3　中卫模式复杂产品系统质量协同的评价原则

（1）以顾客的最终需求为根本原则

质量协同的根本就是要以顾客的需求为核心，这是中卫模式复杂产品系统存在的重要原则。因此，评价应涉及能否满足顾客的需求，系统整体质量协同的操作流程、实施方案执行中顾客参与的过程深度，都是质量协同评价的重要组成。

（2）以提升产品质量为目标

复杂产品系统的质量协同是一个复杂的系统，参与者建立质量协同的最终目的是不断改善产品质量。因此对质量协同程度进行评价，必须考虑中间产品的质量状况，以及最终产品的质量。

（3）以核心企业为中心

核心企业是中卫模式复杂产品系统中各个卫星企业"环绕"的中心，是企业网络联盟举足轻重的节点。在复杂的复杂产品系统中，质量信息和质量活动看起来是多头而杂乱的，包括存在着各个企业质量标准不一致、质量理念不统一、质量方法不合理等一系列现象。但质量协同评价中的中心环节是核心企业，核心企业具备协调产品部分组件的集成功能，在一定范围内协调利益相关方的质量目标，是质量协同最终成果的重要组成。

（4）以全员参与为基础

为了确保质量协同在系统的顺利实现，必须发动系统内全员企业的参与。在复杂产品系统的框架下，全员参与不仅指系统内部的所有企业要参与，而且强调系统在进行质量协同体系的建立期间、质量活动的实施过程中，所有企业的全过程参与。

（5）以合作共赢为宗旨

复杂产品系统中存在着诸多利益相关方，它们之间在利益分配的基础上相互合作、彼此协调，在质量协同中表现为众多成员企业协同实现顾客的产品期待。因此，对系统质量协同的评价，要充分考虑成员企业在质量合作中获得的自身能力提升、盈利提升的可能。

8.3　中卫模式质量协同管理评价方法

8.3.1　质量协同管理评价指标体系的构建

复杂产品系统内部质量协同管理是对供应商、制造商、用户的质量意识、质量文化及质量管理习惯等进行整合，实现质量战略和文化协同、质量标准协同、质量过程协同、质量知识和信息协同，从而使整个复杂产品系统成为一个流动、高效和敏捷的质量管理通道。根据中卫复杂产品系统的特征，综合已有的研究成果，充分考虑对复杂产品系统总体质量有影响的各种质量管理活动，遵照科学性、全面性、指标易获性，以及既考虑协同过程又考虑协同结果等原则设计指标体系。

通过向专家咨询和与诊断对象访谈，最后确定由 4 个一级指标、11 个二级指标、28 个三级指标组成的质量协同管理评价指标体系，见表 8-2。

（1）质量战略及质量文化协同、质量策划协同与质量管理体系协同

1）质量战略及质量文化协同。核心企业与卫星企业之间质量战略及质量文化的协同是系统质量提升的重要保证。在此基础上，核心企业在质量协同过程中对卫星企业的带动性对质量协同的水平有重要影响。因为核心企业是整个系统的枢纽，不仅面对自身的质量建设，更要通过与卫星企业之间的有效协同，实现系统整体质量目标。本部分采用质量战略匹配性、质量文化一致性、核心企业对卫星企业质量工作的带动性等 3 个指标评价。

2）质量策划协同。质量策划主要包括质量方针制定、质量目标设立，以及实现质量目标的途径（质量过程策划）。核心企业与卫星企业之间不仅要在质量方针、质量目标上协同，核心企业还应对卫星企业质量策划提供指导，协助卫星企业实现质量目标。本部分采用质量方针一致性、质量目标一致性、核心企业对卫星企业质量策划的指导程度 3 个指标评价。

3）质量管理体系协同。杨（Yang）等和戈扎马尼（Gotzamani）等研究发现，ISO 9001 认证可以促进提升企业绩效，进而有助于企业之间的合作与沟通。企业通过质量管理体系认证并有效运行是企业产品质量的重要保证，核心企业和卫星企业质量管理体系的符合性会使双方的合作更加高效顺畅。本部分采用企业质量管理体系认证通过率、质量管理体系符合性、质量管理体系运行有效性等 3 个指标评价。

（2）质量知识协同与质量信息协同

1）质量知识协同。核心企业与卫星企业之间的交流更多体现在质量知识的分享与沟通上。代尔（Dyer）等研究表明，企业之间的知识共享是企业竞争性优势的来源。在中卫复杂产品系统发展初级阶段，质量知识的协同更多地体现为核心企业对卫星企业的质量管理培训和辅导上。本部分采用核心企业对卫星企业的质量知识培训频度、深度 2 个指标评价。

2）质量信息协同。翁（Wong）、范波克（Vanpoucke）等均提出企业之间的信息集成与分享有助于企业之间合作关系网络的构建。在激烈的市场竞争环境下，企业之间质量信息能否及时、准确地传递，关系到中卫复杂产品系统对外部市场的快速反应能力。本部分采用质量管理信息化水平、质量信息共享程度 2 个指标评价。

（3）质量形成过程协同

质量形成过程包括企业对用户的质量需求协同、产品研发过程质量协同、进货检验协同、制造过程质量协同四个环节。

1）质量需求协同。核心企业在新产品开发之前要进行充分的市场调研，确定顾客对新产品的质量需求，在此基础上确定质量目标，并将质量目标分解成对卫星企业产品的质量需求。本部分采用质量需求信息传递及时性及准确性、质量需求理解的一致性 2 个指标评价。

2）产品研发过程质量协同。产品质量首先取决于设计质量。核心与卫星企业协同设计开发的状态影响产品质量，本部分采用卫星企业参与核心企业产品研发程度、核心企业指导卫星企业产品研发程度 2 个指标评价。

3）进货检验协同。核心企业对卫星企业提供的产品检验方式包括全检、抽检及免检等，能够反映企业之间的业务频繁程度及相互信任程度，核心企业对卫星企业产品质量检测方法和质量标准的掌握程度将影响进货检验效率。本部分采用核心企业进货检验方式、对卫星企业产品质量检测方法和质量标准的掌握程度2个指标评价。

4）制造过程质量协同。在制造过程中，为了实现质量目标，核心企业要掌握卫星企业制造过程质量信息，及时沟通双方生产的变化情况，并积极参与解决卫星企业的质量问题。本部分采用核心企业对卫星企业制造过程质量信息的掌握程度、企业生产条件及方式变化沟通的及时性、核心企业对卫星企业制造过程中质量问题解决的参与程度3个指标评价。

（4）质量协同管理结果

本书通过对核心企业的4个指标（产品交付合格率、产品质量的竞争性、质量成本占销售收入比率、品牌市场认可度）、卫星企业的2个指标（产品交付合格率、质量成本占销售收入比率）构建质量协同管理结果指标。

综上，可以形成如表8-2所示的质量协同管理评价指标体系。

表8-2 质量协同管理评价指标体系

一级指标	二级指标	三级指标
质量战略及质量文化协同、质量策划协同、质量管理体系协同 A	质量战略及质量文化协同 A_1	质量战略匹配性 A_{11}
		质量文化一致性 A_{12}
		核心企业对卫星企业质量工作的带动性 A_{13}
	质量策划协同 A_2	质量方针一致性 A_{21}
		质量目标一致性 A_{22}
		核心企业对卫星企业质量过程策划的指导程度 A_{23}
	质量管理体系协同 A_3	质量管理体系认证通过率 A_{31}
		质量管理体系符合性 A_{32}
		质量管理体系运行有效性 A_{33}

（续）

一级指标	二级指标	三级指标
质量知识协同与质量信息协同 B	质量知识协同 B_1	核心企业对卫星企业的质量培训频度 B_{11}
		核心企业对卫星企业的质量培训深度 B_{12}
	质量信息协同 B_2	质量管理信息化水平 B_{21}
		质量信息共享程度 B_{22}
质量形成过程协同 C	质量需求协同 C_1	质量需求信息传递及时性及准确性 C_{11}
		质量需求理解的一致性 C_{12}
	产品研发过程质量协同 C_2	卫星企业参与核心企业产品研发程度 C_{21}
		核心企业指导卫星企业产品研发程度 C_{22}
	进货检验协同 C_3	核心企业进货检验方式 C_{31}
		对卫星企业产品质量检测方法和质量标准的掌握程度 C_{32}
	制造过程质量协同 C_4	核心企业对卫星企业制造过程质量信息的掌握程度 C_{41}
		企业生产条件及方式变化沟通的及时性 C_{42}
		核心企业对卫星企业制造过程中质量问题解决的参与程度 C_{43}
质量协同管理结果 D	卫星企业质量 D_1	产品交付合格率 D_{11}
		质量成本占销售收入比率 D_{12}
	核心企业质量 D_2	产品交付合格率 D_{21}
		产品质量的竞争性 D_{22}
		质量成本占销售收入比率 D_{23}
		品牌市场认可度 D_{24}

8.3.2 对质量协同评价指标体系的三角矩阵转化

在对评价对象进行评价时，需要确定相应的评价标准，将确定的评价指标转变为可供决策的评价结果，发挥评价指标的衡量作用。基于本书确定的评价指标体系，通过查阅文献和专家咨询，将各个评价指标分为 5 级，以定性或定量的语言对各个指标进行打分评价，1～5 分分别表示"非常差""较差""一般""较好"和"非常好"。将评价结果进行汇总后，得到的总体评价结果会在1～5 分的区间内，具体的质量协同管理判断标准见表 8-3。

表 8-3 质量协同管理判断标准

协同管理 R 值	说明
$4 < R \leqslant 5$	系统内质量协同程度非常高，各个子系统之间的质量活动有序，完全能够同步进行，彼此相互协调，合作紧密
$3 < R \leqslant 4$	系统内质量协同程度比较高，子系统的质量协作基本能够有序进行，但是协同程度不是十分紧密，仍有一定的提升空间
$2 < R \leqslant 3$	系统内质量协同程度一般，子系统之间有一定的协同趋势，系统整体的质量活动处于从无序到有序的演进过程
$1 \leqslant R \leqslant 2$	系统内质量协同程度很低，子系统之间基本没有质量协同效应

层次分析法（AHP）是一种传统的评价方法。其基本原理是将评价对象视为一个大系统。首先，对系统中的各个因素进行分析，将其中相关的因素分为几个有序的层次。其次，请专家对各个层次进行逐一比较判断，得到该层次中因素之间的相对重要性，并给出定量的评价结果。最后，基于专家评价结果构建判断矩阵，逐一计算每个层次内因素的权重值，然后进行一致性检验判断所建立的判断矩阵是否合理，检验通过则可以使用计算的权重，否则需再次构建判断矩阵。遵循上述评价步骤，可建立本书的评价步骤如下。

（1）引入三角模糊数判断矩阵

传统 AHP 的判断矩阵 A 中，元素 a_{ij} 表示因素 e_i 对因素 e_j 的重要程度，然而这种因素之间重要程度的判断往往具有一定的模糊性，这是因为专家的评价思维存在一定的模糊性且其评价语言同样存在一定的不确定性。为此引入三角模糊数判断矩阵。

三角模糊数用 $M=(l, m, u)$ 表示，式中，m 表示判断结果的最可能值，l 和 u 表示 m 的上下限，即判断结果的模糊程度。通过三角模糊数可以减少因评价思维的模糊和评价语言的不确定性造成的评价误差。三角模糊数 $M_1=(l_1, m_1, u_1)$，$M_2=(l_2, m_2, u_2)$，其运算规则如式（8-1）~式（8-3）所示。

$$M_1+M_2=(l_1+l_2, m_1+m_2, u_1+u_2) \qquad (8\text{-}1)$$

$$M_1 \cdot M_2=(l_1 \cdot l_2, m_1 \cdot m_2, u_1 \cdot u_2) \qquad (8\text{-}2)$$

$$M_1^{-1}=\left(\frac{1}{u_1}, \frac{1}{m_1}, \frac{1}{l_1}\right) \qquad (8\text{-}3)$$

三角模糊数 $M_{ij}=(l_{ij}, m_{ij}, u_{ij})$ 表示评价因素 e_i 对评价因素 e_j 的重要程度的判断结果，先用九级标度法评价标准，见表 8-4。m_{ij} 表示判断结果的最可能值，l_{ij} 和 u_{ij} 表示 m_{ij} 的上下区间，即判断结果的模糊程度。$M_{ji} = M_{ij}^{-1} = (1/u_{ij}, 1/m_{ij}, 1/l_{ij})$ 则表示 e_j 对 e_i 的重要性。

表 8-4 九级标度法评价标准

标度	定义	含义
1	同样重要	两个因素同样重要
3	稍微重要	一个因素比另一个因素稍微重要
5	明显重要	一个因素比另一个因素明显重要
7	强烈重要	一个因素比另一个因素强烈重要
9	极端重要	一个因素比另一个因素极端重要
2，4，6，8	相邻标度中值	表示相邻两标度之间折中时的标度
上述标度的倒数	反比较	e_i 对 e_j 的标度为 M_{ij}，e_j 对 e_i 的标度为 M_{ji}

1）建立单位模糊判断矩阵。设有 t 个对象进行评价，第 k 个 $(k=1, 2, \cdots, t)$ 将 n 个因素进行两两比较，全部比较完成后 $\left[\dfrac{n(n-1)}{2}次\right]$，得到模糊判断矩阵 $M^{(k)} = (M_{ij}^{(k)})_{n \times n}$，其中 $M_{ij}^{(k)} = (l_{ij}^{(k)}, m_{ij}^{(k)}, u_{ij}^{(k)})$。

2）整合单位模糊判断矩阵。对每个调查对象分别赋权重 r_k，通过三角模糊数运算可以将 t 个单位模糊判断矩阵整合为一个 $\boldsymbol{M} = (\boldsymbol{M}_{ij})_{n \times n}$ 的矩阵，任意一个因子可以表示为

$$
\begin{aligned}
\boldsymbol{M}_{ij} = (l_{ij}, m_{ij}, u_{ij}) &= \frac{1}{\sum\limits_{k=1}^{t} r_k} \left[\sum_{k=1}^{t} (l_{ij}^{k}, m_{ij}^{k}, u_{ij}^{k}) \cdot r_k \right] \\
&= \left[\frac{1}{\sum\limits_{k=1}^{t} r_k} \sum_{k=1}^{t} l_{ij}^{k} \cdot r_k, \frac{1}{\sum\limits_{k=1}^{t} r_k} \sum_{k=1}^{t} m_{ij}^{k} \cdot r_k, \frac{1}{\sum\limits_{k=1}^{t} r_k} \sum_{k=1}^{t} u_{ij}^{k} \cdot r_k \right]
\end{aligned}
\tag{8-4}
$$

（2）三角模糊判断矩阵的转化

将三角模糊数转化为非模糊数，可得到非模糊数判断矩阵，三角模糊数 $\boldsymbol{M}$ 的面积 $S(\boldsymbol{M}) = \int_{0}^{1} m(\boldsymbol{M}_{\alpha}) \mathrm{d}_{\alpha}$ 可替换这个三角模糊数，其几何意义为 $\boldsymbol{M}$ 的均值面积，如图 8-3 所示。

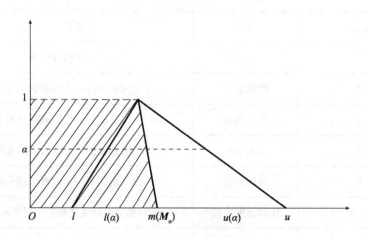

图 8-3　M 的均值面积

经过计算，三角模糊数 $M=(l, m, u)$ 的均值面积可以表示为

$$
S(\boldsymbol{M}) = \frac{l + 2m + u}{4}
\tag{8-5}
$$

通过一致性检验来判断评价者的评判思维是否一致，即计算一致性比率

$$CR = \frac{CI}{RI}$$

其中

$$CI = \frac{\lambda_{\max} - n}{n-1}, \lambda_{\max} = \frac{1}{n}\sum_{i=1}^{n}\left[\frac{\sum_{j=1}^{n} a_{ij}w_j}{w_i}\right]$$

RI 为随机一致性指标。若 $CR<0.1$，则表示判断矩阵 A 通过了一致性检验，否则需要调整一开始的判断矩阵 A。随机一致性指标 RI 的值与 n 的取值有关，可以通过查询随机一致性指标表获得。

（3）计算各层次、各因素的权重

考虑权重时，相关研究成果表明，权重排序的特征值方法为我们提供了确定评价指标权重的方法。其思路是：在某个评价目标下，对 m 个评价指标的重要程度进行两两比较，进而得到判断矩阵 A，在此基础上求出相应的特征向量 $W = (w_1, w_2, \cdots, w_m)^{\mathrm{T}}$，对特征向量做归一化处理即可得到各个评价指标的权重。本书选用序关系分析法确定权重。

8.3.3　基于序关系分析法确定质量协同评价指标权重

序关系分析法通过对评价指标的排序后，对比相邻的两个指标进而确定权重。如此一来，平衡了人们的主观判断和客观计算的结果，将定性分析和定量分析结合起来，使决策过程条理清晰、科学客观。序关系分析法确定评价指标权重分两步：

（1）寻找专家

建立序关系寻找 N 位质量管理相关方面的专家，专家通过评价指标的重要程度进行排序建立序关系，并给出相邻的两个评价指标的相对重要程度比值，具体见表 8-4。

（2）获取评价指标的权重值

1）确定关系。针对某一评价指标或准则，当评价指标 x_i 的重要程度高于或不低于 x_j 时，记为 $x_i \succ x_j$。以此类推，如果评价指标 $x_1, x_2, \cdots, x_m$ 存在式（8-6），

那么称评价指标 $x_1, x_2, \cdots, x_m$ 确立了序关系。

$$x_1^* \succ x_2^* \succ \cdots \succ x_m^* \qquad (8\text{-}6)$$

2）比较评价指标 x_{k-1} 和 x_k 的相对重要程度。设专家关于 x_{k-1} 与 x_k 与相对重要性程度比值的理性判断为 w_{k-1}/w_k，则有

$$w_{k-1}/w_k = r_k, \ k = 2, 3, \cdots, m \quad m \geqslant 2 \qquad (8\text{-}7)$$

当 m 为较大值时，序关系取 $r_m=1$。其中，r_k 的赋值可参考表 8-5。

表 8-5　r_k 赋值参考表

r_k	说明
1.0	指标 x_{k-1} 与指标 x_k 具有同样重要性
1.2	指标 x_{k-1} 比指标 x_k 稍微重要
1.4	指标 x_{k-1} 比指标 x_k 明显重要
1.6	指标 x_{k-1} 比指标 x_k 强烈重要
1.8	指标 x_{k-1} 比指标 x_k 极端重要

3）按式（8-8）可以计算权重系数

$$w_m = \left(1 + \sum_{k=2}^{m} \prod_{i=k}^{m} r_i\right)^{-1} \qquad (8\text{-}8)$$

8.4　质量协同管理评价算例

本算例目的是为某中卫模式复杂产品系统进行质量协同管理评价。聘请了 15 名生产管理领域的专家作为调查对象，并为专家提供用于打分说明的基本信息，具体包括指标解释见表 8-3、打分说明见表 8-5、质量协同管理评价指标体系见表 8-6。

（1）请专家进行评估

基于评价指标体系中各个评价指标的内涵，专家们可以根据自己的行业经验，对各个评价指标的重要程度进行判断，进而确定评价中的指标层级。再根据打分标度和序关系，专家即可判断不同指标的重要程度，形成专家评估打

分结果。本算例中的评价工作人员则对每一个打分值记为 m，根据打分形成的模糊程度获得 m 值的上下限，即 l 和 u。

表 8-6　某中卫模式质量协同管理评价指标体系

目标	一级指标	二级指标	三级指标
质量协同 S	时间协同 T	生产信息共享 T_1	信息化技术应用程度 T_{11}
			生产信息共享度 T_{12}
			生产信息可用性 T_{13}
		生产过程协同 T_2	生产计划同步性 T_{21}
			生产过程柔性 T_{22}
			生产达成率 T_{23}
		产品交付 T_3	供货提前期 T_{31}
			准时交货率 T_{32}
	品质协同 Q	品质协同基础 Q_1	质量认证通过率 Q_{11}
			质量信息共享度 Q_{12}
		品质管理协同 Q_2	质量设计协同性 Q_{21}
			质量控制协同性 Q_{22}
			质量改进协同性 Q_{23}
		产品品质 Q_3	产品一次交检合格率 Q_{31}
			产品抽检合格率 Q_{32}
			交付合格率 Q_{33}
	成本协同 C	成本协同基础 C_1	采购成本标准共享度 C_{11}
			合作关系的稳定性 C_{12}
		成本管理协同 C_2	成本管理体系的完整性 C_{21}
			成本控制的协同性 C_{22}
			成本辅导训练程度 C_{23}
		产品成本 C_3	零件供应价格合理性 C_{31}
			产成品成本水平的竞争力 C_{32}

对专家命名为 P_i（$i=1, 2, 3, \cdots, 15$），共 15 张打分表，每张打分表中有 1 个一级指标矩阵（S）、3 个二级指标矩阵（T、Q、C）和 9 个三级指标矩阵（T_1、

T_2、T_3、Q_1、Q_2、Q_3、C_1、C_2、C_3），共 13 个模糊判断矩阵。汇总相关信息后，可得到 15 位专家对一级指标 S 矩阵的打分结果，如表 8-7 所示。

表 8-7 15 位专家对一级指标 S 矩阵的打分结果

S		T			Q			C		
		l	m	u	l	m	u	l	m	u
P_1	T	1.000	1.000	1.000	2.000	3.000	1.000	1.000	2.000	6.000
	Q	0.250	0.333	0.500	1.000	1.000	1.000	1.000	1.000	1.000
	C	0.167	0.200	0.250	1.000	1.000	1.000	1.000	1.000	1.000
P_2	T	1.000	1.000	1.000	1.000	1.000	1.000	1.000	2.000	3.000
	Q	1.000	1.000	1.000	1.000	1.000	1.000	1.000	2.000	3.000
	C	0.333	0.500	1.000	0.333	0.500	1.000	1.000	1.000	1.000
P_3	T	1.000	1.000	1.000	1.000	1.000	1.000	1.000	1.000	1.000
	Q	1.000	1.000	1.000	1.000	1.000	1.000	1.000	1.000	1.000
	C	1.000	1.000	1.000	1.000	1.000	1.000	1.000	1.000	1.000
P_4	T	1.000	1.000	1.000	1.000	3.000	1.000	0.143	0.200	0.333
	Q	0.250	0.333	1.000	1.000	1.000	1.000	0.115	0.143	0.167
	C	3.000	2.000	7.000	6.000	7.000	10.000	1.000	1.000	1.000
P_5	T	1.000	1.000	1.000	0.500	0.500	1.000	0.333	0.500	1.000
	Q	1.000	2.000	2.000	1.000	1.000	1.000	0.250	0.333	0.500
	C	1.000	2.000	3.000	2.000	3.000	1.000	1.000	1.000	1.000
P_6	T	1.000	1.000	1.000	2.000	2.000	6.000	3.000	3.000	1.000
	Q	0.167	0.200	0.200	1.000	1.000	1.000	0.250	0.333	0.333
	C	0.250	0.333	0.333	3.000	3.000	1.000	1.000	1.000	1.000
P_7	T	1.000	1.000	1.000	1.000	1.000	3.000	1.000	3.000	3.000
	Q	0.333	0.333	1.000	1.000	1.000	1.000	1.000	2.000	2.000
	C	0.333	0.333	1.000	0.500	0.500	1.000	1.000	1.000	1.000

（续）

S		T			Q			C		
		l	*m*	*u*	*l*	*m*	*u*	*l*	*m*	*u*
P_8	T	1.000	1.000	1.000	1.000	2.000	6.000	6.000	7.000	10.000
	Q	0.167	0.200	0.250	1.000	1.000	1.000	1.000	2.000	6.000
	C	0.115	0.143	0.167	0.167	0.200	0.250	1.000	1.000	1.000
P_9	T	1.000	1.000	1.000	0.200	0.333	0.500	2.000	3.000	1.000
	Q	2.000	3.000	2.000	1.000	1.000	1.000	1.000	2.000	6.000
	C	0.250	0.333	0.500	0.167	0.200	0.250	1.000	1.000	1.000
P_{10}	T	1.000	1.000	1.000	1.000	1.000	2.000	2.000	3.000	1.000
	Q	0.500	1.000	1.000	1.000	1.000	1.000	2.000	3.000	1.000
	C	0.250	0.333	0.500	0.250	0.333	0.500	1.000	1.000	1.000
P_{11}	T	1.000	1.000	1.000	0.333	0.200	0.143	0.143	0.200	0.250
	Q	7.000	2.000	3.000	1.000	1.000	1.000	2.000	3.000	2.000
	C	2.000	7.000	0.500	0.333	0.200	1.000	1.000	1.000	1.000
P_{12}	T	1.000	1.000	1.000	0.143	0.200	0.333	2.000	3.000	1.000
	Q	3.000	2.000	7.000	1.000	1.000	1.000	2.000	7.000	9.000
	C	0.250	0.333	0.500	0.111	0.143	0.200	1.000	1.000	1.000
P_{13}	T	1.000	1.000	1.000	6.000	10.000	9.000	2.000	6.000	10.000
	Q	0.111	0.115	0.167	1.000	1.000	1.000	0.200	0.250	0.500
	C	0.115	0.167	0.200	2.000	1.000	2.000	1.000	1.000	1.000
P_{14}	T	1.000	1.000	1.000	1.000	1.000	1.000	3.000	2.000	1.000
	Q	1.000	1.000	1.000	1.000	1.000	1.000	2.000	1.000	3.000
	C	1.000	0.500	0.333	0.333	0.250	0.200	1.000	1.000	1.000

（续）

S		T			Q			C		
		l	m	u	l	m	u	l	m	u
P_{15}	T	1.000	1.000	1.000	2.000	3.000	2.000	1.000	2.000	7.000
	Q	0.200	0.333	0.500	1.000	1.000	1.000	0.200	0.333	0.500
	C	0.143	0.200	0.250	2.000	3.000	2.000	1.000	1.000	1.000

（2）综合评价

按照相同的算法处理 13 个矩阵，并设每位调查对象一样重要（ $r_k = 1/15$ ， $k = 1, 2, \cdots, 15$ ），然后根据式（8-1）～式（8-6）对上述矩阵进行模糊判断矩阵整合，得到 15 位专家的 S 矩阵综合评价结果，见表 8-8。

表 8-8　15 位专家的 S 矩阵综合评价结果

S	T			Q			C		
	l	m	u	l	m	u	l	m	u
T	1.000	1.000	1.000	1.745	2.349	2.932	2.3011	2.927	3.639
Q	1.199	1.391	1.641	1.000	1.000	1.000	2.002	2.293	2.600
C	0.1115	1.092	1.536	1.291	1.631	2.107	1.000	1.000	1.000

对表 8-8 中的三角模糊数进行计算处理，得到非模糊判断矩阵，见表 8-9。

表 8-9　S 非模糊判断矩阵

S	T	Q	C
T	1.000	2.344	2.950
Q	1.405	1.000	2.297
C	1.134	1.665	1.000

对表 8-9 进行互反处理，可以计算得到互反判断矩阵，见表 8-10。

表 8-10 S 互反判断矩阵

S	T	Q	C
T	1.000	1.291	1.613
Q	0.774	1.000	1.175
C	0.620	0.1151	1.000

同样地,与一级指标矩阵 S 的处理过程一样,将其他 12 个模糊判断矩阵进行非模糊化和互反处理,得到 12 个类似表 8-10 的互反判断矩阵。

(3)确定权重

采用层次分析法确定评价指标的权重,上述处理所得的 13 个互反判断矩阵即为层次分析法的初始判断矩阵。考虑到这些矩阵的形式一样,同样以一级指标矩阵 S 为例,进行确定权重,并进行一致性检验。利用相关公式计算后,确定权重和一致性检验,可得到 S 矩阵权重计算过程及一致性检验结果,见表 8-11。

表 8-11 S 矩阵权重计算过程及一致性检验

S	T	Q	C	w_i'	w_i
T	1.000	1.291	1.613	1.277	0.4111
Q	0.774	1.000	1.175	0.969	0.317
C	0.620	0.1151	1.000	0.110	0.265

由表 8-11 可知 $CR = 0.00036 \leqslant 0.1$,故判断矩阵 S 通过一致性检验,并且 T(时间)、Q(质量)和 C(成本)的权重矩阵为 [0.441, 0.21111, 0.271]。

同样的,与矩阵 S 的计算过程一样,其他 12 个矩阵的权重和一致性检验结果可依次获得类似表格。其中表格左侧的判断矩阵表示其他 12 个模糊判断矩阵进行非模糊化和互反处理后得到的结果,w_i' 表示利用根法求解指标权重的计算过程,w_i 表示矩阵内各个指标的权重计算结果,λ_{max} 表示判断矩阵的最大特征根,方便进行判断矩阵的一致性检验。

对于二阶判断矩阵,因为专家只需要通过一次比较即可判断,故不需要考虑出现一致性混乱,无需进行一致性检验。三阶及以上的判断矩阵则需要通过计算 CR 的结果并检验其是否在可接受范围内(本例中三阶矩阵均满足

$CR < 0.1$，即所有判断矩阵都通过一致性检验）。将以上权重结果进行汇总，得到复杂产品系统质量协同管理评价体系各级指标的权重，见表 8-12。

表 8-12　复杂产品系统质量协同管理评价指标权重

目标	一级指标	二级指标	三级指标
质量协同 S	时间协同 T（0.4111）	生产信息共享 T_1（0.311）	信息化技术应用程度 T_{11}（0.265）
			生产信息共享度 T_{12}（0.352）
			生产信息可用性 T_{13}（0.3113）
		生产过程协同 T_2（0.361）	生产计划同步性 T_{21}（0.342）
			生产过程柔性 T_{22}（0.315）
			生产达成率 T_{23}（0.343）
		产品交付 T_3（0.3211）	供货提前期 T_{31}（0.301）
			准时交货率 T_{32}（0.699）
	品质协同 Q（0.317）	品质协同基础 Q_1（0.263）	质量认证通过率 Q_{11}（0.561）
			质量信息共享度 Q_{12}（0.439）
		品质管理协同 Q_2（0.2611）	质量设计协同性 Q_{21}（0.379）
			质量控制协同性 Q_{22}（0.346）
			质量改进协同性 Q_{23}（0.275）
		产品品质 Q_3（0.469）	产品一次交检合格率 Q_{31}（0.305）
			产品抽检合格率 Q_{32}（0.331）
			交付合格率 Q_{33}（0.364）
	成本协同 C（0.265）	成本协同基础 C_1（0.271）	采购成本标准共享度 C_{11}（0.413）
			合作关系的稳定性 C_{12}（0.5117）
		成本管理协同 C_2（0.294）	成本管理体系的完整性 C_{21}（0.422）
			成本控制的协同性 C_{22}（0.374）
			成本辅导训练程度 C_{23}（0.204）
		产品成本 C_3（0.435）	零件供应价格合理性 C_{31}（0.459）
			产成品成本水平的竞争力 C_{32}（0.541）

（4）按照算法得到评价结果

根据指标权重，可以得到复杂产品系统质量协同管理程度 S 的计算公式，如式（8-9）所示。

$$
\begin{aligned}
S &= 0.411T + 0.317Q + 0.265C \\
&= 0.411(0.311T_1 + 0.361T_2 + 0.3211T_3) + 0.317(0.263Q_1 + 0.2611Q_2 + \\
&\quad 0.469Q_3) + 0.265(0.271C_1 + 0.294C_2 + 0.435C_3) \\
&= 0.411(0.311(0.265T_{11} + 0.352T_{12} + 0.3113T_{13}) + 0.361(0.342T_{21} + \\
&\quad 0.315T_{22} + 0.343T_{23}) + 0.3211(0.301T_{31} + 0.699T_{32})) + \\
&\quad 0.317(0.263(0.561Q_{11} + 0.439Q_{12}) + 0.2611(0.379Q_{21} + 0.346Q_{22} + \\
&\quad 0.275Q_{23}) + 0.469(0.305Q_{31} + 0.331Q_{32} + 0.364Q_{33})) + \\
&\quad 0.265(0.271(0.413C_{11} + 0.5117C_{12}) + 0.294(0.422C_{21} + \\
&\quad 0.374C_{22} + 0.204C_{23}) + 0.435(0.459C_{31} + 0.541C_{32}))
\end{aligned} \tag{8-9}
$$

8.5　优化管理建议

8.5.1　对质量协同作用机理的研究结论

中卫模式复杂产品系统内各组织有机结合形成一个整体，其质量协同作用机理，如图 8-4 所示。

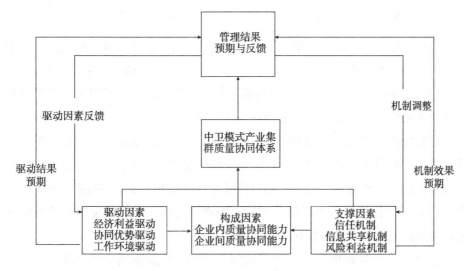

图 8-4　中卫模式复杂产品系统质量协同作用机理

这种有机结合的网络结构下，系统的质量协同体系主要为企业内部和企业之间两方面的质量协同能力，这两方面都很重要。企业内部的质量协同能力是企业之间能够实现质量协同的基础，每个企业的质量管理风格不尽相同，一个企业其产品质量的形成会同时涉及企业内的不同部门，产品质量从需求分析、特性设计、控制到改善等环节，都离不开各个部门的协同运作，因此企业要进行质量流程、活动等的顶层协调与控制。企业之间的质量协同则是基于企业内部的质量协同，是质量协同的主要构成，系统内众多中小企业提供的产品质量将决定主要产品的质量，企业之间的质量标准、质量原则、质量方针等均可能存在差异。如此一来，如果这些企业存在供需关系，将会引发对产品质量的矛盾和冲突，造成不必要的损失。反之，如果各企业的产品质量在各方面得到统一，如此一来，产品系统的竞争力和经营效率一定能够得到提高。

为了实现企业内部和企业之间的质量协同，管理者要对系统进行合理的设计，应规划复杂产品系统中企业的进出规则，因为它是一个企业地理系统的经济发展模式。这一体系中各个企业的入驻首先是源自经济利益的驱动，同时可能存在协同优势和工作环境等优势特征的吸引，这些优势特征促进系统逐步发展。还应建立信任、信息共享和风险利益等各种机制作为系统支撑因素，通过合理的利益分配机制驱动所有企业协同发展，保证系统的整体发展。

8.5.2 注重协同质量管理的关键环节：建立信任机制

在中卫模式下，首先需要建立信任机制，这是系统中企业之间实现双赢的保障，是企业相互合作的基础。信任可以在一定程度上降低企业合作的成本，是一种无形的"生产力"，如果企业相互信任，则核心企业可以大大降低其对卫星企业的监督和激励成本，进而使系统整体的运行成本得到降低。而且，信任可以减少系统中企业之间的协商谈判环节，企业之间交易更加灵活高效，使系统整体的敏捷度得到提升。不仅如此，信任是可以感染的，企业之间的信任程度可能会因过于苛刻的监督机制而削减，使彼此的关系受到损害。相反，企业之间良好的信任关系可以促使它们不断进行合作交流，推动整个系统的发展。质量协同管理的信任机制如图 8-5 所示。

企业在合作过程中有一个很重要的手段——质量协同中的信息共享。共享的信息包括产品质量特性、技术规范、标准，质量管理的流程及其所采用的工具方法，内部的质量管理信息，外部的市场信息等诸多信息。通过企业之间的信息共享，系统内的各家企业可以更快地对市场变化做出反应，有效降低企业之间合作过程中的交流障碍和交易成本，促使企业之间更加信任。然而，在实际系统中企业的信息共享并非毫无顾虑，存在着一些阻碍因素。例如，在信息不对称的情况下，企业可以利用其获利，并且为了避免竞争对手掌握自身企业的信息，影响其占据市场主导地位，企业不愿意共享自己的信息。不仅如此，信息传递的安全性和保密性、企业之间的利益分配机制、信息设施的建设等问题都有可能成为进行信息共享的阻碍。基于这些考虑，建立企业之间的信息共享机制需要各个企业齐心协力、共同努力，需要系统管理平台对信息共享的大力支持，凭借着企业之间的相互信任，通过信息系统、网络技术、数据库等各种技术手段进行支撑，实现企业之间的信息共享，保证系统的健康发展。

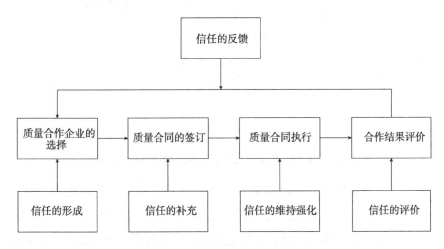

图 8-5　中卫模式复杂产品系统质量协同管理的信任机制

8.5.3　重构协同质量管理的信息管理系统

中卫模式下的复杂产品系统质量协同，也需要信息管理系统的重构，尤其要注重信息平台的建设。信息平台在信息管理中承担着中介、传媒和中枢的作用，将各种信息通过计算机协同工作、数据库和计算机网络等技术手段，按照系统内质量协同的特有要求和对应技术，实现质量信息在各个渠道中的交流。

绘制出如图 8-6 所示的中卫模式复杂产品系统质量协同管理的信息结构。

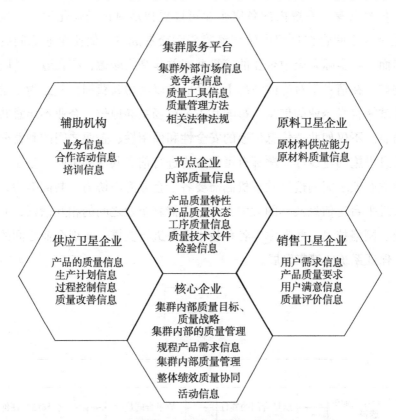

集群服务平台
集群外部市场信息
竞争者信息
质量工具信息
质量管理方法
相关法律法规

辅助机构
业务信息
合作活动信息
培训信息

原料卫星企业
原材料供应能力
原材料质量信息

节点企业
内部质量信息
产品质量特性
产品质量状态
工序质量信息
质量技术文件
检验信息

供应卫星企业
产品的质量信息
生产计划信息
过程控制信息
质量改善信息

销售卫星企业
用户需求信息
产品质量要求
用户满意信息
质量评价信息

核心企业
集群内部质量目标、
质量战略
集群内部的质量管理
规程产品需求信息
集群内部质量管理
整体绩效质量协同
活动信息

图 8-6　中卫模式复杂产品系统质量协同管理的信息结构

在这一信息结构中，核心企业和卫星企业都有可能成为结构中心的节点企业，与周围的各个相关组织相连，即图 8-6 中所示的集群服务平台、辅助机构、供应卫星企业、核心企业、销售卫星企业，以及原料卫星企业等，它们自身和相互传递的质量信息都是质量协同信息管理系统的组成部分。

8.5.4　完善中卫模式复杂产品系统的质量协同信息管理组织结构

基于系统中各个企业对质量活动的需求，参考朱兰提出的质量计划、质量控制和质量改进"质量三部曲"理论，结合中卫模式具有的质量信息传递特征，可建立中卫模式复杂产品系统的质量协同管理信息系统模型，如图 8-7 所示。

这一模型具有收集、发布和查询质量信息的功能，集中系统所有的信息资源，收集系统内的各个企业及其顾客中的相关质量信息，并对其做一定的梳理、分析，同时将某些信息反馈给特定的企业，促进系统内质量信息的有效流动。这些质量信息有企业内的质量信息，如质量检测结果、质量数据的收集与分析等，也有企业之间合作的质量信息，如质量战略、质量目标、企业之间的互动、跨企业质量活动的协调、系统内质量数据的统计分析等。这一信息管理平台主要包括 4 个子系统——分别是计划、控制、评价、改进子系统，这 4 个子系统集成于管理信息系统平台，集合了相互联系与反馈机制功能的系统。

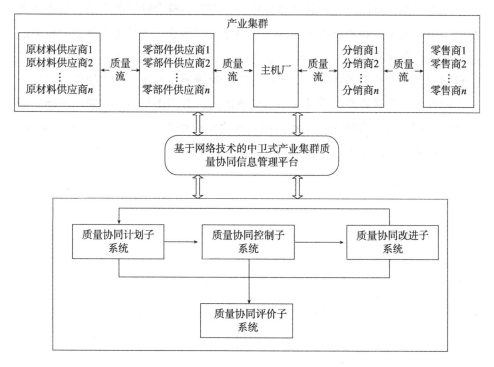

图 8-7　中卫模式复杂产品系统的质量协同管理信息系统模型

在 4 个子系统中，计划子系统可以保证系统整体质量计划的步调一致性，质量目标由核心企业同卫星企业在信息充分交流后达到信息对称共同制定，如此一来各个企业才能认可这一质量目标，并努力完成它。以统一的质量战略指导系统内各企业，各企业分享自身企业内部的产品质量计划，包括合作产品的质量标准、质量特征、相关零部件的图纸和参数等各种质量信息。

控制子系统可以协调系统内各企业设计、生产和运输等环节发生的质量活动，其主要根据质量协同计划和平台上的相关质量信息，利用一些质量工具如实时监测系统、控制图等，再结合各企业内的质量检验和生产活动信息进行协调。达到使卫星企业生产的产品符合核心企业的质量需求、系统生产的产品满足顾客的质量需求这一目标。

评价子系统可以对系统中质量协同所存在的缺陷部分进行诊断，结合质量协同的评价指标体系，对其进行评价，发现存在的问题并采取分析和改进等措施。

改进子系统可以改进产品的质量缺陷，使其更符合顾客的需求。收集顾客对产品质量的反馈和系统内企业的交流信息，归纳总结产品质量问题的相关信息，通过各企业共同努力，采取合理有效的质量改进方法解决问题，并将这些信息同步反馈至计划子系统，防止这些质量问题重复出现，造成损失。改进子系统内有各种常见的产品质量缺陷、失效信息，并列出存在这些缺陷可能的潜在原因和相应的改进措施，发布以往企业之间合作实现质量改进的成功案例，促进产品质量的持续改善。

第9章

基于 TPS 的复杂产品系统生产协同管理评价方法

复杂产品系统生产协同管理的研究成果，主要源于区域经济、复杂产品系统及虚拟系统、系统工程研究的相关成果，目前的研究主要聚焦于生产协同、物流协同的机理研究和协同效应研究。研究取得的主要进展包括：李辉等人借助经济学相关的知识和原理，对系统协同效应所产生的机理进行剖析，最终发现生产协同效应涉及的内容主要有分工协同、集聚协同、竞争协同和制度协同；西蒙娜·亚马力诺（Simona Iammarino）等人对企业系统内部结构进行了探讨，并从交付、技术和知识外溢等方面对不同企业之间的配合机理进行了深入研究；王青等人分别对汽车生产商和供应商与 OEM 之间的生产协同关系进行了分析，并发现了协同管理在企业生产过程中的一些关键的绩效指标；乔斯·A. 切罗尼（Jose A. Ceroni）对新兴经济的发展趋势进行了分析并阐述了生产协同系统的应用；薛辉通过对一些客户比较关注的物流因素构建协同模型；林（Lin）等人考虑到战略联盟的重要性，对复杂系统的合作机制进行了深入研究，并且系统性地对比了网络嵌入式治理机制和正式管理机制的优势和劣势。

丰田生产方式（Toyota Production System，TPS）理论是一套广泛应用于企业生产车间的管理工具，其核心思想是"精益"生产，通过对企业内各个组织和部门的资源进行有效的整合，提高企业的生产效率和产品质量并降低成本。

9.1 研究思路

9.1.1 TPS 生产协同管理的内涵

很多学者在研究相关生产绩效、评价时，借鉴了 TPS 的精益生产思想，并使用不同的指标以表征精益生产的内核。例如，齐二石对精益生产管理中所涉及的一些核心要素进行了总结，在此基础上提出了基于 5S 管理、看板管理、设备快速转换、设备布局、多能员工、自动化、标准化作业、全面质量管理、持续改善等 9 个方面的评价指标体系。张根保构建了制造业 TPS 管理模型，并以长安汽车为例进行了剖析，提出了具有重要意义的指标体系，并确定了与之对应的 6 个关键的评价维度，包括质量、交付、成本、环境、安全和员工士气等。牛占文结合 TPS 的具体实施效果，强调企业应重点关注生产线、生产车间、生产活动，以及设计阶段的精益化管理。黄瀚从供应商的角度出发，研究并提出了 TPS 考核指标体系。张洪亮选择了组织人员、生产流程、改善文化和动态适应等 4 个维度作为主要指标构建评价体系，对 TPS 在企业中的实施现状和应用效果进行了全面的研究。魏鹏飞提出了人员、技术、环境和文化的评价体系，等等。

9.1.2 TPS 生产管理体系与复杂产品系统生产协同评价的关联关系

TPS 的技术体系如图 9-1 所示。

将复杂产品系统生产协同管理与 TPS 的内核进行对比，可以发现：复杂产品系统生产协同管理与 TPS 的目标与核心内容是一致的，但在追求目标、核心内容和应用对象上有所不同，见表 9-1。

表 9-1　复杂产品系统生产协同管理与 TPS

项目	复杂产品系统生产协同管理	TPS
追求目标	降低成本、提高品质、快速反应	高质量、低成本、高效率
核心内容	中心企业与卫星企业有计划地密切配合，共同推动管理与技术的改进，努力提高产品品质，降低生产成本，以提高整个中心卫星企业体系的生产力	应用 TPS 工具消除中断、提高生产系统柔性、缩短换型时间与生产提前期、消除浪费
应用对象	复杂产品系统企业之间	企业内部及相关企业之间

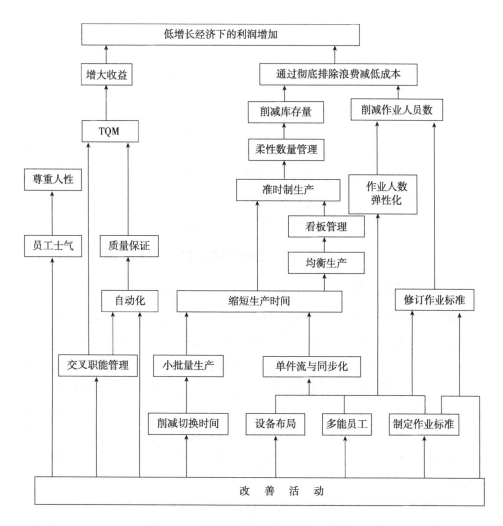

图 9-1　TPS 技术体系

9.1.3　基于 TPS 的复杂产品系统生产协同评价研究概念模型

本书参考"丰田屋"模型，构建基于 TPS 的复杂产品系统生产协同图示，称为"生产协同屋"，如图 9-2 所示。"生产协同屋"是以集群整体的效益提升和竞争力增强为目的，其持续改善主要涉及生产协同的三个维度：准时制生产、全面质量管理和全面成本合理化。这三个维度即对应着生产协同管理评价指标体系中"时间、质量、成本协同"三个评价维度。

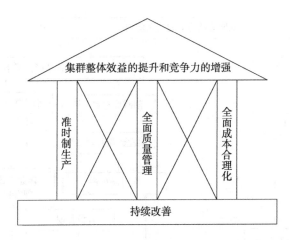

图9-2　基于 TPS 的复杂产品系统生产协同屋

9.1.4　研究技术路线

复杂产品系统生产协同管理，聚焦点在于系统网络内企业之间的联系，而 TPS 使用的范围更广，在企业内部和企业之间都有应用。在这一个层面上，TPS 的完整管理体系，尤其是涉及企业之间协作管理的理论和方法，可以扩展应用到复杂产品系统生产协同管理评价思想中。尤其是在中卫体系结构中，复杂产品系统内企业之间联系的主线就是生产，而企业之间生产协同的好坏直接影响到系统整体的协同效果，卫星企业随时准备着为核心企业提供所需服务或原料的过程，类似某个正在进行生产的企业生产流水线上相邻工序之间的原材料流动。

本书将 TPS 思想引入复杂产品系统生产协同管理评价中，首先聚焦于如何将系统内存在供应关系的相关企业对应到生产线上的相邻工序，再应用 TPS 技术体系中的相关管理工具衡量系统内企业之间的生产协同过程。其内涵是在复杂产品系统内，使用 TPS 精益生产的思想及工具（以准时制思想衡量数量和时间效率、以全面质量管理工具衡量质量水平、以全面成本合理化工具衡量生产价格优势），用以衡量复杂产品系统主体之间在时间、质量、成本等方面的协同状态。本书采用的技术路线如下。

1）明确复杂产品系统全流程生产协同的因素。

2）将流程分析因素和系统的 KPI 指标相结合，确定生产协同评价指标。

3）运用模糊层次分析法确定评价指标权重。

4）运用模糊算法确定生产协同管理评价结果。

9.2　复杂产品系统生产协同管理评价模型

9.2.1　系统生产协同管理评价指标体系的初步构建

本书面向中卫模式复杂产品系统生产协同评价模型。中卫模式是一种其他卫星企业环绕在核心企业周围并为其提供服务运作的一种网状模式。在中卫模式下，各卫星企业之间的合作非常紧密，尤其是在质量活动方面。为了使实际的研究更加科学合理，选择基于核心企业和卫星企业所形成的中卫模式作为本书的评价对象。本书重点关注中卫模式下企业之间的生产协同，通过计算核心企业与卫星企业之间相互合作所产生的时间、质量，以及成本等相关信息，可以得到中卫模式下 n 组企业生产协同管理的综合绩效。对于企业整个系统的生产协同管理，其实也就是对中卫模式下的每一组具有合作关系的企业之间的协同管理，核心企业与任意一个卫星企业的生产协同管理内容及流程如图 9-3 所示。据此可以构建评价模型。

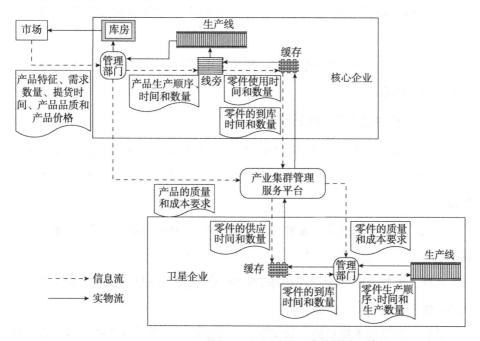

图 9-3　基于 TPS 的系统生产协同管理内容及流程

复杂产品系统生产协同管理评价体系可以分为三个层次。

第一层次主要是从系统的整体性出发，将生产协同管理作为终极目标，通过对生产管理的流程分析和生产绩效的 KPI 分析，挖掘出达到该终极目标的关键因素。参考以往的研究成果，确定时间、质量和成本是复杂产品系统生产协同管理评价体系的第一层次评价指标，即一级指标。

第二层次主要是对时间协同、质量协同和成本协同三个指标的详细划分，该层次同样通过对生产管理的流程分析和生产绩效的 KPI 分析相结合的方法对三个指标进行分解，从而将一级指标转化成更加细化的二级指标。

第三层次主要是对细化后的二级指标进行解释，从不同的角度对二级指标再一次进行系统整体地划分。首先，阅读之前学者写的相关文献，总结出前人针对时间、质量和成本绩效领域一些比较常见的评价指标。在此过程中可以参考 TPS 绩效评价的相关文献，如拉赫那沙阿（Rachan Shah）等人根据已有的相关研究，把 TPS 绩效评价体系中 49 个细化的指标分为 9 个大类，进一步从时间、质量和成本三个方面对 TPS 的应用现状和实施效果进行综合评价。

通过以上三个步骤的逐层分解，形成了本书所要构建的一套完整的生产协同管理评价体系。

（1）生产时间协同指标分解

准时、高效是本书中生产协同管理的关键目标，然而最终是否能够实现准时交付只是作为一种协同管理的度量结果，这个结果取决于协同管理的相关过程。

首先，通过对一系列的流程进行分析，可以得到协同绩效随时间变化的积累过程。

其次，根据 KPI 原理发现在每个流程中涉及的一些核心要素，即生产信息共享、生产过程协同和产品交付。

最后，总结前人提供的大量文献，并考虑系统自身所具备的一些特点，确定最终协同管理过程绩效的核心要素，如图 9-4 所示。

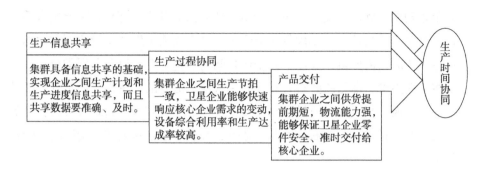

图 9-4 协同管理过程绩效的核心要素

上述研究内容可细分为三个层级的生产时间协同评价指标体系，见表 9-2。

表 9-2 生产时间协同评价指标体系

一级指标	二级指标	三级指标	指标说明
生产时间协同	生产信息共享	信息化技术应用程度	考察系统企业信息共享的技术基础
		生产信息共享度	考察生产计划和进度等信息的共享程度
		生产信息可用性	考察信息系统中数据的准确性和及时性
	生产过程协同	生产计划同步性	考察核心企业与卫星企业能否同步生产
		生产过程柔性	考察卫星企业对核心企业需求变化的适应性
		生产达成率	考察卫星企业按订单准时生产的能力
	产品交付	供货提前期	考察核心企业与卫星企业的物流协调能力
		准时交货率	考察零件交付的及时性

（2）生产质量协同指标分解

产品质量是一个逐渐改变和发展并积累的过程，本书尝试从质量协同基础、质量管理协同和产品交付质量三个不同的方面对其进行评价，主要包含质量认证通过率、质量信息共享度等 8 个要素。对企业关于生产质量协同方面的绩效进行评价时，需要重点关注不同企业之间的质量交互，以及共同配合过程中的一些关键要素。常见的要素有标准的一致性、信息的共享性、质量管理活动情况等，然而，当考虑到质量领导和质量文化等比较宏观的管理要素时，则需要通过一些间接的测量指标来衡量。表 9-3 为本书建立的生产质量协同评价指标体系。

表 9-3　生产质量协同评价指标体系

一级指标	二级指标	三级指标	指标说明
生产质量协同	生产质量协同基础	质量认证通过率	产品总体质量按照国际和国内标准的评价
		质量信息共享度	核心企业与卫星企业的质量情况交互情况
	质量协同管理	质量设计协同性	核心企业与卫星企业的产品设计质量协同性
		质量控制协同性	核心企业与卫星企业的质量控制协同性
		质量改进协同性	核心企业与卫星企业的质量改进同步性
	产品交付质量	产品一次交验合格率	生产协同的最直接表征指标
		产品抽检合格率	生产协同的产品质量表现
		客户投诉率	市场对产品质量的评价

（3）生产成本协同指标分解

管理的核心目的是使企业的生产成本降低，TPS 管理技术中除了一些比较常见的成本管理工具，通常还可以选择一些其他的管理工具来间接地降低企业的生产成本。例如，准时制生产也是一种有效提高产品质量、降低产品成本的方法，还有全面质量管理、减少库存等方式。这些手段的实施都是通过围绕在核心企业周围的卫星企业的价格竞争力来体现的。

整个系统中各个企业稳固而又持久的合作是实施成本管理的前提条件，只有确保了企业之间能够开展持久的合作，才能有效降低交易成本，进而开展成本管理活动。不同企业之间的一些采购成本规章制度，以及制定的标准都需要在企业之间共享。企业要了解彼此的采购成本和标准制度。对于系统企业来说，统一营销是各企业的重要优势，也是保障系统企业实现互利共赢的基础。在系统企业之间实行成本管理需要考虑采购、设计和制造三个主要过程。产品的生产成本主要源于这三个过程，对生产成本协同管理绩效的衡量，也是从侧面检验 JIT 和 TQM 在这三个阶段实施的最终效果。本书构建的生产成本协同评价指标体系，见表 9-4。

表 9-4 生产成本协同评价指标体系

一级指标	二级指标	三级指标	指标说明
生产成本协同	成本协同基础	采购成本标准共享度	考察卫星企业对核心企业采购成本标准的了解程度
		合作关系的稳定性	考察中卫企业长期合作的稳定性
	成本管理协同	成本管理体系的完整性	考察中卫企业成本管理体系是否完整
		成本控制的协同性	考察核心企业与卫星企业在成本控制方面的协作情况
		成本辅导训练程度	考察核心企业对卫星企业成本管理的辅导训练度
	产品成本	供应价格合理性	考察核心企业与卫星企业之间交易的公平性
		产成品成本水平的竞争力	考察中卫企业产品成本的市场竞争力

（4）组建评价指标体系

由表 9-4 可知，通过层层的分解，时间、成本和质量的相关评价指标体系搭建完成，然后将三者的评价指标体系整合在一起，确定初步的评价指标体系。由于初步评价体系可能构建得不够全面或不够准确，因此需要进一步借助专家调查的手段，邀请一些相关领域的专家，让他们结合自己的各种经验提出宝贵的建议和看法，删除冗余指标，并增加一些遗漏指标，从而组建形成复杂产品系统生产协同评价指标体系，见表 9-5。

表9-5 复杂产品系统生产协同评价指标体系

目标	一级指标	二级指标	三级指标
生产协同	生产时间协同	生产信息共享	信息化技术应用程度
			生产信息共享度
			生产信息可用性
		生产过程协同	生产计划同步性
			生产过程柔性
			生产达成率
		产品交付	供货提前期
			准时交货率
	生产质量协同	质量协同基础	质量认证通过率
			质量信息共享度
		质量管理协同	质量设计协同性
			质量控制协同性
			质量改进协同性
		产品交付质量	产品一次交检合格率
			产品抽检合格率
			客户投诉率
	生产成本协同	成本协同基础	采购成本标准共享度
			合作关系的稳定性
		成本管理协同	成本管理体系的完整性
			成本控制的协同性
			成本辅导训练程度
		产品成本	零件供应价格合理性
			产成品成本水平的竞争力

9.2.2 评价指标体系中的两类指标赋值方法

表 9-5 中的评价指标，从特质上可以分为两类。

一类是根据实践表现状况赋值，其特点是具有模糊不确定性，以及区间值特征（很难用具体的数据直接评价，通常用一个程度性词语评价）采用区间值模糊评价指标。这类指标的赋值方式是一个从定性到定量的过程，赋值的方法是依据定性描述采用区间值模糊评价语言。生产协同管理评价区间值赋值指标见表 9-6。对于那些涉及成组中卫关系的指标进行赋值时，也是同样的方式，具体操作时需要给出对应不同关系指标的状态描述，接续给出区间值赋值。

表 9-6 生产协同管理评价区间值赋值指标

S 赋值区间	赋值区间对应的实践协同状态
[4-5]	处于较好和非常好之间，应该继续保持，具体可以考虑时间、质量和成本三个因素，发现少数需要完善的环节，加以改善
[3-4]	处于一般和较好之间，仍然存在提升的空间，可以考虑从时间、质量和成本三个因素，检查协同基础、管理协同和绩效几个方面存在的问题并解决
[2-3]	处于较差和一般之间，属于协同配合的初级阶段，可以考虑对协同基础、管理协同进行全面改进，促进提高生产协同的绩效
[1-2]	处于非常差和较差之间，只有最基本的协同趋势，还未形成基础，需要进行科学的管理，提高协同绩效

另一类指标是准确的定量指标。这类指标的评价标准主要依据相关研究成果的指标值确定方法和相关公式，在实践中采集、整理、计算数据，填充到相应指标数据之下。相关定量指标的计算内涵见表 9-7。

表 9-7　相关定量指标的计算内涵

三级指标	计算公式
生产达成率	准时完成数量 / 同期生产总数
供货提前期	$L/T=$ 备货 + 运输 + 入库 + 缓存 + 分装 + 上线
准时交货率	准时交付次数 / 同期交付次数
质量认证通过率	通过 ISO 9000 质量认证的企业数 / 系统企业总数
产品一次交检合格率	合格品数 / 交检产品数
产品抽检合格率	合格品数 / 抽检总数
交付合格率	合格品数 / 同期总产品数

9.2.3　评价指标权重确定方法：基于 AHP 三角模糊数判断矩阵和序关系分析法

（1）判断矩阵的基础获取方法：AHP 三角模糊数判断矩阵

AHP 是一种比较常见的分层次确定权重的分析方法。其原理就是先将研究对象认定为一个系统整体，然后对系统中的影响因素进行分析，并将彼此关联的因素进行层次划分；接下来，邀请部分专家对同一层次的评价指标进行判断，并按顺序排序，明确各个指标的相对重要程度，形成一个针对排序特征的数量评级；然后，依据评价结果构建判断矩阵，参考已有的一些算法计算出每一个层级上各个评价指标的相对权重；最后，对评价结果进行一致性检验，如果检验通过则可以确定该判断矩阵可进行后续研究，相反，则需要重新建立判断矩阵。

相关研究成果的数量方法，将上述三角模糊数转化成为非模糊数，形成新矩阵 A'，再将矩阵 A' 调整成互反矩阵 A。

将三角模糊数判断矩阵转变为非模糊数判断矩阵，通常采用的办法是将模糊数以其均值面积 $S(M)$ 体现。若三角模糊数 $M=(l, m, u)$，其 α 截集 $M_\alpha = \left[l_{(\alpha)}, u_{(\alpha)} \right]$，$0 \leqslant \alpha \leqslant 1$，记为：$m(M_\alpha)$（$l_{(\alpha)} + u_{(\alpha)}$）/2。$m(M_\alpha)$ 为 M 的 α 截集 M_α 的平均值，即 $\left[l_{(\alpha)}, u_{(\alpha)} \right]$ 的中点，$S(M) = \int_0^1 m(M_\alpha) \mathrm{d}_\alpha$。接下来进行一致性检验，目的是检验评价者判断思维的一致性。此时引入判断矩阵一致性指标 CI 和修正系数 RI（RI 的值与评价因素 r_1 相关，可以通过查阅平均随机一致性指标获得）。如果 $CR<0.1$，则判断矩阵 A 的一致性检验通过，否则，就需要对最初的判断矩阵 A 进行调整。CI 计算公式如式（9-1）所示。

$$CI = \frac{\lambda_{\max} - n}{n-1}，\text{其中 } \lambda_{\max} = \frac{1}{n} \sum_{i=1}^{n} \left[\frac{\sum_{j=1}^{n} a_{ij} w_j}{w_i} \right] \tag{9-1}$$

使用 AHP 方法对矩阵 A 进行处理，确定权重集 W，然后检验权重集的一致性，最后得到一个有效的权重。这种将三角模糊数与层次分析法相结合的新方法，大大提高了评价结果的精确性和可靠性。

（2）基于序关系分析法确定评价指标权重

序关系分析法是指通过建立序关系对相邻两个指标进行比较后确定权重的方法。既体现了人们的主观经验判断，考虑了定性分析的结果，又通过客观的计算和推演，发挥了定量分析的科学性，提升了决策过程的条理性和科学性。其主要思想是：若将 m 个评价指标关于某个评价目标的重要性程度做两两比较判断获得矩阵 A，再求 A 与特征值 m 相对应的特征向量 $W = (w_1, w_2, \cdots, w_m)^{\mathrm{T}}$，并将其归一化即为评价指标的权重系数，这种方法被称为多指标权重排序的特征值方法，由美国匹兹堡大学教授萨蒂（Saaty）提出。对特征值方法在评价指标间距离、过多元素比较时的弊端，产生了序关系分析方法。其主要思想是：选择 N 名质量管理方面的专家，根据指标重要性进行排序，给出相邻指标之间的相对重要性比值。

若评价指标 x_i 相对于某一个评价准则（或目标）的重要性程度大于（或不小于）x_j 时，则记为 $x_i \succ x_j$，即对评价指标之间确立了序关系。这里 x_i^* 表示

$\{x_i\}$ 按序关系 "$\succ$" 排定顺序后的第 i 评价指标 $(i=1, 2, \cdots, m)$。设专家的理性判断为 r_k（对评价指标 x_{k-1} 与 x_k 的重要性程度之比 w_{k-1}/w_k），当 m 较大时，可取 $r_m=1$。r_k 赋值准则见表 9-8，权重系数的计算法为

$$w_m = (1 + \sum_{k=2}^{m} \prod_{i=k}^{m} r_i)^{-1}，且 w_{k-1} = r_k \times w_k, (k = m, m-1, \cdots, 3, 2) \qquad （9-2）$$

表 9-8　r_k 赋值准则

r_k	说明
1.0	指标 x_{k-1} 与指标 x_k 具有同样的重要性
1.2	指标 x_{k-1} 比指标 x_k 稍微重要
1.4	指标 x_{k-1} 比指标 x_k 明显重要
1.6	指标 x_{k-1} 比指标 x_k 强烈重要
1.9	指标 x_{k-1} 比指标 x_k 极端重要

9.3　生产协同评价算例

某咨询机构对某装备制造系统生产协同状况进行评价（评价指标体系见表 9-9）。该咨询机构聘请 15 位生产管理领域专家进行指标核定，核定过程中依据的表格包括评价指标释义表（表 9-3）、S 区间赋值参考表（表 9-6），则 15 名专家可对不同指标按照重要程度赋值（m 值），根据模糊程度给出 l 和 u 值（m 的上下限数值）。

表 9-9　某装备制造系统生产协同评价指标体系

目标	一级指标	二级指标	三级指标
生产协同 S	生产时间协同 T	生产信息共享 T_1	信息化技术应用程度 T_{11}
			生产信息共享度 T_{12}
			生产信息可用性 T_{13}

（续）

目标	一级指标	二级指标	三级指标
生产协同 S	生产时间协同 T	生产过程协同 T_2	生产计划同步性 T_{21}
			生产过程柔性 T_{22}
			生产达成率 T_{23}
		产品交付 T_3	供货提前期 T_{31}
			准时交货率 T_{32}
	生产质量协同 Q	生产质量协同基础 Q_1	质量认证通过率 Q_{11}
			质量信息共享度 Q_{12}
		质量管理协同 Q_2	质量设计协同性 Q_{21}
			质量控制协同性 Q_{22}
			质量改进协同性 Q_{23}
		产品质量 Q_3	产品一次交检合格率 Q_{31}
			产品抽检合格率 Q_{32}
			客户投诉率 Q_{33}
	生产成本协同 C	成本协同基础 C_1	采购成本标准共享度 C_{11}
			合作关系的稳定性 C_{12}
		成本管理协同 C_2	成本管理体系的完整性 C_{21}
			成本控制的协同性 C_{22}
			成本辅导训练程度 C_{23}
		产品成本 C_3	零件供应价格合理性 C_{31}
			产成品成本水平的竞争力 C_{32}

第一步，获取原始数据。

对 15 位专家的打分结果可汇总形成 15 张打分表，每个打分表中有 13 个模糊判断矩阵，其中包括 1 个一级指标矩阵、3 个二级指标矩阵和 9 个三级指标矩阵，分别标记为 S、T、Q、C、T_1、T_2、T_3、Q_1、Q_2、Q_3、C_1、C_2、C_3。以一级指标矩阵 S 为例，每位专家对 T、Q、C 三者之间的重要程度进行排序、打分，可得到 15 个 3×9 矩阵。

第二步，数据处理。

每张表格的处理方法类似：假设每位专家的重要性相同（ $r_k = 1/15$ ），根据公式可以获得 15 位专家的 S 矩阵综合评价结果，见表 9-10。

表 9-10　15 位专家的 S 矩阵综合评价结果

S	T			Q			C		
	l	m	u	l	m	u	l	m	u
T	1.000	1.000	1.000	1.745	2.349	2.932	2.309	2.927	3.639
Q	1.199	1.391	1.641	1.000	1.000	1.000	2.002	2.293	2.600
C	0.915	1.092	1.536	1.291	1.631	2.97	1.000	1.000	1.000

将表 9-10 中的三角模糊数处理后可得到非模糊矩阵见表 9-11，以及其互反矩阵见表 9-12。

表 9-11　S 非模糊判断矩阵

S	T	Q	C
T	1.000	2.344	2.950
Q	1.405	1.000	2.297
C	1.134	1.665	1.000

表 9-12　S 互反判断矩阵

S	T	Q	C
T	1.000	1.291	1.613
Q	0.774	1.000	1.175
C	0.620	0.951	1.000

同理，对全部 15 个矩阵按照 S 矩阵的同样处理方法，进行非模糊化处理

和互反调整后，最终会得到 12 个类似的互反判断矩阵。

第三步，确定各指标权重并进行一致性检验。

上文得到的 13 个互反矩阵就是 AHP 的初始判断矩阵。依据公式

$$w_m = (1 + \sum_{k=2}^{m} \prod_{i=k}^{m} r_i)^{-1}$$ 对该判断矩阵计算权重，计算过程及结果见表 9-13。

表 9-13　S 矩阵权重计算过程及一致性检验

S	T	Q	C	w_i'	w_i
T	1.000	1.291	1.613	1.277	0.491
Q	0.774	1.000	1.175	0.969	0.317
C	0.620	0.951	1.000	0.909	0.265

表 9-13 中，$CR = 0.00036 \leqslant 0.1$，$S$ 判断矩阵通过一致性检验。时间维度、质量维度和成本维度的权重矩阵为 [0.441，0.299，0.271]。同理，其他 12 个判断矩阵的权重计算过程与 S 矩阵相同。表 9-14 中的判断矩阵是对矩阵 S、T、Q、C、T_1、T_2、T_3、Q_1、Q_2、Q_3、C_1、C_2 和 C_3 经过非模糊处理和互反处理后的结果。w_i' 为采用根法求解指标权重的计算过程，w_i 为每个矩阵内所含指标的权重计算结果。λ_{max} 为每个判断矩阵的最大特征根，为检验判断矩阵的一致性做准备。

表 9-14　C_3 矩阵权重计算过程

C_3	C_{31}	C_{32}	w_i'	w_i
C_{31}	1.000	0.950	0.922	0.459
C_{32}	1.177	1.000	1.095	0.541

经计算，所有三阶矩阵的一致性检验结果均满足 $CR < 0.1$，即所有三阶判断矩阵的一致性检验都通过。对于二阶矩阵，专家只需进行一次比较判断，不存在一致性混乱问题，不需要对二阶矩阵进行一致性检验。将上述一级指标、二级指标和三级指标的权重计算结果分别汇总，即可得到复杂产品系统生产协同管理评价体系的整体指标权重，见表 9-15。

表 9-15　复杂产品系统生产协同管理评价指标权重

目标	一级指标	二级指标	三级指标
生产协同管理 S	生产时间协同 T（0.491）	生产信息共享 T_1（0.39）	信息化技术应用程度 T_{11}（0.265）
			生产信息共享度 T_{12}（0.352）
			生产信息可用性 T_{13}（0.393）
		生产过程协同 T_2（0.361）	生产计划同步性 T_{21}（0.342）
			生产过程柔性 T_{22}（0.315）
			生产达成率 T_{23}（0.343）
		产品交付 T_3（0.329）	供货提前期 T_{31}（0.301）
			准时交货率 T_{32}（0.699）
	生产质量协同 Q（0.317）	生产协同基础 Q_1（0.263）	质量认证通过率 Q_{11}（0.561）
			质量信息共享度 Q_{12}（0.439）
		质量管理协同 Q_2（0.269）	质量设计协同性 Q_{21}（0.379）
			质量控制协同性 Q_{22}（0.346）
			质量改进协同性 Q_{23}（0.275）
		产品质量 Q_3（0.469）	产品一次交检合格率 Q_{31}（0.305）
			产品抽检合格率 Q_{32}（0.331）
			客户投诉率 Q_{33}（0.364）
	生产成本协同 C（0.265）	成本协同基础 C_1（0.271）	采购成本标准共享度 C_{11}（0.413）
			合作关系的稳定性 C_{12}（0.597）
		成本管理协同 C_2（0.294）	成本管理体系的完整性 C_{21}（0.422）
			成本控制的协同性 C_{22}（0.374）
			成本辅导训练程度 C_{23}（0.204）
		产品成本 C_3（0.435）	供应价格合理性 C_{31}（0.459）
			产成品成本水平的竞争力 C_{32}（0.541）

　　按照算法规则，上述各级指标权重与其指标数值相乘后加总，则可以得到该装备制造系统的生产协同管理程度 S 的数值结果（本算例因未对指标体系中的具体指标赋值，因此此处只给出计算过程，见式（9-3）。在实践中，根据给定的指标具体数据，可计算得到生产协同评价的数值结果。依据数值大小，可以对两个系统的生产协同状况进行比较；若要分析结果，可以反溯权重和指标值，进而深入影响解析生产协同状况的具体要素原因。

$$
\begin{aligned}
S &= 0.491T + 0.317Q + 0.265C \\
&= 0.491(0.39T_1 + 0.361T_2 + 0.329T_3) + 0.317(0.263Q_1 + 0.269Q_2 + \\
&\quad 0.469Q_3) + 0.265(0.271C_1 + 0.294C_2 + 0.435C_3) \\
&= 0.491(0.39(0.265T_{11} + 0.352T_{12} + 0.393T_{13}) + 0.361(0.342T_{21} + \\
&\quad 0.315T_{22} + 0.343T_{23}) + 0.329(0.301T_{31} + 0.699T_{32})) + \\
&\quad 0.317(0.263(0.561Q_{11} + 0.439Q_{12}) + 0.269(0.379Q_{21} + \\
&\quad 0.346Q_{22} + 0.275Q_{23}) + 0.469(0.305Q_{31} + 0.331Q_{32} + \\
&\quad 0.364Q_{33})) + 0.265(0.271(0.413C_{11} + 0.597C_{12}) + \\
&\quad 0.294(0.422C_{21} + 0.374C_{22} + 0.204C_{23}) + \\
&\quad 0.435(0.459C_{31} + 0.541C_{32}))
\end{aligned}
\tag{9-3}
$$

9.4　管理优化建议

（1）重视复杂产品生产协同管理整合 TPS 的先进模式

　　TPS 作为一套理论体系完整、实践检验丰富的生产管理体系，通过精益生产的 5S 管理、TQM、标准化作业、员工多能化、合理的设备布局，以及设备快速转换、看板管理、自动化和持续改善等手段达到降本、增效、提质的目的。TPS 与产品生产协同管理的实施目标上高度一致，在实施手段上互为补充。复杂产品的生产协同管理的核心内容是通过促进中心企业和卫星企业的有机合作，实现管理和技术的共同进步，从而提高中卫体系的整体生产力。TPS 的核心内容是应用精益手段提高生产系统柔性、缩短换型时间、生产提前期、消除生产浪费与中断。可以看出生产协同管理更侧重于中心企业与卫星企业的宏观统筹兼顾，TPS 更倾向于中观层面的企业内部优化与微观层面的产线、产品生产过程优化。因此，将 TPS 管理体系整合复杂产品生产协同管理在理论上具备先进性，在技术上具备可行性，在协同管理优化中具备有效性。

（2）构建基于 TPS 的复杂产品"生产协同屋"

复杂产品系统生产协同管理，聚焦于系统网络内企业之间的联系，而 TPS 不仅涵盖了一些可以应用在企业管理过程中的方法和理论，而且还能进一步扩展到生产系统的复杂产品协同管理中，构建基于 TPS 的复杂产品系统"生产协同屋"，包括基础、支柱和目标三部分。复杂产品系统生产协同评价，主要对面向系统的整体管理目标，对生产协同中不同维度的三个支柱完成情况的评价，即考核评价生产协同过程的效率、品质和成本状况。在"生产协同屋"中，持续改善是其中的基础，主要是指企业内各部门针对自身进行的改善，以及各个企业之间在协同管理过程中需要进行的改善。具体的改善内容应该围绕流程、布局、路线、技术等进行优化设计，从而实现减少浪费、提高质量、保护环境的目的。在改善过程中可以利用的一些手段如 5S 管理、流程分析等。值得注意的是，生产系统复杂产品协同管理的三个重要支柱包括准时制生产、TQM、全面成本合理化。构建基于 TPS 的复杂产品"生产协同屋"，并以此为指导，实现对中卫体系各企业内部与企业之间的持续优化。

（3）形成多层次、有侧重的 TPS 生产协同评价体系

本章节以某装备制造系统的生产协同评价为案例，考虑到复杂产品系统作为一个整体，借助流程分析和 KPI 方法，寻找完成系统协同管理目标的关键因素。在中观层面，同样采用流程分析和 KPI 方法将时间协同、质量协同、成本协同等一级指标分解为细化的二级体系指标。最后在微观层面，对各二级指标进行了进一步具化，形成了一套 3 个层次、23 个指标的完备评价体系。在将 TPS+ 生产协同模式应用于其他产业体系的优化与评价时，要注重指标选取的完备性、合理性、可操作性。在指标数值化处理中，注重方法的主客观结合的科学性与准确性。最后在评价结果的解释时，要与企业的实际情况紧密结合，通过反溯权重和指标值，剖析影响企业生产协同状况的具体要素，并提出相应的持续改善建议。

第 10 章
复杂产品系统学习绩效评价方法

1985 年谢菲（Sheffi）提出"如何描述规模巨大、连接复杂且网络嵌套网络的交通复杂网络"的问题。21 世纪初以来，在参考网络研究方法和成果的基础上（包括规则图、随机网络、无标度、小世界等），超网络建模研究基于二部图和超图，表现超网络的多主体、多层级、多流量特征，代表性建模成果是知识合作、生态、交通运输等复杂系统的超网络模型。与近年来系统科学的快速发展相比，系统科学视角的超网络建模研究还需要进一步提升，需要从粗放型阶段向严密化阶段过渡。

首先，模型独特性的重要基础是系统独特的动力机制，尤其是择优机制。择优机制是系统演化的驱动机制，但现有模型的择优机制大多简单设定为节点被选概率同比于节点度，缺乏基于复杂系统特征（多层级、多流量等）的择优方法。目前 WS 模型的断链随机重连动力机制，郭进利等构造的节点批量增长的演化机制，张（Zhang）建立的双重优先联结机理的演化模型等，这些择优机制通常仅与复杂网络的特殊阶段，或者局域网络相关联，并不是复杂系统整体的、全局的演化驱动机制。但实际复杂系统模型的择优机制多样，因此需要提炼不同的模型择优方法。更进一步，要解决如何描述多层网络之间关联机制，以及如何判断网络的拓扑结构等问题，目前这方面的关联和协同研究较少。

其次，为了进一步深化建模研究，应该深入复杂系统的演化过程，挖掘系统的拓扑结构演化趋势，以及其他运行机理。那些经典的模型，都有其个性化的拓扑结构。关于系统动力机制的分析表明了复杂系统运行与演化的过程，为了发现隐藏的规则，需要构建自微观而宏观的研究范式，即发现系统演化中驱动要素（微观层面）对超网络整体绩效（宏观层面）的影响。关于复杂系统各阶段的连续性衔接、关联性上多层级之间的互动分析等内容，将不断丰富复杂系统的运行机理研究内容，推进超网络建模的研究发展。

本书第 5 章构建了复杂产品系统组织－知识－产品的超网络研究模型，该模型独特性的重要基础是系统独特的动力机制，尤其是择优机制。择优机制是系统演化的驱动机制，但现有模型的择优机制大多简单设定为节点被选概率同比于节点度，缺乏基于复杂系统特征（多层级、多流量等）的择优方法。首先在建模研究中，应该加强对系统演化中驱动要素与超网络拓扑结构的关联分析，以深入探索和丰富复杂系统运行机理。用物理统计变量和数理统计方法，可以描述超网络演化中的多主体、多层级、多流量拓扑结构特征。其次，以驱动机制的节点择优作为切入点，按照自下而上的研究范式，构建"组织择优参数——组织子网络拓扑结构——超网络学习绩效"的研究框架，探索 O–K 超网络动态演化中的学习绩效影响机理。

10.1 复杂产品系统学习活动研究模型

10.1.1 O–K 超网络演化的动力机制

本书第 5 章的图 5-6 描述了复杂产品系统学习活动的 O–K 超网络模型："择优组建项目团队"是 O–K 学习超网络模型演化的驱动力，按照不同的项目团队要求，通过择优算法将选择到不同的组织节点，因此会形成不同的 O–O 子网络结构。O–O 子网络结构是 O–K 学习超网络知识转移、知识创新与知识扩散的载体和依托，经过超网络中多层级网络的互动，最终完成 O–K 学习超网络的一次整体演化。O–K 学习超网络由微观到宏观的演化，即 O–O 网络与 K–K 网络的互动，所引起的网络边、节点和超网络异质节点边、知识节点的变化，有序衔接的过程。

10.1.2 O–K 超网络演化的关键环节

从图 5-6 可以看出，本书的 O–K 超网络演化模型的构建，存在以下几个关键环节。

（1）组织节点择优和项目团队组建环节

这一环节是 O-K 超网络模型演化的驱动力。关于这一多属性决策问题，本书第 7 章已经提供了择优算法，此处不再赘述。

（2）处于中观层面的 O-O 多组织学习网络构建环节

这一环节是项目团队组建后引发的一个完整的知识学习过程的启动环节，也是 O-K 超网络演化中网络节点、网络边、超网络超边不断增加的基础，是 O-K 超网络演化模型的构建基础。为了观察这一过程中的网络结构，本书按照 NW 网络的摆布方式，以环状网络形式体现 O-O 多组织学习网络状态，如图 10-1 所示，构建方法如下。

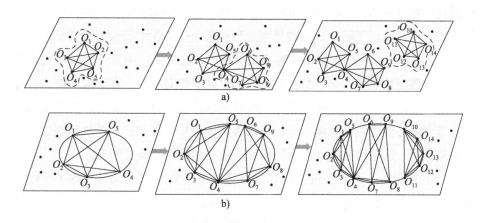

图 10-1　环状网络形式的 O-O 多组织学习网络

10.1.3　O-K 超网络演化研究假定

（1）知识学习的成本假定

王开明指出，旨在促进知识转移活动发生的成本就是科技知识活动成本。在实践状态下，活动成本受到科技知识活动双方之间的空间距离影响：两者的空间距离越大，知识连接成本越高。本书所设计的 O-K 超网络知识学习内涵，需要组织成员基于一个统一的知识管理服务平台进行，这类网络通常是以 WEB 2.0 等技术支持的网络接入点，基于互联网、现代通信技术进行多组织之间的沟通，能够不受时间、空间的限制，进行知识相关管理和分享，最大限度地降低了科技知识活动成本；同时考虑到复杂产品系统所进行的项目知识合作，具有技术创新复杂带来的高价值、高利润特征，与此相比，知识转移成本比较小。因此，本书根据主体规则设计的简易性原则，提出如下假定。

假定1：在 O-K 超网络知识学习中不考虑成本因素。

（2）知识创新的可能性假定

关于组织之间知识合作的结果，耗散理论、系统动力学理论中存在着不同的成功判断标准：卡拉约尔（Carayol）等认为，如果创新主体在某一时刻达到 x 水平的概率密度函数为 $P(x_i = x) = \lambda e^{-\lambda_x}$，创新成功的概率（$p_i$）就可用公式表示为：$p_i = \lambda \Delta x_i^T$，表明组织之间知识学习得越多，平均知识水平（$\Delta x_i^T$）提升得越快，创新就越容易成功；比格鲁（Biglu）等以知识合作中知识节点连接数的增长特征为切入点，发现了新知识可能呈现两种特征——线性增长或对数增长；多罗戈夫采夫（Dorogovtsev）提出了幂率增长模型；施（Shi）和陈（Chen）通过仿真发现对数增长模型与非平稳指数的无标度网络相对应等。在管理层面，针对复杂产品创新，学者们也提出了大量保证创新成功的方法，如韩景惆等提出了基于节点中心性的资源分配策略，李民等实证分析了复杂产品系统研制中的知识创造机理。这些研究结论由不同的理论依据和数理推演过程支撑。

对于复杂产品系统来说，知识学习首要的目的是完成项目任务（课题研发、生产工艺研发任务等）。盖文启指出：项目区别于大规模产品，任务本身不是机械性重复，而是需要实现知识创新。这些创新的实现表现为多种形式：既可以体现为编码知识的新专利、新论文和缄默知识性质的新工艺、新技术、新经验，也可以体现为创造了物质载体性质的新部件、功能性模块、产品等。可以看出，这种知识创新，可能是力度较大的技术突破，也可能仅完成了知识的集成创新。因此，本书提出如下假定。

假定2：O-K 超网络的知识创新必然存在，但仅存在于项目团队知识合作过程，知识扩散过程中不存在知识创新。

（3）知识学习的模式

在复杂产品系统中，虽然每一个组织都有自己独特的知识结构，知识学习的要求和方向不尽一致，但斯奎兹尼（Squazznin）指出：项目制的存在带来了合作创新、利益共享的学习惯性，对系统知识学习模式的影响不同。博埃罗

（Boero）等通过模型仿真发现，组织之间保持长期的合作创新关系比各自花费精力去寻找所谓的最佳搭档更为重要，该特征也在实证研究中得到印证：长期以来，复杂产品系统中众多组织一直保持着项目制的学习模式，而且知识技术越复杂，系统组织成员的忠诚度越高，系统的规模也相对更加稳定。

　　传统的知识转移方式有六种，分别是体验法、解读法、交流法、反思法、智能发现法及直觉与灵感。我们考虑到复杂产品系统内的项目团队组织，在团队合作中，其知识学习区别于大规模产品学习中零散的、有固定学习曲线的知识学习特征，组织更趋向于对新知识的学习而不是对已有知识的更新完善。复杂产品系统小批量、定制化、快速创新的产品技术特征，要求组织在知识转移的过程中，要尤其注重新知识的学习，才能更好地适应不断的知识挑战。因此可以认为复杂产品系统知识转移时，知识转入组织对知识应该采取开放的态度。综上可以做出如下假定。

　　假定 3：在 O-K 超网络知识学习中，知识转移方向由知识势能较高的组织向知识势能较低的组织单方向转入，并且知识势能较低的组织对转入的知识采取开放态度，愿意接收所有新知识。

10.2　O-K 超网络两阶段科技知识活动分析

10.2.1　项目团队合作驱动的 O-K 超网络科技知识活动分析

　　相关文献指出，与大规模产品的知识学习相比，基于项目制多组织合作的复杂产品系统知识学习，主要是通过某个（或某些）中心组织机构来实现知识联结的，使参与复杂产品系统知识学习的组织形成多层级的网络。美国学者拉兹菲尔德（Lazasfield）等提出"二级传播理论"，即信息流动的方向为"大众传播—传播中心——般受众"。郭春侠等通过对知识活动进行分析归纳出五个阶段：第一阶段是无知阶段，其任务是完成对知识的搜索；第二阶段是感知和描述，主要任务是将隐形化的知识变成显性可描述的；第三阶段是控制和解释，主要是对已有的科学知识进行重组和变换，从而塑造出一些新的知识；第四阶段是全知阶段，该阶段的任务是对知识进行广泛的宣传、链接和融合，从而孕育出新的产品知识；第五阶段是扩散阶段，主要实现在不同组织之间知识的传播和扩散，为知识整合提供基础。

通过调研发现，复杂产品系统中的很多学习成果是通过系统集成商、活跃的中介机构完成的。系统集成商、中介机构成为知识中转站的重要原因之一是经常参与各种研发合作、动态联盟，这也是很多新知识传播扩散的中转站。在基于网络的舆情研究中，松村（Matsumura）等运用数据挖掘技术提出"影响力扩散模型"，马宁等基于动态网络分析工具进行了意见领袖的识别等，这些成果进一步验证了网络演进中心节点的作用。

基于所构建的 O-K 超网络模型，每一次的项目研发合作，项目团队内成员组织将率先进行知识学习，目的是完成项目任务，同时提升自身的知识水平，赢取下一次被择优的机会。项目合作结束后，项目参与组织又延续与历史相关合作组织的网络关联，客观上实现了网络知识扩散。可以看出，项目参与组织是 O-K 超网络知识传播的中介，也因此对于 O-K 超网络的学习绩效提升，发挥着重要的纽带作用。因此可以对知识学习的扩散边界进行假定：假定知识传播在 O-K 超网络中只进行两次——第一次是项目团队内部的知识转移、整合、创造和共享，第二次是项目结束后，项目参与组织作为中介，基于以往组织合作所形成的 O-O 多组织学习网络进行传播。本书根据主体规则设定的简易性原则，不考虑其他组织继续作为中介的知识传播情况，即与当前项目参与组织不具有直接联系的组织无法接受知识扩散。

综上所述，可以将 O-K 超网络的一个完整知识学习周期分解为两阶段演化研究：第一阶段是项目团队成员之间知识学习引起的 O-K 超网络演化，第二阶段是超网络内的知识扩散引起的 O-K 超网络演化。

10.2.2 科技知识活动过程的第一阶段：项目团队内学习

O-K 超网络知识学习过程的第一阶段是项目团队成员之间学习。

参考以往的研究成果，结合任静等提出的企业知识转移模型，对于这一阶段的知识学习内容，本书将其具体分解为"知识汇集—知识转移—知识创造—知识共享"的四个连续性学习环节。通过知识各环节的接续，项目成员之间完成知识学习的完整流程。本节将在相关知识转移成果的基础上，依据系统动力学的相关理论，将项目团队的知识学习各个环节与数理推演相结合，具体分析项目团队成员在哪些环节、如何改变 O-K 超网络状态。

（1）项目团队的知识汇集

王君认为，组织内的知识转移第一步骤是个体知识显性化为组织知识。王开明提出，知识发送者与接受者之间存在着多种连接方式，包括显性知识发送者—公共知识库—接受者的转移模式，通过中介媒体连接的转移方式，记忆人—人的转移模式等。但相比较而言，人—人模式受到知识转移时间和地域的更多限制，沿着人际交流网络多次转移会带来效率下降的问题，而公共知识库的方式显然避免了知识转移中的多次传递。

项目团队多组织之间的知识转移属于多边转移，知识交流的顺序具有交叉性和不确定性，考虑到组织之间知识转移顺序和效果的影响和干扰，根据模型的简洁化设计原则，本书参考包北方等的"公共知识库"的思路，在项目团队成员之间学习中设计了基于项目知识库的知识转移模式——每个项目成员组织都将自己的知识首先分享到项目知识库中，项目知识库成为项目成员中知识势能最高的虚拟组织。按照系统动力学的思想，每个成员组织直接从项目知识库中进行知识转移。对于复杂产品系统来说，项目知识库的知识汇集方式，是高效而合理的。因为大规模产品的知识汇集，由于工艺、市场的范式化，是大量的编码化知识集合，很容易被复制，但复杂产品系统由于每次客户要求不同（在产品定制特征、技术创新方向上都存在不同），每次的知识创新都蕴含着特殊性和专有性。而且由于技术的复杂性，根据现有产品进行反求工程也是相当困难的。因此，即使存在公共知识库，任何一个组织依靠自己的知识结构，理解和复制其他组织的知识能力也是相当困难的，有限的知识泄露对其他组织而言没有太大用处。因此，复杂产品系统的项目团队合作可以基于信任和承诺合同的方式、区别于市场契约的方式，通过项目知识库的知识汇集，为创新提供重要依托。

项目知识库是对项目团队成员组织知识点的集结，可以将其看作项目团队内一个虚拟组织的知识汇集。例如，假定项目团队成员为 O_1、O_2、O_3，其知识集合分别是 O_1（k_1, k_{15}, k_{20}），O_2（k_1, k_2），O_3（k_5, k_{12}, k_{20}），则项目知识库可表示为

$$O_G = O_1 \bigcup O_2 \bigcup O_3 = O_G(k_1, k_2, k_5, k_{12}, k_{15}, k_{20}) \tag{10-1}$$

（2）项目团队内知识转移

知识转移功能，即知识经由转移通路，在潜在采纳者之间实现知识共享的过程，是指知识以虚拟抽象的形式转移扩散的过程。知识转移理论将企业看

作不同知识集合的载体。在知识转移过程中，知识跨越组织或个体边界，有目的、有计划地进行了知识共享，企业因而实现知识转移，提升知识技术水平，获得竞争优势。

项目知识库汇集了项目团队每个成员组织的知识，是项目团队中知识势能最高的虚拟组织，依据系统动力学的思想，每个项目团队参与组织都依靠自己的能力，从项目知识库中进行知识转移。因为同一个知识点可能被不止一个项目成员组织掌握，本书中规定，进入项目知识库的知识点属于项目团队中对该知识点掌握最高知识存量的组织，并且同一个知识点可能同时被不同组织学习。项目团队组织成员 A，在知识转移中如果只选取另外一部分组织作为知识转移对象，则组织 A 仅与它选取的组织新建网络边，这种方式属于非全耦合知识转移方式。如果将其他项目团队成员都作为知识转移对象，组织 A 将与每一个组织建立起直接网络边，则属于全耦合知识转移方式。本书对组织知识转移方式不进行深入研究，只从类别上进行区分。

在项目团队内部的知识转移中，项目团队成员组织从项目知识库中选取一部分或全部组织进行知识转移，因此初始状态下的 O–K 静态超网络会出现增加网络边等动态演进，图 10-2 以知识点 K_1 为例，示范了项目团队组建后引发的知识转移，可以看出网络超边的新增。

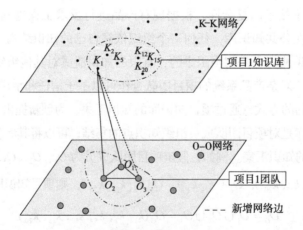

图 10-2　项目团队成员组织之间的知识转移（以 K_1 为例）

（3）项目团队知识创造与知识共享

对于复杂产品系统的项目团队来说，组建团队、知识转移的目的是服务于知识创新，是通过集合众智实现组织知识价值的转化。在项目团队知识转移的过程中，项目团队组织成员知识汇集到项目知识库，并进行知识转移，项目团队组织不仅学习吸收其他成员的知识点内涵，并且潜移默化地接受了相关知识的逻辑推演思路、技术标准等缄默知识，在不断的知识交流和知识整合中，彼此激发、协作，最终完成项目任务，同时创造了新的知识点（前文关于 O–K 超网络知识学习研究假定中提出了 "每次项目团队合作都会知识创新"）。

学者卡拉约尔（Carayol）提出了一个研究结论 "知识创新量是知识存量的单调增函数"，很多学者以此解释了 "知识存量对地区知识创新具有显著作用"。依据这样的研究成果，本书考虑到，创新知识点是项目知识库的全体知识点相互整合的结果，是项目团队的知识含量的单调增函数；同时考虑模型的简单化，提出项目团队创新的知识点含量，可以考虑为是项目团队知识含量对项目团队知识点数量（m）的算术平均值。因为创新知识点的出现时间应该滞后于项目团队成立时间，可以获得项目团队创新知识点的知识存量为

$$q_{k_{NEW}}^{T+1} = \frac{QK_G^T}{m} \tag{10-2}$$

考虑到项目团队知识创新是项目团队全体组织合作的成果，因此创新的知识点应该为每一个项目团队成员所掌握、共享。

上述知识学习内容在 O–K 超网络动态演化中如图 10-3 所示。

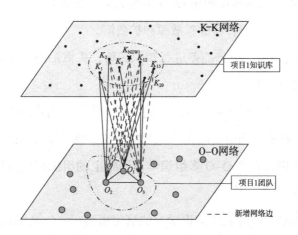

图 10-3 项目团队组织成员之间的知识创造和知识共享

10.2.3 科技知识活动过程的第二阶段：O-K 超网络内的知识扩散

O-K 超网络演化的第二阶段，是基于 O-O 多组织学习网络的知识扩散。

在本书的假定下，每次项目团队成员合作创新引发 K-K 知识子网络新增 1 个节点；O-K 超网络的驱动机制，即项目团队的组建是终而复始、反复重复进行的。因此在 O-K 超网络的动态演进中，项目团队的参与组织越来越多，某些组织由于被一个以上的项目择优，因此曾经参与过项目的众多组织可以形成一个网络，这个网络反映着随着时间演进的多组织之间知识学习网络状态，本书将描述某一时刻、众多组织在知识学习中结成的网络称为 O-O 多组织学习网络。

按照前文关于 O-K 超网络模型两阶段学习的假定，项目团队解散后，刚刚参与项目团队的组织会形成新的知识结构。项目团队解散后，这些组织会依托历史上形成的 O-O 多组织学习网络进行知识扩散。每一次知识扩散，刚刚解散的项目参与组织就是知识扩散源，该项目团队以前形成的 O-O 多组织学习网络上的组织节点就是扩散汇。在知识扩散阶段，组织之间是单一的知识转移而不具有合作创新意向，因此认为知识扩散阶段不存在知识创新。

这一阶段组织之间知识学习的具体内容，包括以下几个步骤。

1）每一个项目团队成员确定 O-O 多组织学习网络上与自己有直接网络关联的组织，形成一对知识转移的扩散源和扩散汇。

2）组织之间根据知识势能差进行知识转移，扩散汇组织在知识转移中接受自己尚未掌握的知识。

3）依据 O-O 多组织网络节点之间的关联，刚刚作为扩散汇的组织会因为某些组织与自己有直接网络关联而转化为扩散源，将新接收到的知识继续转移下去……依次传递，直到 O-O 多组织学习网络上的组织都完成知识扩散，本轮知识扩散结束。

综上，描述复杂产品系统知识学习的演化模型——O-K 超网络演化模型，如图 10-4 所示。

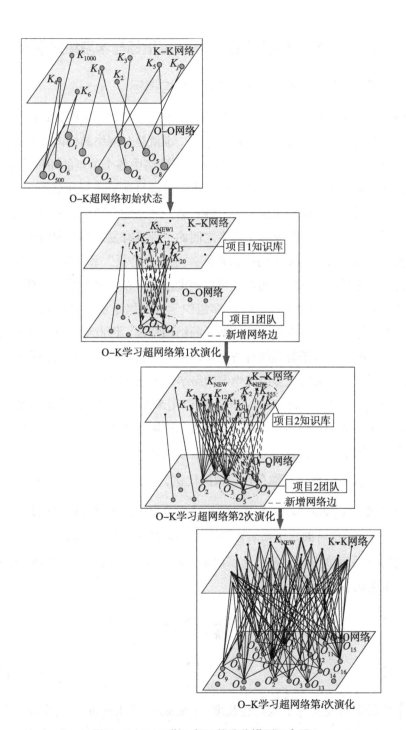

O-K超网络初始状态

O-K学习超网络第1次演化

O-K学习超网络第2次演化

O-K学习超网络第i次演化

图 10-4　O-K 学习超网络演化模型示意图

10.3 O-K 超网络演化的拓扑结构特征指标与学习绩效指标

10.3.1 O-K 超网络动态演化的拓扑结构指标

网络拓扑结构是指处在网络之中每个要素通过某种特定的方式或者排列组合进行相互联系，从而形成一种新的秩序，也就是对网络结构内部的各个要素进行随机排列的表现形式。网络结构代表着网络中各个节点的随机连接方式，因此也就决定了该网络中的各要素所代表的资源呈现形式和分布状况。已有研究表明，现有的网络结构主要分为三种：第一种是完全随机性网络；第二种是完全规则性网络；第三种是介于两者之间的一种具有复杂特征的网络。复杂网络具有便于识别其结构特征的两大特征："小世界特征"和"无标度特征"。通常而言，衡量复杂网络的结构特征可以用度及度分布、聚类系数、平均路径长度等指标来描述。在本书中，O-O 多组织学习网络是重点关注的对象，尤其是关于群落特征、连通程度等比较明显的结构特征，因此参考已有的研究，选择普莱斯（Price）基于物理统计方法提出的统计指标，采用平均路径长度、聚类系数这两个指标来反映多组织学习网络结构的拓扑特征。

聚类系数（clustering coefficient）可以用来反映网络中的要素聚集在一起或者集团化的现象。某网络的聚类系数表示该网络中的节点与相关可以直接联系的网络的聚集程度，表示为与某节点直接关联的组织节点之间实际存在的网络边数目占该网络最大可能存在边数的比例，见式（10-3），其中 k_{oi} 表示组织节点 O_i 的度，e_{oi} 表示节点 O_i 与其邻接组织节点之间实际存在的边数。网络的聚类系数（C）是对网络中所有组织节点的聚类系数取平均数，见式（10-4）。本书之所以采用该指标，就是为了用来反映 O-O 多组织学习网络中不同组织之间的聚集状态。

$$c_{oi} = \frac{2e_{oi}}{k_{oi}(k_{oi}-1)} \tag{10-3}$$

$$C = \frac{1}{M} \sum_{i=1}^{M} c_{oi} \tag{10-4}$$

平均最短路径又称平均路径长度（average path length），是指在一个大型的网络当中随机选择两个节点之间的最短路径的平均值。本书采用该指标，可

以量化网络的知识传输状态与效率，表达式为

$$\mathrm{APL} = \frac{1}{N(N-1)} \sum_{i \neq j} d_{ij} \qquad （10\text{-}5）$$

10.3.2　O-K 超网络演化的学习绩效指标

王铮根据已有的研究思路，参考物理学和统计力学的知识，得出了知识转移的复杂网络结构中各个节点之间的相互作用强度公式，并发现其满足式（10-6），网络中各个节点所具备的属性变化满足式（10-6）～式（10-8）。

在知识的扩散过程中，由于各个组织之间发生了知识转移因此没有创新意识，故而可以理解为知识扩散阶段没有创造新的知识。在这一阶段的过程中，扩散源一直保持着原有的水平不变，扩散汇的知识水平函数可以表示为式（10-7）。根据该式可知，所发生的知识转移同样也不存在分享具有创新性的知识点。

$$\Delta \mathrm{KL}_{oi}^{T+1} = e^{\frac{E_{oi}^{T}}{(\mathrm{Max}E)^{T}}} \times \sum_{j=1}^{N} (\mathrm{QK}_{G}^{T} - \mathrm{QK}_{Oi}^{T}) \qquad （10\text{-}6）$$

$$\omega_{ij}^{T} = \alpha_{oi}^{T} e^{\beta_{ij}^{T}[x_{oj}^{T} - x_{oi}^{T}]} \qquad i, j \in [1, 2, \cdots, n] \qquad （10\text{-}7）$$

$$x_{oi}^{T+1} = \sum_{j=1}^{n} \omega_{ij}^{T} x_{oi}^{T} \qquad i, j \in [1, 2, \cdots, n] \qquad （10\text{-}8）$$

本书选择将上式中的 x_{oi}^{T} 定义成网络节点在 T 时刻的知识水平 KL_{oi}^{T}，函数中所涵盖的不同节点之间存在的作用强度的三个未知量，接下来将会对其进行详细解释，然后在此基础上提出基于 O-K 超网络中组织节点的知识水平函数。

（1）引发知识转移的动力差

根据已有的关于知识转移的若干研究，克朗德（Klunder）等认为，"知识转移的动力主要是由于不同行为主体本身所具有的知识势能存在差距，因此会导致在发达地区与不发达地区之间发生了知识渗透"，王铮用 $[x_{oj}^{T} - x_{oi}^{T}]$ 表示知识差距所带来的知识势能差的含义。在本书的 O-K 超网络模型中，知识势能差 $[x_{oj}^{T} - x_{oi}^{T}]$ 可以表示为式（10-9），即同一时刻下（如 T 时点）组织 O_i 与项目

知识库之间的知识存量差距。

$$(QK_G^T - QK_{Oi}^T) / QK_G^T \qquad (10\text{-}9)$$

式中，QK_G^T 是 T 时点项目知识库的知识储备量；QK_{Oi}^T 是组织 O_i 在 T 时点的知识储备量。

（2）知识转移中组织的知识接收能力

通常而言，知识转移是以一对一的方式或者以一对多的方式进行的，知识在发生转移时会存在不够完全的情况，这是由于信息在传递过程中容易丢失。此外，信息接收者的吸收能力有限。由于本书所研究的对象是信息化网络平台，发生知识传递过程中信息出现丢失的概率微乎其微，因此本书假定知识未能完全转移是由于接收者的吸收能力有限导致的。已有的相关科学研究证明，任何一个组织所拥有的知识片段都不是孤立存在的，其周围都存在与之相关的知识片段，因而在组织中的知识评价值越高，就可认为其拥有较强的学习能力。

参考可比当量原则，可以理解为该组织具备较高的期望值，对应的学习能力当然也就更强一些。考虑到本书中涉及的组织知识属性期望值可能大于 1（以第 4 章的算例为例，组织的知识属性期望值取值区间为 [0, 5]），因此我们必须对期望值进行标准化转换，转换后的期望值相当于知识的接受能力值，见式（10-10）。

$$\alpha_{oi}^T = E_{oi}^T / (\text{Max } E)^T \qquad (10\text{-}10)$$

（3）两组织之间的知识转移作用强度

β_{ij} 表示不同组织之间的知识转移作用强度。从接受知识的一方 O_i 来说，实则是指知识在进行转移过程当中的动力与对应激励值的大小。任何一个组织内部都会产生一种相较于组织外部而言的特殊信任，这种信任会增加团队合作的知识交流，包括交流的次数和知识转换密度。这种特殊的信任机制导致了一种坚固的关系，因此对于知识传输的双方，在进行传递和知识交换的过程中都不考虑彼此拥有的利益博弈，这会有助于促进知识的传递和交流。此外，由于 WEB 2.0 技术广泛应用于一些知识服务平台机构中，因此各个组织机构的节点之间可以忽略因地理位置而导致的知识转移失效，因此 $\beta_{ij}(T) = 1$。

综上分析，在 O-K 超网络中的组织节点，在超网络中进行第一阶段知识学习时的知识存量增量函数 ΔTrQ，见式（10-11）～式（10-12）。组织 Oi 在 $T+1$ 时点的知识水平函数 V_{oi}^{T+1}，见式（10-13）。V_{oi}^0 表示的是组织在项目团队未组建以前，即网络初始状态下的知识水平，见式（10-14）。

$$\Delta TrQ_{Oi}^{T+1} = \alpha_{oi}^T \sum_{j=1}^N q_{kj}^T + q_{k_{\text{NEW}i}}^{T+1} (q_{kp}^T \in o_j, \text{且} \gamma(o_i, o_j) = 1) \qquad （10\text{-}11）$$

$$\alpha_{oi}^T = e^{E_{\bar{a}_{oi}}^T / E_{\bar{a}_{K-K}}^T} \qquad （10\text{-}12）$$

$$V_{oi}^{T+1} = V_{oi}^T \left(1 + \frac{\Delta TrQ_{Oi}^{T+1}}{QK_{K-K}^T}\right) \qquad （10\text{-}13）$$

$$V_{oi}^0 = \frac{QK_{Oi}^0}{QK_{K-K}^0} \qquad （10\text{-}14）$$

上述公式的含义是：在 O-O 多组织学习网络中，组织会因为时间顺序的不同而获取不同的知识增量——当组织属于项目团队成员时，它们可以获取项目团队"知识库"，以及知识创新的双重知识；当组织不属于项目团队成员时，其对应的知识增量，是因为与项目团队成员具有网络连边而吸收到的新知识。

O-K 超网络的平均知识水平是指网络中所有组织所具有的知识水平在任一时间点的算术平均数，如式（10-15）所示；其边际学习绩效的变化状态，可用式（10-16）表示。

$$\text{AKL}^T = \frac{1}{N} \sum_{i=1}^N V_{oi}^T \qquad （10\text{-}15）$$

$$\text{MAKL}^{T+1} = \frac{d\left(\text{AKL}^{T+1} - \text{AKL}^T\right)}{dT} \qquad （10\text{-}16）$$

O-K 超网络在其学习过程中的动力机制一直都是处于循环往复中的，如果有组织被团队择优选中，那么该组织会通过大量的知识学习而努力提高自己的学习能力和知识水平，然而对于那些未被选中的组织，其学习能力和知识水平仍然是不变的。因此，对于处在团队中的所有组织来说，"穷者愈穷、富者愈富"的马太效应一直都是存在的，不同组织之间会因为这种效应导致知识水平差距越来越大；从网络整体的角度来看，O-K 超网络的整体知识水平会不断得到上升。参考数学中的极限思路，当 $\dfrac{\mathrm{d}\left(\dfrac{\Delta TrQ_{Oi}^{T+1}}{QK_{K-K}^{T}}\right)}{\mathrm{d}T}$ 趋近于 0 时，则意味着

O-K 超网络已经达到极限，对应的知识水平达到瓶颈而不能持续改善。

10.4 O-K 超网络的学习绩效影响机理研究

O-K 超网络通常选择团队中优秀的成员（节点）作为切入点构建演化模型，网络中的节点在组织传递过程中不断学习，从而实现学习绩效的提高。这是一种从微观网络内部节点到宏观整体的一种组织学习传递，也属于自下而上的研究方法。O-K 超网络的学习绩效由于参考了复杂产品系统的动态学习方法和过程，因此可以清晰地反映复杂产品系统在进行知识学习时所具有的深刻性和独特性。借鉴该研究思路，利用该演化模型可以针对一些微观参数对宏观因素的动态变化影响机制进行研究。本章通过选择一种仿真实验的形式，针对团队特征对 O-K 超网络在学习过程中的绩效影响进行了深入的探索。

10.4.1 构建学习绩效影响机理研究框架模型

已有的与知识学习、学习成绩相关的研究，大多是采用实证或者仿真的研究方式，已经取得了大量的学术成果；胡斯（Goes）等认为，一些不同的企业选择跨组织的合作方式来弥补一些欠缺的知识或能力等，通过这种跨组织之间的合作关系有助于将获取的知识转变为企业的创新率；戴思特斯（Duysters）等发现，丰富多样的组织关系对于企业获取新兴技术，以及学到一些行业之间的工业与能力非常有帮助，以至于实现竞争上的全面优势；阿胡贾（Ahuja）指出，考虑和各种各样的组织类型建立合作关系能够为企业创造一种"雷达功能"；贝尔德伯斯（Belderbos）发现不同类型的组织之间进行合作的优势在于学科知识的交叉融合与协同创新，从而帮助企业生产与销售各种各样的创新产品。然而，针对不同类型组织之间开展合作对企业创新绩效的研究，有一部分研究人员认为，不同类型组织之间合作所带来的一些比较相似的知识其实并不能明显地推动企业创新绩效的提高，相反获取那些组织本身不具有的新知识对于企业改善和提高创新绩效有实质性的影响；在不同组织之间开展更加广泛的合作，对于企业知识面的拓宽和知识资源类型的丰富，从而提高企业的绩效，

具有明显的积极作用。

O-K 超网络在进行模型的演化过程中，都是依据整个团队来选择一些优秀的成员组建新的项目小组，凡是那些对项目组的成员选择有干扰或者影响的因素，都是网络模型的参数。例如，可能会出现的有团队中不同成员之间的知识齐整程度、专业覆盖面、协同合作程度等。在本书中，"项目团队特征"作为主要考虑的参数，由于复杂系统在进行实践和管理的过程中，都要重点考虑整个团队的特征，包括成员数量、结构、知识水平等，不过在遇到类似的问题时通常都是根据经验来进行决策的，因此本书选择基于此开始。

针对 O-K 超网络在进行演化过程当中的一些具有明显特征的指标，结合研究的结果能够看出，当组织中的团队对优秀的成员进行筛选后，在学习过程中的两个不同的阶段所具备的特征直接决定了整个团队网络发生了宏观演化，最后就产生了一些可以衡量和评价的指标。最终，局域网络结构就直接演化为超网络的一个中间环节。由于 O-K 超网络具有很多层次结构，考虑到在复杂产品系统中知识管理发挥的重要性，很多行业开始发挥关键枢纽作用，通过搭建跨领域的桥梁，促进不同组织之间的知识学习和沟通合作。基于此，本书选择 O-O 多组织学习网络，该网络能够随时应变，表现出需要的网络结构特征，这些特征正好可以体现不同类型组织之间进行知识合作与知识学习的便利性。例如，不同类型组织的结构特征对知识合作的效果有何不同，以及哪些特征对知识合作具有积极的影响或消极的影响，等等。这一章采用仿真实验的手段进行验证，具体的研究框架模型如图 10-5 所示。

图 10-5　O-K 超网络学习绩效影响机理框架模型

10.4.2　研究变量

在 O-K 超网络演化模型的构建过程中，项目团队组建是 O-K 超网络演化的驱动力。复杂产品系统项目团队组建是一个重要的科学问题，在科学决策中，项目团队规模、项目团队结构是通常要面临的重要选择，这些参数在知识管理中都有着重要的实践意义：项目团队规模对应着如何取舍项目团队的知识面宽窄与专业性高低的矛盾；项目团队结构对应着如何平衡项目团队新老比例的纠结。下面解释各个仿真变量的内涵。

（1）自变量：项目团队特征

本书中，项目团队特征用项目团队结构、项目团队规模两个变量来表征。

1）项目团队结构考察项目团队成员中具有参与项目团队经验的成员所占数量。对于 m 个成员组织的项目团队规模且成员中有 n 个有经验组织的团队状态，记为 $mp\text{-}n$。例如，对于项目团队规模为 $5p$，对应的有经验组织数量为 2，就分别记为 $5p\text{-}2$。这种设定符合知识管理实践中"老带新"比例选择情况。目的是探索一定项目团队规模下"老带新"比例对学习绩效的影响：项目团队"老带新"比例越高越好吗？是否存在最优成员结构比例？以及通过仿真数据探索其他具有普适意义的规律性。

2）项目团队规模是指项目团队中的成员组织数量。对于 m 个成员组织的团队规模记为 mp，如 $8p$ 代表团队中有 8 个成员组织。本书是在同一团队组建情境下，在保证项目团队中有经验组织数量一定的情况下，采用不同数量规模的项目团队进行网络演化和学习绩效仿真，以探索项目团队规模变量对其他变量的影响：项目团队成员组织数量是否多多益善？是否存在最优规模？本书通过仿真数据进行深入分析。

（2）中介变量：O-O 多组织学习网络结构

网络结构特征，目前没有比较成熟的识别方法。比较通用的做法是将目的网络与随机网络的拓扑结构指标进行对比，判断其网络结构的性质。目前，研究中经常使用的网络结构包括：规则网络、小世界网络、随机网络，以及各种过渡网络；研究中通常采用聚类系数（C）和平均最短路径（Apl）确定和识别网络结构特征。聚类系数可以用来衡量网络的集团化程度或群集现象，平均最短路径可以用来衡量节点之间的便捷性。为计算便捷，对上述公式进行了计算编程，可以计算得到仿真中不同项目团队特征下的 O-O 多组织学习网络聚类系数、平均最短路径。

根据以往的研究成果，一般网络结构的识别做法有以下几点。

首先，随机生成至少 50 个与目标网络相对应的随机网络，要求随机网络的节点数、网络边数与目标网络相同。计算这 50 个随机网络的聚类系数、平均最短路径的算术平均值，可以将其算术平均后的聚类系数、平均最短路径看作随机网络的网络结构特征指标值。

其次，计算目标网络的聚类系数、平均最短路径。

最后，将目标网络的聚类系数、平均最短路径与随机网络进行对比，就可以识别目标网络的结构特征。其标准是：与随机网络相比，目标网络具有高聚类、短路径的特征，则目标网络属于小世界网络结构；若目标网络的聚类系数为 1，平均路径较随机网络更长，则是规则网络；若目标网络与随机网络相比，呈现低聚类、短路径的特征，则属于随机网络或随机网络的过渡网络。WS 以随机重连概率 P 在 $0 \sim 1$ 之间的改变构建网络的方法，与这一识别方法具有同样的原理。

上述网络结构特征的识别方法，实践操作的过程很复杂和烦琐，依据何士产等人的研究成果，可以进行网络结构特征识别的简化：何士产等证明，对于任意 N 阶随机网络（随机网络的节点数为 N），其网络节点之间的连接直径的变化幅度通常集中在某个区间，因此网络节点之间直径的均值（D）表示为 $D = \ln N / \ln K$，其中 $K = 2E / [N(N-1)]$，E 是网络边数。D 即可用来替代随机网络的平均最短路径。因此，可将 D 值与目标网络的平均最短路径值进行对比。如果与 D 值相比，目标网络具有高聚类、短路径的特征，则目标网络属于小世界网络结构。本书的目标网络即是仿真网络。依据上述方法，就可以识别不同项目团队特征下的 O–O 多组织学习网络的结构特征。

（3）因变量：O–K 超网络学习绩效

O–K 超网络学习效率，即式（10-16），是用 O–K 超网络的平均知识水平来表征，涉及两者的相关性。

为了更好地处理复杂的仿真过程，在模拟仿真实验前，对已建立的 O–K 超网络模型进行一些必要的简化：①仿真开始后，直到无法再组建项目团队时结束，模拟过程中的项目团队特征一致；②项目任务接续发出，项目任务用随机给予的 5 个知识点的集合表示。例如，$G_5(k_1, k_2, k_3, k_9, k_{16})$ 表示组建的第 5 个项目团队任务是基于 k_1、k_2、k_3、k_9、k_{16} 这 5 个知识点的合作创新；③知识点的知识含量不随时间改变。

10.4.3 仿真规则

本书在仿真模拟中遵循的规则如下。

1）对 O–K 超网络从初始状态到仿真停止的全过程进行仿真，在仿真规则下已经无法组建项目团队时，本书认为仿真达到收敛、停止仿真。

2）在一次仿真运行中始终采用同一仿真自变量参数，目的是比较不同参数与其对应的 O–K 超网络学习绩效之间存在的规律性，以分析不同项目团队特征（项目团队规模、项目团队结构）对 O–K 超网络学习绩效的影响及其影响机理。

例如，对于团队结构，若仿真参数为 6p-1（研发团队规模为 6 个组织，其中有 1 个是有经验的组织），意味着从初始状态到仿真结束始终按此参数。具体采用的团队结构，分别模拟了有经验成员为"1% ～ 50%"的整数情况（m 是项目团队的规模，取值区间为 [5, 20]）。再例如，对于项目团队规模，分别模拟了 5 ～ 20 个成员组织的情况，从初始状态到仿真结束始终按此项目团队规模参数进行仿真。

3）针对任意仿真过程时间周期的内容。在 T 时点，O–K 超网络中的团队依据组织内较优的节点进行选择，在 $T—T+1$ 这一个仿真的周期中，团队主要负责完成三部分内容：将选择出来较优的节点重新建立一个项目队伍，进行组织内部的知识学习，以组织作为中介完成知识扩散任务（见表 10-1 与图 10-6 所示）。

表 10-1 团队内知识扩散内涵（以第 i 个仿真时钟周期为例）

环节	具体环节	算法（做法）	指标	网络变迁
项目团队成员组织择优	过滤	对那些知识研发没有帮助的组织进行淘汰		
	评价筛选出的组织	基于 I-IIFWG 的组织知识属性评价方法	IIFL 评价语言指标	
	择优选择的节点重组团队	按照评价进行排序	组织知识属性 IIFL 评价期望值	O–O 多组织学习网络新增 1 条超边

（续）

环节	具体环节	算法（做法）	指标	网络变迁
知识学习第一阶段：项目团队内学习	知识汇集		项目知识库	
	知识转移	式（5-5）	项目成员组织知识存量	O–O 多组织学习网络新增网络边 O–K 超网络新增超边
	知识创新与共享	式（5-8）和式（5-9）		K–K 网络新增知识点 O–K 超网络超边继续增加
知识学习第二阶段：O–K 超网络内的知识扩散	以项目参与组织为中介，在O–K超网络内进行知识扩散	式（5-10）和式（5-11）	O–K 超网络的知识水平与学习绩效	O–K 超网络超边继续增加

以上三个阶段的知识内容和学习环节都会在每一个仿真周期内按照顺序先后发生，不同指标的计算也是按照各个阶段顺序进行，最终组织中各节点的知识属性、知识存量，以及网络结构等都会随着仿真周期的结束而发生显著的变化；网络中知识水平的效率得到了极大的提升，这也正好从侧面说明了组建后的项目团队所带来的知识学习绩效的效果。

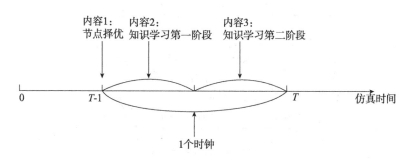

图 10-6　一个仿真时钟周期的内容

4）控制团队成员结构中的各种参数。由于在初始状态时团队经验值为零，因此在整个仿真实验中的第 1 次 AKL 结果只与本团队成员的规模相关，不存在"老带新"因素的干扰。从第 2 次实验循环开始，可以对有经验的团队成员进行数量上的控制，可采取的措施是从 1 开始逐步增加具有经验的成员数量，直到其在团队中的占比达 50% 即可停止。

基于本书中关于 O–K 超网络演化模型的分析，为了可以开展仿真实验，本书设计了基于复杂网络的数据模拟 K-world 系统。借助该系统能够满足本书所需的仿真实验要求，主要有模拟团队组建过程，根据不确定的模糊区间对团队成员进行评价，然后筛选出优秀的成员，并模拟超网络中进行的两阶段学习过程，进一步得到最终的学习绩效指标。拿到相关数据后，借助数据计算与分析软件，可以挖掘内在的机理。

5）初始状态。在仿真过程当中，设定为系统的规模 N=500（组织）、M=1000（知识点）；根据平均分布的思路对 M 进行平均 U [0, 1] 产生 50 层的层级关系，然后参考层级关系对组织中的知识含量（原则是知识点的知识领域层级越高，被赋予的知识含量越高）在区间（0, 10）内进行随机赋值；开始时各个节点都是孤立存在的，彼此并无关联；每个组织都要求用一些不重复的知识结构进行随机赋予，这是为了保证所有组织的结构都不会被别的组织所掌控。在初始状态下的仿真模型示意图，如图 10-7 所示。

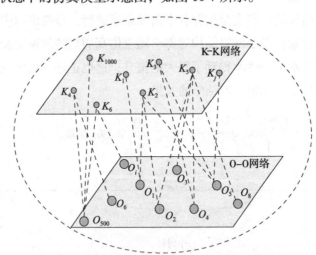

图 10-7　O-K 超网络演化模型初始状态示意图

6）实验过程。在实验过程中，将团队规模设定为 $6p \sim 20p$；将团队结构中有经验的成员比例控制在"1% ~ 50%"。由于团队规模和成员结构两个变量可能会相互干扰，因此在实际仿真过程中，可以在保证团队结构这个变量不发生改变的前提下，改变团队规模变量，即在保证团队结构的前提下仿真模拟团队规模扩大的情境。例如，如果设定为 1 个有经验成员的比较，即 6p-1, 7p-1，…, 20p-1。为了检验仿真结果的规律，也会尝试着采用不同的规模进行仿真，如 6p-2, 7p-2, …, 20p-2 等；对于团队结构的改变也类似，在保证团队规模相同的情况下，逐渐增加团队中有经验的成员数量，直至达到 50% 则停止，值得说明的是所有团队成员都是取整数。

10.4.4 研究结论

本书的因变量是 O–K 超网络学习绩效，对学习绩效曲线的特征，从学习绩效曲线的平均值变化状态和边际变化状态两方面得到结论。

（1）O–K 超网络学习绩效的平均值变化曲线（AKL 曲线）

在网络模型的演化过程中，学习绩效发生的动态变化过程可以用 AKL 曲线的趋势来表示。根据两组参数进行很多次的重复仿真实验结果，发现尽管团队特征有所不同，但是 AKL 曲线呈现的特征仍然是相同的，即 "AKL 知识绩效从一开始呈现上升—达到某个极限—最终稳定下来" 的趋势，如图 10-8 所示。

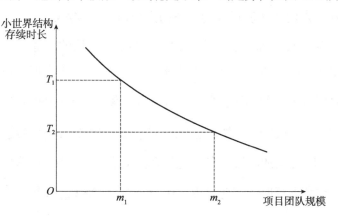

图 10-8 项目团队规模（m）与小世界网络结构

具体发展趋势为：一开始网络知识平均在短时间内呈现快速上升的趋势，后来随着实验次数越来越多，上升速度逐渐变慢，知识绩效提升的空间也很小，曲线的弧度也表现出更加平滑的趋势，整体的知识水平逐渐达到一个极限。尽管在仿真过程中，团队特征有所不同，但在经历了大量的仿真次数后，大都能达到极值，也就是实现了学习绩效的最大值。此外，当发展趋势稳定后，团队特征的不同对最终的知识水平没什么影响，学习绩效曲线也是保持一种平稳状态。

（2）O–K 超网络学习绩效的边际变化曲线（MAKL 曲线）

上节主要针对超网络的学习绩效趋势进行了分析，接下来开始对 MAKL 曲线的斜率进行探讨。MAKL 表示随着团队特征逐渐增加后超网络的知识绩效增长的幅度变化，可以用式 6-5 来表示。不同的团队规模和团队结构所导致的 MAKL 曲线，都具有相同的变化趋势：上升—下降—平稳。这是在团队规模为 $6p \sim 20p$、团队结构均为 1 个老成员的情况下，进行多次实验证实得到的具有普遍性的特征。MAKL 的数值可以根据微积分的计算方式进行求解得到，也称为边际 AKL 值。接下来对 MAKL_{mp}^{T} 的趋势值和极小值进行分析。

1）MAKL_{mp}^{T} 的趋势值。从整个仿真实验开始，一直到在 A 点的实验次数对应为 T_1 时，MAKL_{mp}^{T} 一直处于上升阶段 MAKL_{mp}^{T} 的数值不断增大，在 A 点时取得最大的 MAKL_{mp}^{T} 值。这主要是由于 MAKL_{mp}^{T} 在数值上与在 AKL 曲线上随意选择一点的切线所形成的夹角的余弦值（即 $\mathrm{MAKL}_{mp}^{T} = Tg\alpha$），结合图 10-9 可以发现，AKL 曲线在 A 点处的上升幅度是最快的，也就是位于 A 点处的切线夹角（$\angle \alpha$）最大。接下来再从 A 点，当 AKL 在 B 点取得最大值时对应的实验次数记为 T_2，MAKL_{mp}^{T} 在这段区间内一直都呈现下降的趋势，MAKL_{mp}^{T} 对应的数值一直在减小，在 B 处 MAKL_{mp}^{T} 的值为零。这种情况主要是由于 AKL 曲线在 AB 之间的时候，在其线上随意选择一点的切线所形成的夹角在逐渐减小，当达到 B 点时的切线夹角为 0，也就是 MAKL_{mp}^{T} 的值为零。

2）MAKL_{mp}^{T} 的极小值。图 10-9 中的 B 点，其 MAKL_{mp}^{T} 值为零，在（T_2，$+\infty$）上，MAKL_{mp}^{T} 的值一直都是零。这表明从点 B 开始，即使后面团队仍在保持学习，该超网络的知识效率一直没有提升。

结合 MAKL 的曲线特征可以发现曲线上有两个特殊的拐点：一个是当 MAKL 值达到最大时的点，另一个是当 MAKL 的值为零时的点。通过分析这两个拐点并结合实践管理的知识可以得知，学习效率最高的时候是在 MAKL

取得最大值时的一段区间范围内,对应的实践意义就是系统想要快速提高学习效率的区间范围;学习效率开始一直稳定不变无法增加的时候是在 MAKL 值为零的时刻,对应的实践意义是系统已经处在一个最高的知识绩效水平无法继续提升。这意味着此时整个团队可以考虑停止继续运行,因为整个系统已经呈现出一种僵化状态。在本书的研究中,O-O 复杂网络的结构指标被选择用来描述 O-K 超网络的演绎状态,因此需要重点关注两个拐点前后整个组织的结构特征是否发生了变化? 跟变化之前比有什么区别? 从而更进一步地探讨知识学习结构对最终的学习绩效的影响。接下来主要是围绕两个拐点进行研究。

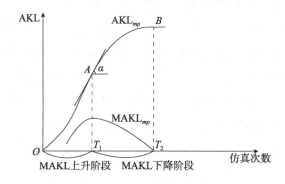

图 10-9 AKL 与 MAKL

关于该曲线的结构特征,参考之前的相关研究成果,可以考虑从网络状态的角度做出相关的解释:首先,在仿真实验进行后,团队规模和结构得到了优化,对整个超网络系统学习绩效的显著提高有很大的帮助;其次,团队中一些经验丰富的成员的参与,促进了不同成员之间继续保持学习,从而进一步推动了系统学习绩效的提升。在这个阶段之间,O-O 多组织网络随着节点和边的数量在不断扩充而发生了进化演绎,大大提高了网络中各个不同节点之间知识传递的便利性。因此,直接导致了 AKL 的数值快速增加,然后形成了陡峭的发展趋势。但当整个系统的动力机制不断深化的时候,尽管整个网络的节点和边仍在扩张,由于团队成员之间的知识结构较为相似,部分节点和边在整个复杂超网络中处于一种比较严重的冗余状态,AKL 的数值先快速增大转而又开始缓慢增加,最后稳定下来。在 MAKL 曲线上,表现出的结果是 MAKL 值逐渐减少为 0,尽管从 A 到 B,网络结构中的知识增量在变少,但对 AKL 依旧保持着一些贡献,所以能够帮助 AKL 继续上升到 B 点,然后停止增加,对应的 MAKL 值变为零。

10.4.5　影响机理分析

1. 项目团队特征对 O–O 多组织学习网络结构的影响

结合不同的参数进行模拟实验，研究不同团队特征的网络结构影响。本书主要研究的结构特征指标是聚类系数和平均最短路径，并借助相关的计算软件对其数值进行分析。

在开始的时候，O–K 超网络中的各个节点都是孤立的，由于知识结构在整个网络组织中彼此都是没有覆盖的，因此进行首次仿真实验后得到的 O–O 多组织学习网络是一个比较规则的网络结构（聚类系数 $C_{O-O}=1$，平均最短路径 $APL_{O-O}=1$）。随着仿真实验进行大量的循环，最终整个网络的结构实现了高聚类性。由于整个网络结构在知识学习两阶段中一直保持着继续连接的方式，这也就直接确保了之前连接仍然存在并增加了新的连接。平均最短路径可以利用计算软件或者数学公式求解得到，与此同时，也能够类似地计算出随机网络的平均最短路径值（D）。如果 D 远远大于 APL_{O-O}，则意味着仿真实验中的学习网络结构拥有更短路径的特征。已有的相关研究一般选择模糊思想中"远远大于"相类似的词语对两者进行比较。然而，针对具体如何判断随机网络中的最短平均路径（D）是确实比仿真实验中构建出的网络平均最短路径（APL_{O-O}）要大很多，目前的相关研究仍然无法给出一个确定的评价标准，本书中选择 20% 的标准进行确认：即当 D 的数值大于 "$APL_{O-O} \times 120\%$" 时，本书认为 O–O 多组织学习网络具备小世界结构特征；当 D 的数值处于 "$APL_{O-O} \times 100\% \sim APL_{O-O} \times 120\%$" 的区间时，本书认为 O–O 多组织学习网络属于小世界转变为随机结构的过渡网络结构状态；而从 $D \approx APL_{O-O}$ 对应的时点起，则说明 O–O 多组织学习网络结构已经演变为完全随机网络。

根据本书设定好的参数，借助相关的计算软件，可以计算出任一时间段的平均最短路径。结合组织网络结构的基本规则，便能得到在不同的时间段内所形成的结构特征，见表 10-2。参考表 10-2 的数据，可以计算出团队结构为 $6p$-1 情况下的小世界结构状态区间包含 119 个仿真时钟（第 2 ~ 110 个仿真时钟），过渡网络结构状态区间时长为 50 个仿真时钟（第 110 ~ 170 个仿真时钟）。采用同样的方法，对 $6p$-2 成员结构的项目团队仿真后，发现其小世界结构为第 97 个仿真时钟（第 2 ~ 8 个仿真时钟），过渡网络时长为 70 个仿真时钟。

表 10-2 O-O 多组织学习网络与随机网络的平均最短路径（以 6p-1 团队为例）

顺序	APL$_{O-O}$	ln$N$/ln$K$（D）	结构说明
第 1 次	1.4	12.99228093	规则网络
第 2 次	1.865	13.10936809	小世界网络
第 10 次	1.070588	11.65204636	
第 20 次	2.435050	12.48001071	
第 30 次	6.567453	16.22759272	
第 40 次	7.827164	16.2066174	
第 50 次	8.47453	16.76853501	
第 60 次	8.78676	16.9845314	
第 70 次	9.37658	17.3661695	
第 80 次	9.76842	17.50599324	
第 90 次	6.17189	17.72937555	
第 100 次	10.78923	17.83429004	—
第 110 次	12.14643	18.10316667	—
第 120 次	13.85467	18.12090733	过渡网络
第 130 次	11.87643	18.44206944	
第 140 次	16.09062	18.51577071	
第 150 次	17.46387	19.17797263	
第 160 次	18.17683	19.6571075	
第 170 次	19.87443	19.93472094	
第 180 次	20.76532	20.69261056	完全随机网络
第 190 次	21.78239	21.27459341	

　　根据上述的结构识别方法，针对不同的团队规模开展实验后，最终形成的结论综述如下：首先，当团队规模比设定的最优规模要小一些的时候，小世界网络结构所能持续存在的时间与整个的团队规模数量近似成反比，也就是当 m

更小的时候，小世界网络特征更晚一些才会达到结束状态。其次，当整个团队规模相同的时候，团队中具有经验的成员数量越多，小世界结构特征会更早一些结束，此外小世界网络特征持续存在的时间会变短，对应地访问随机网络的时间也就更加提前一些。

综上所述，项目团队特征对 O–O 组织子网络的网络结构影响体现在：

1）初始状态的组织节点彼此孤立时，第 1 次仿真后会立即形成规则网络结构状态。

2）第 2 次仿真后即进入小世界结构特征，并且当项目团队规模小于最优规模时，小世界结构存续时长与项目团队规模成反比。

3）O–O 多组织学习网络进入完全随机网络结构状态后，O–K 学习超网络知识水平基本不再提升，学习绩效处于较低水平。

2. O–O 多组织学习网络结构对学习绩效的影响

仿真网络初始条件是 $N=500$，O–K 超网络平均知识水平是 0.4662，从组织中挑选出 6 个优秀的成员（其中 1 个具有经验）组建新的团队：一旦开始了第 1 次实验，AKL 的值就会不断增加，MAKL 的值也是逐渐变大，当达到第 54 次实验时，MAKL 的值增加到极限，此时的学习绩效也同样达到最大值。第 54 次实验以后，AKL 的值继续增加，不过 MAKL 的值逐渐减小，当实验进行到 110 次左右的时候，AKL 的值开始变得稳定起来，对应的 MAKL 的值也逐渐稳定起来，当实验进行到 190 次时就停止仿真，MAKL 的值稳定在 0.7 左右，与横轴保持着近似的平行状态，见表 10-3。

表 10-3　网络结构与学习绩效（以 6*p*-1 团队为例）

顺序	AKL	MAKL	结构说明
第 1 次	0.4662	0.002	规则网络
第 2 次	0.4682	0.002443	小世界网络
第 10 次	0.473202	0.002785	
第 20 次	0.488404	0.003526	
第 30 次	0.508215	0.004507	
第 40 次	0.532142	0.005062	

（续）

顺序	AKL	MAKL	结构说明
第 50 次	0.558045	0.005388	
第 60 次	0.585598	0.005596	
第 70 次	0.613293	0.005387	
第 80 次	0.63876	0.004729	
第 90 次	0.66072	0.003977	
第 100 次	0.678673	0.003192	
第 110 次	0.692751	0.002128	
第 120 次	0.701847	0.001519	
第 130 次	0.708475	0.000975	
第 140 次	0.712385	0.00051	
第 150 次	0.714064	0.00014	过渡网络
第 160 次	0.714608	0.0001	
第 170 次	0.715118	0.0001	
第 180 次	0.715648	0.00008	完全随机网络
第 190 次	0.715728	0.00008	

对应可绘制 AKL 与 MAKL 曲线，如图 10-10 所示。

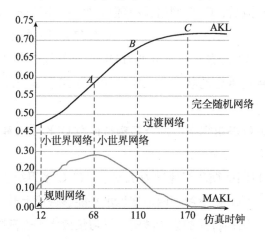

图 10-10　O-O 多组织网络的学习绩效与网络结构对照图（以 6p-1 团队为例）

根据表 10-3 与图 10-10 可以发现：在第 1 次仿真实验过程中，O–O 学习网络结构表现出比较规则的状态，O–K 超网络的平均知识水平曲线和学习绩效曲线都迅速上升；在第 2 ～ 110 次仿真实验过程中，O–O 学习网络表现出小世界的网络结构，并且呈现出两个阶段的特征：①第一个阶段对应第 2 ～ 68 次仿真实验，AKL 的值快速增加（第 2 次实验的 AKL 的值为 0.4682，第 68 次实验的 AKL 的值为 0.005577），增加幅度接近 48%。在这段过程中 AKL 曲线的斜率 MAKL 始终处于不断提升状态，在 A 点（第 68 次）的提升效率达到最大增长值；②第二个阶段对应第 68 ～ 110 次实验过程，此阶段 MAKL 曲线不再上升，从 A 点开始转为下降，其原因在于 O–O 学习网络短路径的特征开始逐渐消失，在 B 点（第 110 次实验）网络的短路径状态消失，O–O 学习网络的小世界网络结构结束。

在第 110 ～ 170 次仿真实验过程中，O–O 学习网络表现为过渡性的网络结构特征。在该结构特征下，AKL 曲线继续爬升，对应的 AKL 的值仍然在增加（从 0.692751 增加到 0.714608），但增加幅度（MAKL）却是逐渐降低的，AKL 曲线到达 C 点时，MAKL 降低到 0.0001。此阶段 O–O 网络路径开始由短变长，根据本书上文界定的网络结构判断量化标准——当试验区间的网络平均最短路径值（D）数值处于"$APL_{O–O} \times 100\%$—$APL_{O–O} \times 120\%$"的区间时，认为 O–O 网络属于过渡网络结构，则此实验区间可以定义为过渡网络结构。

自第 170 次仿真实验过后，O–O 网络的平均最短路径已经达到随机网络的路径数值，即 C 点后，O–O 网络具有随机网络结构特征。此时，AKL 的值停留在 0.715 左右（波动范围为 0.7146 ～ 0.7157），性质上仍处于增加状态，但增加幅度极小（每次仿真增加 0.00513% 的学习绩效值），对应的 MAKL 曲线与横轴处于接近重合的状态，表明该阶段多组织学习绩效基本处于停滞状态。

综上所述，O–O 多组织学习网络结构特征对 O–K 学习超网络学习绩效具有重要影响。

1）同样的项目团队循环组建动力机制下，O–O 多组织学习网络结构若处于小世界特征下，则 O–K 学习超网络知识水平能够快速上升，学习绩效提升。

2）随着小世界结构特征的逐步减弱，学习绩效水平逐渐降低。

3）O–O 多组织学习网络进入完全随机网络结构状态后，O–K 学习超网络知识水平基本不再提升，学习绩效处于较低水平。

3. 项目团队特征对学习绩效的影响

首先，分析团队结构对学习绩效的影响。

本实验参考已有实践中的各个团队"老带新"的组建特征，实验中的团队规模设置为 $5p \sim 20p$；从第二次实验开始对 AKL 值进行比较（由于 O–K 超网络在开始时的节点均为孤立且无经验的，因此第一次实验的 AKL 值是由团队规模决定的，与团队成员的组成结构没有关系）；从第 2 次仿真实验开始，将团队中具备经验的成员数量从 1 开始，一直增加到有经验的成员在整个组织团队中占 50% 后停止；在整个实验过程中，将 AKL 值最大时所设置的成员结构定义为"最优的组织成员结构"。仿真实验的详细过程按照为本书专门开发的程序进行。

如图 10-11 所示，当团队规模设定为 $10p$ 时，"老带新"的结构分别设定为 $10p$-1、$10p$-3、$10p$-5 进行仿真实验，对应得到的实验趋势值在第 108、120、191 次出现，最终仿真结果的学习绩效状态为 $AKL_{10p\text{-}1} > AKL_{10p\text{-}3} > AKL_{10p\text{-}5}$。

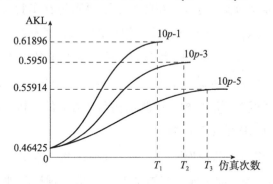

图 10-11 不同项目团队结构与其 AKL 示意图（$10p$-1、$10p$-3、$10p$-5 的对比组）

当团队规模设定为 $5p \sim 20p$ 时，每个团队组织中均保留 1 名具有经验丰富的成员结构为最优结构，并且具有丰富经验的成员数量并不会因为整个团队的规模增大而增加。

将团队规模设定为 $6p \sim 20p$ 时，发现当 AKL 值最大时所对应的具有丰富经验的团队成员数量一直都保持为 1；当团队成员结构达到最优时，团队规模增大，得到的 AKL 值也会对应增大。按照本书的实验参数，针对不同的团队规模都使用最优的成员结构，团队规模也相应增加（从 6p-1 增加到 16p-1），AKL 值也会从 0.5591 渐渐增加到 0.625，如图 10-12 所示。

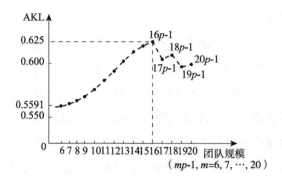

图 10-12 不同项目团队规模与其 AKL 示意图（mp-1，其中 m=6, 7, …, 20）

其次，分析项目团队规模对学习绩效的影响。

由于当团队规模设定为 6p ～ 20p 时，拥有 1 名经验丰富的成员结构能帮助得到最大的 AKL 值，因此在整个实验过程中对于任何团队规模都应该将最优的成员结构设定为 mp-1 运行。在此设定下得到仿真实验参数如图 10-12 所示：当团队规模为 6p ～ 15p 的时候，相应的 AKL 值都会小于 0.625，不过 AKL 值在逐渐增加；当团队规模大于 16p 时，AKL 值的大小没有发现明显的变化规律，最终的仿真实验结果显示 $AKL_{16p} > AKL_{18p} > AKL_{17p} > AKL_{20p} > AKL_{19p}$。

综上所述，通过对团队规模、团队结构两个方面的分析，我们可以得到团队特征对学习绩效的影响主要体现在：

1）存在最优项目团队规模和最优项目团队结构（本文的参数条件下，最优项目团队规模是 16，最优成员结构是 1），能够实现比其他团队特征更高的 O-K 学习超网络知识平均水平。

2）项目团队规模若低于最优团队规模时，项目团队规模越大，学习绩效值越高。但规模大于最优项目团队规模时，学习绩效与项目团队规模没有明确的关联性。

3）同样规模下，最优团队成员结构并不是有经验的成员多多益善（本文的参数条件下是有经验的数量均为 1），超越了有经验成员的最优数量后，学习绩效最高值数值更低、提升更慢、最高值更晚出现。

10.5　优化管理与政策建议

10.5.1　优化知识管理绩效措施

本书结合具体案例和仿真实验探索了组织中的团队特征、O–O 多组织学习网络结构、O–K 超网络学习绩效三要素之间的影响机理，为复杂产品系统的学习绩效管理带来了新的管理启示：针对知识学习的实践管理过程中，有三种管理方式可以提高学习绩效：第一种方式是对自变量也就是团队特征进行管理，第二种方式是对因变量中的个体组织知识属性进行管理，第三种方式是对中介变量也就是多组织的网络结构进行管理。

（1）通过调整团队特征来改善学习绩效

不同的团队特征（规模特征、结构特征等）有可能对最终的学习绩效产生关键的影响，因此需要对团队规模、成员结构进行动态调整，从而让团队的规模和结构都能达到最优，最后提高组织的学习绩效。具体可以选择的相关措施主要有：针对团队的特征进行改变，也可以在需要的时候引进一些合适的项目任务，或者在整个系统内建立可以进行知识互补的组织；也可以尝试对团队数量或者成员结构进行一定的改变，进而调整整个团队"老带新"的结构比例，最终实现不同项目组织之间的链接；在有限理性的前提下，对系统组织的知识结构进行合理的改善，有助于帮助个体组织提高学习能力，还有整个团队成员之间进行合作的创造力，从而提升整个复杂系统的学习绩效和知识水平。

（2）通过调整个体组织知识属性改善学习绩效

其一，是调整组织中的知识学习效应函数中的变量水平来提高学习绩效。

其二，通过调整学习机制来提高学习绩效。

（3）通过对多组织网络结构进行管理来改善学习绩效

在本书中，聚类系数是用来衡量组织之间开展知识学习与合作的指标，高频率的合作对于提高整个系统的学习绩效非常有帮助。平均最短路径是用来反映知识传输便利性的指标，较短的平均路径也可以帮助提高组织的学习绩效。在仿真实验中也发现了规则网络、小世界网络、随机网络结构之间变更的状态，而网络结构是可以通过调整节点之间的网络连边方式进行改变的。因此，提高整个系统的学习绩效的措施还包括：识别出网络中一些关键的节点，然后在进行知识学习的过程中，将识别到的关键节点和其他的普通节点连接，或创造条件来增加组织学习网络的连边数量。

10.5.2　政策建议

不同资源主体的信息对称是保障资源能够进行有效配置的基础。由于复杂产品系统逐渐开始突破时空的限制，开展不同组织之间的知识合作、学习、分享、转移，以及创新等，因此如何解决信息不对称的问题是当下的难题，泰奥（Teo）等认为在于时空的信息沟通问题（如分包商与分包商、分包商与集成商、分包商与客户、集成商与客户之间的信息障碍）。野中郁次郎（Nonaka）和竹内弘高（Takeuchi）等发现：不同的组织在进行知识交流和互动的过程中依赖一个"翻译"平台，然后才可以将学习到的知识应用到对应的组织环境中，这种平台能够有效减少跨组织学习合作的成本。陈晓清等学者从经济学、系统论、产学研合作等视角，提出了将 ADTC 等知识集成机构的知识管理功能进行扩展的思路，孙国强等认为非正式机制有助于调节和控制不同组织成员之间的信息不对称问题等。如何处理系统组织的信息不对称问题是改善知识管理效率的关键条件。在具体的管理实践中，复杂产品系统极其依赖信息的对称性，导致了社会上出现了很多知识集成的机构或企业：以大学科研机构为核心的产业技术创新服务研究中心、以政府为关键的公共服务平台，以及一些社会上的产学研 ITRI 等。针对复杂系统而形成的产品设计、集中采购与销售、合作交流、人才培训等功能或服务，在现有的复杂产品系统的知识学习与转移服务中扮演了关键作用。

复杂系统的知识集成机构作为组织学习合作交流的平台，包含了多个不同组织的相关知识和信息，公共平台作为一种有效的载体，提高了不同组织之间进行知识交流的便利性，从而有助于改善学习绩效。因此，本书提出了有针对性的建议：借助知识集成机构作为复杂系统的载体，结合系统固有的管理功能，构建一个有关知识管理的公共服务平台，从而实现对复杂系统中的学习绩效开展相关的管理服务。

（1）知识管理公共服务平台上的知识管理服务模式

利用一些现代化的先进信息技术手段（例如，Web 2.0 等），选择网络上的一些公开的资源［如博客（Blog）、维基（Wiki）、掘客（Digg）等］、系统组织（主体层、支撑层）各处获取有关复杂系统的相关信息；然后采用信息化技术、文本挖掘、知识地图等技术工具，对收集到的信息资源进行有效的整理，从而构造出复杂系统的知识管理资源库（包括数据库、信息库、资料库、案例库、知识库、专家库、软件库等），然后再进一步建立 O–K 超网络演化模型，对其进行整理、组合、更新和维护。

在互联网上创建面向所有用户的公共服务知识管理网站，对于内部的组织系统，可以开放不同组织之间进行知识交流的功能权限，从而推动知识共享和信息交流，具体见图 10-13。

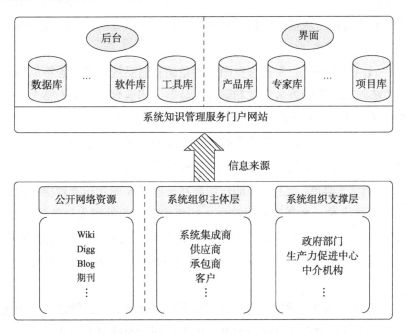

图 10-13　复杂产品系统知识管理公共服务平台的共享模式

（2）知识管理公共服务平台的管理服务模式

本书认为可以建立"线上门户网站服务＋线下公司服务"相结合的模式。

为了实现复杂系统内部不同组织之间可以进行知识与信息的交互，需要设立一个网络接口，所有内部的成员只需要通过网络接口便能访问整个复杂系统管理平台上的知识和信息内容。由于接口是建立在网络上的，因此具有一定的开放性，而且还方便给用户提供知识获取、管理流程，以及对应的案例等服务，保障人机交互的实用需求，也能实现一些系统合作、知识和技术咨询等。

对于实际管理问题，首先，可以构建反映局域或系统的 O-K 超网络；其次，针对管理问题，收集相关数据与信息，分析和监管这个 O-K 超网络动态演化过程中的关键变量变化情况；最后，可以借助一些现代化的先进技术手段（如知识地图、智能算法等），挖掘和改善该网络中需要完善和提升的管理问题，包括可以整理和描述该系统的知识脉络、发现不同时间段的热点知识、辨识其网络结构的合理性等。

（3）知识管理服务支持系统

支持系统的作用主要是提供一些有价值的管理工具，使系统内的知识管理服务可以正常运转。从整个结构框架上来看，支持系统的内容应该包括以下几个方面。

1）一个"专家库"。专家库里面主要是储备对系统管理有独特见解和相关专业知识基础和水平的著名专家和研究人员等，当遇到一些关于整个行业发展的关键选择、对一些重大科技项目进行研究时，借助整个专家库中的丰富资源建立一个动态的战略联盟，然后实时地对相关问题进行有效诊断并提供专业性的指导方案。此外，需要动态更新和筛选专家库的成员。

2）一个"工具库"。工具库的作用是在一些必要的知识管理服务过程中提供有用的管理技术，这套技术能够由一些相关的专业管理人员单独开发完成，也可以根据已有的研究成果进行归纳总结，然后在此基础上进行分析与评价。此外，还需要一整套实用的网站管理技术来确保整个网络服务平台可以高效运转。

3）一系列"服务章程"。这是对于线下服务进行的相应管理，主要包括一些系统化、规范化的服务流程和标准，可以实现针对任何知识管理内容都能采取一些有效的管理措施（包括与服务对象之间的有效接洽和访谈、对一些知识管理指标进行测量测定，以及相关的知识管理服务实施等标准），针对任何一条标准都要明确实际目的、应用范围、相关内容，从而保障网络信息共享、日志服务等功能能够高效地开展和运行。

第 11 章

研究展望

11.1　模型研究的可拓展性

O-K 超网络演化模型仿真中，没有考虑组织节点在动态环境中的复杂自适应（与其他组织建立或切断网络关联），以及知识学习中的知识选择博弈问题。同时，研究模型的参数设定和研究过程存在一些简单化的问题，包括知识转移无成本，没有考虑知识转移中的"信息扭曲和失真"等。在今后的研究中，还需要一并考虑这些相关因素，进一步深化分析超网络的复杂演化规律和机理，以此形成表里互相诠释，满足管理创新的应用需要。

11.2　加强网络局域世界的演化研究

O-K 超网络一般具有局域演化的特征。复杂产品系统的 O-K 超网络存在多层级网络嵌套、几个组织形成"模块"进行高频率合作等特征。在动力机制的作用下，超网络中局域世界的演化特征，有很多可以深入探索的领域。例如，项目任务的知识方向改变后，局域世界将如何演化？再例如，项目团队也是一个局域世界，网络动态演进中项目团队知识结构的趋同该如何治理？等等。这些问题，可以在基于中观网络（O-O 多组织学习网络）对宏观超网络（O-K 超网络）的学习绩效影响机理研究基础上，进一步深入分析局域世界演化的规律和特征。

11.3 加强基于科技服务平台的网络结构分析

本书的研究揭示了复杂产品系统 O–O 多组织学习网络结构对 O–K 超网络学习绩效影响机理，下一步可以继续深入剖析影响机理的内涵。例如，不同的知识转移机制如何影响网络结构的冗余性？网络结构中的节点之间"冗余关系"如何影响网络运行绩效？等等。对此需要深入 O–O 多组织学习网络演进过程，进一步分析。

11.4 科学管理大数据，进一步提升管理服务体系

发展复杂产品系统，坚持管理创新，是新时代大历史的客观要求，是世界各国在竞争中发展合作的客观要求，更是中华民族在 21 世纪实现第一个百年奋斗目标并向第二个百年奋斗目标迈进的基础要求。全面建设社会主义现代化国家，实现中华民族伟大复兴，工业发展必须与时俱进，复杂产品系统发展势必勇立潮头，而实现高效资源配置最广泛最深厚的基础依然在管理机制建设上。因此，坚持管理创新，不断提升管理服务质量，是经济管理工作不变的主题。

参考文献

［1］QUAH D. Empirics for Economic Growth and Convergence ［J］. European Economic Review. 1996, 40(6): 1353-1375.

［2］潘文卿. 中国的区域关联与经济增长的空间溢出效应 ［J］. 经济研究，2012，47(1)：54-65.

［3］SWAN T W. Economic growth and capital accumulation ［J］. Economic Record. 1956，32(2)：334-361.

［4］范剑勇. 产业集聚与中国地区差异研究 ［M］. 上海：格致出版社，2008.

［5］石灵云. 产业集聚、外部性与劳动生产率：来自中国制造业四位数行业的证据 ［M］. 上海：立信会计出版社，2010.

［6］SMITH A. The wealth of nations ［M］. New York: Collier &Son，1902.

［7］MARSHALL A. Principles of economics ［M］. London: Palgrave Macmillan，1920.

［8］杜能，孤立国同农业和国民经济的关系 ［M］. 吴衡康，译. 北京：商务印书馆，2009.

［9］KRUGMAN P. Increasing Returns and Economic Geography ［J］. Journal of political Economy, 1991, 99(3): 483-499.

［10］吴德进. 产业集群论 ［M］. 北京：社会科学文献出版社，2006.

［11］ROSENTHAL S S, STRANGE W C. Evidence on the Nature and Sources of Agglomeration Economies ［J］. Handbook of Regional and Urban Economics, 2004(4): 2119-2171.

［12］CHESHIRE P C, MALECKI E J. Growth, development, and innovation: A look backward and forward ［J］. Papers in Regional Science, 2003, 83(1): 249-267.

［13］GLAESER E L, KOHLHASE J E. Cities, Regions and the Decline of Transport

Costs［J］. Review Economic Design, 2003, 83(1): 197-228.

［14］PORTER M E. Competitive advantage of nations［M］. New York: Free Press, 1990.

［15］段文斌，刘大勇. 现代服务业聚集的形成机制：空间视角下的理论与经验分析［J］. 世界经济，2016(3): 144-165.

［16］LU J Y, TAO Z G. Trends and determinants of China's industrial agglomeration［J］. Journal of Urban Economics，2009, 65(2): 167-180.

［17］MORENO-CRUZ J, TAYLOR M S. An energy-centric theory of agglomeration［J］. Journal of Environmental Economics and Management, 2017, 84: 153-172.

［18］LV X F, LU X L, GUO F, et al. A Spatial-Temporal Approach to Evaluate the Dynamic Evolution of Green Growth in China［J］. Sustainability, 2018, 10(7): 1-15.

［19］WANKE P F. Physical infrastructure and flight consolidation efficiency drivers in Brazilian airports: A two-stage network-DEA approach［J］. Transport Policy, 2013, 29: 145-153.

［20］张可. 不同产业集聚对区域创新的影响及其空间溢出效应［J］. 西安交通大学学报（社会科学版），2019，39(2)：12-19.

［21］ZHENG X Y，YU Y H，WANG J，et al. Identifying the determinants and spatial nexus of provincial carbon intensity in China：a dynamic spatial panel approach［J］. Regional Environmental Change, 2014, 14: 1651-1661.

［22］COSTANTINI V, MAZZANTI M，MONTINI A. Environmental performance, innovation and spillovers. Evidence from a regional NAMEA［J］. Ecological Economics, 2013, 89: 101-114.

［23］SUN J, LI Y P, GAO P P, et al. A Mamdani fuzzy inference approach for assessing ecological security in the Pearl River Delta urban agglomeration, China［J］. Ecological Indicators, 2018, 94(1): 386-396.

［24］沈能，王群伟. 考虑异质性技术的环境效率评价及空间效应［J］. 管理工程学报，2015，29(1)：162-168.

［25］王艳华，苗长虹，胡志强，等. 专业化、多样性与中国省域工业污染排放的关系［J］. 自然资源学报，2019，34(3)：586-599.

［26］纪祥裕. 外资和生产性服务业集聚对城市环境污染的影响［J］. 城市问题，2019(6)：52-62.

［27］钟娟，魏彦杰. 产业集聚与开放经济影响污染减排的空间效应分析［J］. 中

国人口·资源与环境，2019，29(5)：98-107.

［28］CHENG Z H. The spatial correlation and interaction between manufacturing agglomeration and environmental pollution［J］. Ecological Indicators, 2016, 61(2): 1024-1032.

［29］陈林心，何宜庆，王芸，等. 金融集聚、经济发展与生态效率空间面板数据的 SD 仿真［J］. 系统工程，2017(1)：23-31.

［30］LIU B Q, TIAN C，LI Y Q, et al. Research on the effects of urbanization on carbon emissions efficiency of urban agglomerations in China［J］. Journal of Cleaner Production, 2018, 197(1): 1374-1381.

［31］郭劲光，孙浩. 中国制造产业专业化集聚比多样化集聚更有利于提高能源效率吗？［J］. 南京审计大学学报，2019(4)：93-102.

［32］任阳军，汪传旭，张素庸，等. 高技术产业集聚、空间溢出与绿色经济效率——基于中国省域数据的动态空间杜宾模型［J］. 系统工程，2019，37(1)：24-34.

［33］肖兴志，李沙沙. 产业集聚对制造业资源错配的纠正效应：线性抑或非线性？［J］. 产业经济研究，2018(5)：1-13.

［34］YU Z W, YAO Y W, YANG G Y, et al. Strong contribution of rapid urbanization and urban agglomeration development to regional thermal environment dynamics and evolution［J］. Forest Ecology and Management, 2019, 446: 214-225.

［35］周侃，王强，樊杰. 经济集聚对区域水污染物排放的影响及溢出效应［J］. 自然资源学报，2019，34(7)：1483-1495.

［36］胡求光，周宇飞. 开发区产业集聚的环境效应：加剧污染还是促进治理？［J］. 中国人口·资源与环境，2020，30(10)：64-72.

［37］李成宇，张士强，张伟. 中国省际工业生态效率空间分布及影响因素研究［J］. 地理科学，2018，38(12)：1970-1978.

［38］邓玉萍，许和连. 外商直接投资、集聚外部性与环境污染［J］. 统计研究，2016，33(9)：47-54.

［39］郭然，原毅军. 生产性服务业集聚能够提高制造业发展质量吗？——兼论环境规制的调节效应［J］. 当代经济科学，2020，42(2)：120-132.

［40］陆凤芝，杨浩昌. 产业协同集聚与环境污染治理：助力还是阻力［J］. 广东财经大学学报，2020，35(1)：16-29.

［41］王江，刘莎莎. 金融发展、城镇化与雾霾污染——基于西北 5 省区的空间计

量分析［J］. 工业技术经济，2019，38(2)：77-86.

［42］韩颖，齐小源. 经济政策不确定性、金融发展与雾霾污染——基于西部地区
协同减排研究［J］. 工业技术经济，2019，38(12)：3-10.

［43］李二玲，邓晴晴，何伟纯. 基于产业集群发展的中部传统平原农区乡村振兴
模式与实现路径［J］. 经济地理，2019，39(12)：110-118.

［44］刘乃全，吴友，赵国振. 专业化集聚、多样化集聚对区域创新效率的影
响——基于空间杜宾模型的实证分析［J］. 经济问题探索，2016(2)：89-96.

［45］梁伟，杨明，李新刚. 集聚与城市雾霾污染的交互影响［J］. 城市问题，
2017(9)：83-93.

［46］毛渊龙，袁祥飞. 集聚外部性、城市规模和环境污染［J］. 宏观经济研究，
2020(2)：140-153.

［47］王兆峰，杜瑶瑶. 基于 SBM-DEA 模型湖南省碳排放效率时空差异及影响因
素分析［J］. 地理科学，2019(5)：797-806.

［48］王新越，芦雪静. 中国旅游产业集聚空间格局演变及其对旅游经济的影响——
基于专业化与多样化集聚视角［J］. 地理科学，2020，40(7)：1160-1170.

［49］赵峰，王玲俐. 产业专业化、多样化集聚对生态效率的影响机理及运用［J］.
学术交流，2020(2)：106-121，192.

［50］胡安军，郭爱君，钟方雷，等. 高新技术产业集聚能够提高地区绿色经济效
率吗？［J］. 中国人口·资源与环境，2018，28(9)：93-101.

［51］周国富，白士杰，王溪. 产业的多样化、专业化与环境污染的相关性研究
［J］. 软科学，2019，33(1)：81-86.

［52］张素庸，汪传旭，任阳军. 生产性服务业集聚对绿色全要素生产率的空间溢
出效应［J］. 软科学，2019，33(11)：11-15，21.

［53］杨仁发. 产业集聚能否改善中国环境污染［J］. 中国人口·资源与环境，
2015，25(2)：23-29.

［54］蔡海亚，徐盈之. 产业协同集聚、贸易开放与雾霾污染［J］. 中国人口·资
源与环境，2018，28(6)：93-102.

［55］黄磊，吴传清. 长江经济带城市工业绿色发展效率及其空间驱动机制研究
［J］. 中国人口·资源与环境，2019，29(8)：40-49.

［56］邵帅，张可，豆建民. 经济集聚的节能减排效应：理论与中国经验［J］. 管
理世界，2019(1)：36-60，226.

［57］季书涵，朱英明. 产业集聚、环境污染与资源错配研究［J］. 经济学家，

2019(6)：33-43.

[58] FAN Q Y, YANG S, LIU S B. Asymmetrically Spatial Effects of Urban Scale and Agglomeration on Haze Pollution in China [J]. International Journal of Environmental Research and Public Health, 2019, 16(24): 4936.

[59] YANG J, GUO H X, LIU B B, et al. Environmental regulation and the Pollution Haven Hypothesis: Do environmental regulation measures matter? [J]. Journal of Cleaner Production, 2018, 202: 993-1000.

[60] WANG Y P, YAN W L, MA D, et al. Carbon emissions and optimal scale of China's manufacturing agglomeration under heterogeneous environmental regulation [J]. Journal of Cleaner Production, 2018, 176: 140-150.

[61] WANG J S, YE X Y, WEI Y H. Effects of Agglomeration, Environmental Regulations, and Technology on Pollutant Emissions in China: Integrating Spatial, Social, and Economic Network Analyses [J]. Sustainability, 2019, 11(2): 363.

[62] 刘习平，宋德勇. 城市产业集聚对城市环境的影响 [J]. 城市问题，2013(3)：9-15.

[63] WANG J S, WEI Y H. Agglomeration, Environmental Policies and Surface Water Quality in China: A Study Based on a Quasi-Natural Experiment [J]. Sustainability, 2019, 11(19): 5394.

[64] LIU J, CHENG Z H, ZHANG H M. Does industrial agglomeration promote the increase of energy efficiency in China? [J]. Journal of Cleaner Production, 2017, 164: 30-37.

[65] CHEN D K, CHEN S Y, JIN H. Industrial agglomeration and CO_2 emissions Evidence from 187 Chinese prefecture-level cities over 2005-2013 [J]. Journal of Cleaner Production, 2018, 172: 993-1003.

[66] CHEN W L, HUANG X J, LIU Y H, et al. The Impact of High-Tech Industry Agglomeration on Green Economy Efficiency-Evidence from the Yangtze River Economic Belt [J]. Sustainability, 2019, 11(19): 5189.

[67] WANG N, ZHU Y M, YANG T B. The impact of transportation infrastructure and industrial agglomeration on energy efficiency: Evidence from China's industrial sectors [J]. Journal of Cleaner Production, 2020, 244: 118708.

[68] VERHOEF E T, NIJKAMP P. Externalities in Urban Sustainability: Environmental versus localization-type agglomeration externalities in a general spatial equilibrium

model of a single-sector monocentric industrial city [J]. Ecological Economics, 2002, 40 (2): 157-179.

[69] ANDERSSON M, LÖÖF H. Agglomeration and productivity:evidence from firm-level data [J]. The Annals of Regional Science, 2011, 46(3): 601-620.

[70] 王怀成, 张连马, 蒋晓威. 泛长三角产业发展与环境污染的空间关联性研究 [J]. 中国人口·资源与环境, 2014, 24(3): 55-59.

[71] 王兵, 聂欣. 产业集聚与环境治理: 助力还是阻力——来自开发区设立准自然实验的证据 [J]. 中国工业经济, 2016(12): 75-89.

[72] LIU S X, ZHU Y M, DU K Q. The impact of industrial agglomeration on industrial pollutant emission: evidence from China under New Normal [J]. Clean Technologies and Environmental Policy, 2017, 19(9): 2327-2334.

[73] DA SCHIO N, BOUSSAUW K, SANSEN J. Accessibility versus air pollution: A geography of externalities in the Brussels agglomeration [J]. Cities, 2019, 84: 178-189.

[74] LIU J, ZHAO Y H, CHENG Z H, et al. The Effect of Manufacturing Agglomeration on Haze Pollution in China [J]. International Journal of Environmental Research and Public Health, 2018, 15(11): 2490.

[75] GAIGNÉ C, RIOU S, THISSE J-F. Are compact cities environmentally friendly? [J]. Journal of Urban Economics, 2012, 72 (2-3): 123-136.

[76] 纪玉俊, 邵泓增. 产业集聚影响环境污染: 加剧抑或抑制?——基于我国城市面板数据的实证检验 [J]. 经济与管理, 2018, 32(3): 59-64.

[77] 卢燕群, 袁鹏. 中国省域工业生态效率及影响因素的空间计量分析 [J]. 资源科学, 2017, 39(7): 1326-1337.

[78] mWANG Y S, WANG J. Does industrial agglomeration facilitate environmental performance: New evidence from urban China? [J]. Journal of Environmental Management, 2019, 248: 109244.

[79] IMAIZUMI A, ITO K, OKAZAKI T. Impact of natural disasters on industrial agglomeration: The case of the Great Kantō Earthquake in 1923 [J]. Explorations in Economic History, 2016, 60: 52-68.

[80] LI T C, HAN D R, FENG S S, et al. Can Industrial Co-Agglomeration between Producer Services and Manufacturing Reduce Carbon Intensity in China? [J]. Sustainability, 2019, 11(15): 4024.

[81] ZHENG Q Y, LIN B Q. Impact of industrial agglomeration on energy efficiency in

China's paper industry［J］. Journal of Cleaner Production, 2018, 184: 1072-1080.

［82］袁华锡，刘耀彬，封亦代. 金融集聚如何影响绿色发展效率？——基于时空双固定的 SPDM 与 PTR 模型的实证分析［J］. 中国管理科学，2019，27(11)：61-75.

［83］韩清，张晓嘉，徐伟强. 中国工业产业协同集聚的测量及其影响因素分析［J］. 上海经济研究，2020(10)：85-96，108.

［84］李燕，贺灿飞. 1998-2009 年珠江三角洲制造业空间转移特征及其机制［J］. 地理科学进展，2013，32(5): 777-787.

［85］罗胤晨，谷人旭. 1980-2011 年中国制造业空间集聚格局及其演变趋势［J］. 经济地理，2014，34(7)：82-89.

［86］HU S J, SONG W，LI C G, et al. The Evolution of Industrial Agglomerations and Specialization in the Yangtze River Delta from 1990–2018: An Analysis Based on Firm-Level Big Data［J］. Sustainability，2019，11(20): 5811.

［87］韩玉刚，焦华富，郇恒飞. 省际边缘区传统制造业集聚过程及动因分析——以安徽省宁国市耐磨铸件产业为例［J］. 经济地理，2011，31(7)：1128-1133.

［88］HAAKONSSON S J, JENSEN P D Ø, MUDAMBI S M. A co-evolutionary perspective on the drivers of international sourcing of pharmaceutical R&D to India［J］. Journal of Economic Geography, 2013, 13(4): 677-700.

［89］陈柯，尹良富，汪俊英，等. 中国制造业产业集聚影响因素的实证研究［J］. 上海经济研究，2020(10)：97-108.

［90］SHI T, YANG S Y, ZHANG W, et al. Coupling coordination degree measurement and spatiotemporal heterogeneity between economic development and ecological environment——Empirical evidence from tropical and subtropical regions of China［J］. Journal of Cleaner Production, 2020, 244: 118739.

［91］王婷，王海天. 高技术产业集聚度与生态环境耦合关系演化研究［J］. 科技进步与对策，2020，37(15)：44-53.

［92］王婷，廖斌，卫少鹏. 基于 SD 的西南地区产业工业化与生态化耦合发展——以贵州省为例［J］. 生态经济，2019，35(9)：50-54，87.

［93］王海天，王婷，廖斌. 白酒产业集聚与生态效率的动态关系研究［J］. 中国酿造，2020，39(4)：210-215.

［94］李朝洪，赵晓红. 黑龙江省森工国有林区生态建设与经济转型协调发展分析［J］. 南京林业大学学报（自然科学版），2018，42(6)：47-58.

［95］WANG J Y，WEI X M，GUO Q. A three-dimensional evaluation model for regional carrying capacity of ecological environment to social economic development: Model development and a case study in China ［J］. Ecological Indicators, 2018, 89: 348-355.

［96］周成，冯学钢，唐睿. 区域经济—生态环境—旅游产业耦合协调发展分析与预测——以长江经济带沿线各省市为例 ［J］. 经济地理，2016，36(3)：186-193.

［97］CUI X G，FANG C L，LIU H M, et al. Assessing sustainability of urbanization by a coordinated development index for an Urbanization-Resources-Environment complex system: A case study of Jing-Jin-Ji region, China ［J］. Ecological Indicators, 2019, 96(1): 383-391.

［98］王莎，童磊，贺玉德. 京津冀产业结构与生态环境交互耦合关系的定量测度 ［J］. 软科学，2019，33(3)：75-79.

［99］廖斌，王婷. 生态使命贫困区精准扶贫与生态保护的耦合协调研究 ［J］. 统计与决策，2020，543(3)：67-70.